الوجيز في

مستويات اللغة العربية

الوجيز في
مستويات اللغة العربية

د. خلف عودة القيسي

1431هـ/ 2010م

دار يافا للنشر والتوزيع

٤١٥

القيسي، خلف

الوجيز في مستويات اللغة العربية / خلف عودة القيسي ـ عمان :
دار يافا العلمية ، ٢٠١٠

( ) ص

ر.إ : ٤٤٨/ ٢/ ٢٠١٠

الواصفات:/ قواعد اللغة // اللغة العربية/

* تم إعداد بيانات الفهرسة الأولية من قبل دائرة المكتبة الوطنية

الطبعة الأولى ، ٢٠١٠

دار يـــافـــا العلمية للنشر والتوزيع

الأردن – عمان – تلفاكس ٤٧٧٨٧٧٠ ٦ ٠٠٩٦٢

ص.ب ٥٢٠٦٥١ عمان ١١١٥٢ الأردن

E-mail: dar_yafa @yahoo.com

المقدمة

باسمك اللهّم أستعين، ومنك أستلهم التوفيق، وبالصلاة والسلام على رسولك الأمين أطلب الأجر والثواب وبعد:

فإنّ الأصل في كتابي هذا محاضرات ألقيت على طلبة كلية رفيدة الأسلمية التابعة لجامعة البلقاء التطبيقية، سبقتها سنوات طويلة من تدريس اللغة العربية.

حفزني ذلك لوضع هذا الكتاب بين أيدي الدارسين، ليكون عونا لهم على فهم الموضوعات التي تضمّنها المنهج في الإطار الذي اعتمدته الجامعة لمفردات المقرر على طلاب الكليات.

تضمن الكتاب تمهيداً ومجموعة من الوحدات الدراسية:

التمهيد:

تناول تعريف اللغة وكيفية نشوئها. تعريف النظام اللغوي، أشرت فيه إلى أنّ هذا النظام تتلاحم مستوياته لتشكل كياناً واحداً.

المستوى الصوتي وتناول:

- تعريف الصوت، وبيان بعض جهود علماء العرب القدامى في نشأة علم الأصوات
- تقسيم الأصوات إلى صامتة وصائتة - تقسيمات العلماء للأصوات، والاعتبارات التي بنيت عليها هذه التقسيمات

المستوى النحوي والصرفي، وتناول:

-التعريف بمفهوم كل من النحو والصرف

- دراسة مفردات المقرر، حرصت في هذه الدراسة أن تكون الأمثلة مستقاة (في الأغلب) من تراثنا المتمثل في القران الكريم والحديث الشريف وعيون الشعر والنثر

المستوى الدلالي (المعاجم) تناول:

- فكرة عامة عن نشأة المعاجم وأنواعها.

- تعريف المعجم، وكيفية استخدام المعاجم، ليكون ذلك عونا للطالب يرشده في استخدام المعاجم بطريقة مبسطة.

مستوى المهارات وقضايا الإملاء والترقيم (المستوى الكتابي):

أثبتت الممارسات الميدانية وقوع أخطاء كثيرة بين الطلبة في هذه المهارات   تناول الفصل:

- همزتي القطع والوصل، تعريفهما ومواضعهما.

- التاء المربوطة والتاء المفتوحة مع بيان الفرق بينهما، ومواضع كتابة كل نوع.

- علامات الترقيم تناولت فيه.

- تعريف الترقيم وبيان فائدته في الفهم السليم قراءة وكتابة،وعددت أشهر علاماته من خلال الأمثلة.

المستوى البلاغي، تناول:

- تعريف البلاغة وتعريف الفصاحة، وبيان الفرق بينهما.

- بيان علوم البلاغة (البيان والبديع والمعاني) وأغفلت الحديث عن علم المعاني، لأنه خارج المقرر المطلوب.

التذوق الأدبي والنصوص، تناولت فيه:

- معاني المفردات، الشرح والتحليل، وبيان المناسبة، استخلاص الأفكار الرئيسة ثم الصور الفنية، واستنتاج الخصائص الأسلوبية.وأما في القصة فقد زدت على ذلك تعريفاً بالمصطلحات والمفاهيم المرتبطة بهذا الفن الأدبي مثل: السّرد، الحبكة، التشويق...ليكون ذلك مفتاحاً للاستيعاب.

راعيت في ذلك كله مايلي:

- ختمت كل موضوع بنماذج من الأسئلة. ولم أقم بحلها تاركا المجال لذهن الطالب واستعداده لحل هذه النماذج وإنْ أشكل عليه شئ فمعلم المادة يمد يد العون له. فأعمل أخي الطالب ذهنك واستعن بموروثك المعرفي فإن عجزت فعليك بالسؤال.

- اكتفيت بضبط الملبس من الشواهد أو كلمات المتن وكلما وجدت ضرورة.

- قصدت أن يكون الأسلوب بعبارة سهلة.

- ابتعدت عن إغراق الكتاب بالهوامش واستعضت عن ذلك بذكر المراجع في ختام الكتاب

- حرصت في الكتاب على تغطية خطّة المساق وتقديم مادتها بأسلوب سهل يسير.

- وختاما، فإنّ هذا جهد المقل، وهذه دراسة مقترحة قد تصيب وقد تخطئ، لأن الكمال لله وحده،وحسبي أنني اجتهدت ؛ فإن وفقت فبفضل الله سبحانه ولي الأجر، وإن أخطأت فمن نفسي ولي أجر المحاولة.

التمهيد في تعريف اللغة
ونشأتهاونظامها اللغوي

اللغة

أولاً / تعريفها.

هي أصوات ينطق بها المتكلم ليعرض أفكاره ومشاعره على الآخرين،أي إنّ اللغة أداةٌ للتخاطب والتفاهم بين البشر، وهي وسيلة للترابط الاجتماعي يعبّر بها الناس عن حاجاتهم وأحاسيسهم. وأول من عرّفها ابن جنّي فقال « هي أصوات يعبر بها كل قوم عن أغراضهم «

ثانيا / نشأتها.

تساءل الناس منذ القدم عن كيفيّة نشأة اللغة: هل هي إلهام وتوقيف أي وحيٌ من اللـه؟ أم هي من وضع البشر؟ واحتار العلماء في الإجابة الشافية عن هذا التساؤل، وراحوا في كل وادٍ يهيمون.

انقسم علماء اللغة العرب في أبحاثهم إلى فريقين:

الأول: يرى أنّها توقيف، أي وحي وإلهام من اللـه سبحانه لآدم. يمثّل هؤلاء ابن فارس (ت ٣٩٥ هـ) في كتابه « الصاحبي في فقه اللغة حيث يقول: « اعلم أنّ اللغة العربية توقيف.. أي وحيٌ من اللـه «

استند هو ومن شايعه إلى ما قاله ابن عباس في تفسير الآية «**وعلّم آدم الأسماء كلّها**» فقد قال في شرحها:

« إن المقصود بالأسماء «هنا « الأسماء المتعارف عليها بين الناس من دابّة وأرض وحمار وأشباه ذلك «.

الثاني: مال إلى القول بأن اللغة اصطلاحيّة تواضعيّة ؛ أي أنها من صنع البشر.

يمثل هذا الفريق ابن جنّي (ت ٣٩٢ هـ) في كتابه «الخصائص» الذي عقد فيه باباً سماه « القول على أصل اللغة،إلهامٌ هي أم اصطلاح يقول: وقال: « أكثر أهل النظر على أنّ أصل اللغة إنما هو اصطلاح لا وحي وتوقيف «.

ثم جاء بتفسيرات متعددة لكيفيّة نشوء هذه اللغة الاصطلاحية أبرزها: « إن اللغة المواضعة الأولى تمّت على أيدي جماعة ممن يتمتعون بعقلية عالية، اجتمعوا ليصطلحوا على أسماء الأشياء والمعلومات.

وفي نص آخر يرى أنّ هذا التواضع جاء تقليداً للأصوات المسموعة. « إنها نشأت تقليداً للأصوات المسموعة كدويّ البحر وخرير الماء... ثم ولدت اللغات ليضعوا لكل واحد منها سمة (علامة) ولفظا إذا ذُكِر عرف به مسماه «.

تثير هذه الأقوال تساؤلات منها: ما هي اللغة الأولى؟ وكيف تفرعت اللغات؟ وهل نشأت اللغة دفعة واحدة أم كانت بالتدريج، تنمو وتزداد بسبب الدواعي والحاجة؟

إنّ هذا كله ضرب من الافتراض والتخمين لا يسنده دليل ديني أو بحث علمي، وأظنّ أنّ العلم سيبقى عاجزاً عن الإجابة المقنعة. وهناك آراء أخرى لا مجال للخوض فيها، لا يسمح المقام للكلام عنها.

النظام اللغـوي

إنّ اللغة نظام كلّي وكيان واحد، يتألف من عدة أنظمة (مستويات) جزئية لا انفصال أو انفصام بينها. وهي موجودة في كل نص، وإنما نميزها على المستوى النظري بحثاً عن قواعدها وقوانينها. أكتفي هنا بذكرها وهي:

الصوتي. الصرفي. النحوي. الدلالي. البلاغي. الكتابي. الأدبي (التذوق).

وهي تجري في كل نظام من هذه الأنظمة (المستويات) طبقاً لأحكام وقواعد وأصول تتلاحم وتنسجم لتشكل نسيجاً واحداً، وكيانا متكاملا، لأنّ اللغة المنطوقة تقوم على ثلاثة عناصر:

- عنصر الصوت الذي يتمثل في الحرف وهو يشكل اللبنة الأساسية في التركيب اللغوي.

- عنصر المفرد ات(الكلمات) وهذه تتألف من الأصوات، فلاكلمة إلا إذا انضمّت مجموعة أصوات على نسق معين.

- عنصر الجمل والتراكيب، وهذا يتشكل من مجموعة كلمات نظمت على نحو معين.

يبدو من هذا أنّ عنصر الأصوات هو العنصر الأهم، إذ لا تقوم العناصر الأخرى إلاّ به، وما اللغة في الحقيقة إلاّ سلسلة أصوات تتجمّع لتكون الكلمات، وهذه تتجمع في جمل وعبارات.

هذه المستويات إذن مترابطة متلاحمة تشكل نسيجاً متكاملاً، وتقوم بينها علاقة عضويّة وثيقة ؛ إذ تبنى الكلمة من عدد من الأصوات اللغوية (الحروف والحركات) حسب نظام مخصوص فيكون: المستوى الصرفي.

وتبنى الجملة من عدد من الكلمات حسب نظام خاص فيكون المستوى النحوي.

ثم إن الكلمة لها معنى تدل عليه، ولمعرفة هذا المعنى نلجأ إلى المعجم فيكون المستوى الدلالي. هذه الكلمات المفردة تتعدد طرق تركيبها، لتأخذ معاني جديدة فيكون المستوى البلاغي.

أما الجانب المكتوب من اللغة فيستلزم قواعد للكتابة وهذه تدرس تحت اسم المستوى الكتابي، الذي يبحث في قواعد الخط والإملاء والترقيم.

وإذا تناولنا الصوت بدراسة كيفيّة حدوثه وصفاته ومواضع خروجه فهذا هو المستوى الصوتي.

12

الوحدة الأولى

المستوى الصوتي

كتاب المحسنة

بيع المصنوع المصنوع

المستوى الصوتي

هو المستوى الذي يُعنى بدراسة الأصوات اللغوية من حيث مخارجها وصفاتها وكيفية النطق بها، والصوت اللغوي هو: الأثر السمعي الذي يحصل من احتكاك الهواء المندفع من الرئتين بنقطة من أعضاء الجهاز الصوتي عندما يحدث في هذه النقطة انسداد كامل (كما في نطق ب) او انسداد جزئي (كما في نطق س) وسيأتي شرح ذلك عند الحديث عن صفات الأصوات.

اهتم علماء العربية القدماء بالأصوات في مرحلة متقدمة. وكان الخليل بن أحمد (١٧٥ هـ) هو رائد الأبحاث الصّوتية، فقد رتّب الحروف وبين مواطن إخراجها وتحدّث عن صفاتها وخصائصها، مما مكنّه أن يبحث في قضايا لغوية كبرى، وحذا حذوه سيبويه، وكان له باع طويل في مجال الصوتيّات،انسجم في معظمها مع ما قاله الخليل.

وفي القرن الرابع الهجري لمع نجمُ عبقريّ هذه الأبحاث اللغوية « ابن جنّي (ت ٣٩٢ هـ) في كتاب « الخصائص « ومعاصره العالم الفذ أحمد بن فارس (ت ٣٩٥ هـ) في كتابه: « الصاحبي في فقه اللغة « وأثمرت جهودهم جميعاً دراسات عميقة انسجمت إلى حد بعيد مع وجهة نظر الدراسين المحدثين.

إنّ أصوات العربية تسعة وعشرون رتبت عندهم على ثلاثة أشكال:

١-**الترتيب الصوتي** الذي اخترعه الخليل بن أحمد، اعتمد فيه مخارج الحروف مبتدئاً من أقصاها (الحلق) إلى (الشفتين) وهي:

ع ح هـ خ غ ق ك ج ش ض ص س ز ط ت د ظ ذ ث ر ل ن ف ب م و ي ا ء

بعضهم اعتبرها ثمانية وعشرين حرفا، وأول هؤلاء المبرد ؛ فإنّه جعل الألف والهمزة واحداً، لأن الهمزة ليس لها شكل بين الحروف محفوظ.

٢- **الترتيب الأبجدي**، وجاء على النحو التالي:

ا ب ج د ه و ز ح ط ي ك ل م س ع ف ص ق ر ش ت ث خ ذ ض ظ غ

٣- الترتيب الهجائي / الألفبائي

وضعوا فيه الحروف المتشابهة في الشكل متجاورة، هكذا:

ا ب ت ث ج ح خ د ذ ر ز س ش ص ض ط ظ ع غ ف ق ك ل م ن ه و ي.

هذه الأصوات قسمها العلماء على ضوء اعتبارات خاصة إلى:

أولا: التقسيم المبني على وجود إعاقة لمسار الهواء الخارج من الرئتين أم لا،وهي:

١ -الأصوات الصامتة / أو الحروف الصحيحة

وهي الأصوات التي يحدث عند النطق بها اعتراض أو عائق في مجرى الهواء المندفع من الرئتين، حيث يلتقي اثنان من أعضاء جهاز النطق. هذا الالتقاء أو الاتصال قد يكون محكماً، فينحبس الهواء انحباساً تاماً عند نقطة ما، لدرجة لا تسمح بمرور الهواء بأن تمنعه كلّياً... ثم ينفصل العضوان في لحظة، فيندفع الهواء بقوة ويحدث صوت انفجاري مسموع، كما يحصل عند نطق بعض الأصوات مثل: ت/د/ك/ب/ط

وقد يكون الاتصال بين العضوين غير محكم ؛ بأن يقترب العضوان، بحيث يكون بينهما فراغ بسيط يسمح بمرور الهواء يرافقه حفيف. كما يحصل عند نطق ف. ث. س. ص.

والصوامت هي:

ب ت ث ج ح خ د ذ ر ز س ش ص ض ط ظ ع غ ف ق ك ل م ن ه

وكذلك الواو في مثل ورد، ولد.

والياء في مثل يترك، يد[1].

1 الألف / الواو / الياء، هي حروف علة. وتكون مدّية إذا سبق أيٌّ منها بحرف مجانس لها. فالواو في يصوم، يقول حرف مد لأنها مسبوقة بضمة. والياء في يميل وتجيد حرف مد لأنها مسبوقة بالكسرة المجانسة لها. والألف مدّية مطلقا، لأنها دائما مسبوقة بالفتحة. في هذه الحالة فإنها من الصوائت. وإن لم تكن كذلك فهي من الصوامت، نحو خوْف / نوْم / صوم / بيْت ليث. قيظ، فهي حروف لين وتكون الواو شفوية والياء شجرية.

٢ - الأصوات الصائتة / حروف العلة والحركات:

ا / و / ي (مدود طويلة)

الفتحة / الضمة / الكسرة (مدود قصيرة)

هذه الأصوات تنشأ نتيجة اهتزاز الوترين فقط، ويكون تيار الهواء القادم من الرئتين سالكاً لا عائق يحول دون مروره، أي لا يحصل عند النطق بها انسداد في جزء من أجزاء الجهاز الصوتي.

* الأصوات الصائتة كلها مجهورة، حيث لا يُسمع عند انتاجها احتكاك أو انفجار. أما الصامتة فبعضها مجهور وبعضها مهموس، وسنعرف المزيد عنها لاحقاً.

ثانيا: تقسيم الأصوات حسب مخارجها (مواضع نطقها)

المخرج: هو النقطة التي يجري عندها الانسداد (الكلي أو الجزئي) لإحداث صوتٍ ما، ويسميها بعضهم « المحابس ». وأما مجرى الصوت فهو طريقه من الرئتين حتى يندفع خارج الفم .

إنّ الحديث عن مخارج الحروف يقودنا أولاً إلى التعرف إلى أعضاء جهاز النطق، وتجدرالإشارة إلى أن عددها لا يوجد إجماع عليه، قديماً أو حديثا.

وهذا أحد الأقوال في هذه المخارج:

الحنجرة، ويسمى الصوت الخارج منها حنجريا.

الحلق، ويسمى الصوت الخارج منها حلقيا.

اللهاة، ويسمى الصوت الخارج منها لهويا.

أقصى الحنك (الطبق) ويسمى الصوت الخارج منه طبقياً

وسط الحنك (الغار) ويسمى الصوت الخارج منه غاريّاً

اللثة ويسمى الصوت الخارج منها لثويّاً

الأسنان ويسمى الصوت الخارج منها أسنانياً

الأسنان مع اللثة ويسمى الصوت الخارج أسنانياً لثويا

الشفة ويسمى الصوت الخارج منها شفويا

الشفة مع الأسنان، ويسمى الصوت الذي يخرج منها شفويا أسنانياً

ويقسم بعضهم هذه المخارج الخاصّة إلى مخارج عامّة هي:

الجوف

الحلق: أقصاه، ووسطه، وأدناه.

اللسان

الشفتان

الخيشوم:وهو مخرج الميم والنون في حالة الغُنّة

الأصوات حسب هذه المخارج هي

* الهمزة.الهاء (هـ) حنجريان.

* ع. ح. حلقيّان.

* ق. لهوي.

* ك. غ. خ طبقيّة.

* ش. ج. ي غاريّة،المقصود بالياء، الياء المشبهة للصوامت في نحو يزن. يجد

* ل. ن. ر لثويّة.

* د. ض. ت. ط. ز س ص أسنانيّة لثوية.

* ذ ظ ث أسنانية.

* ف شفوية أسانية.

* ب. م. و. شفوية / المقصود بها المشبهة للصوامت في مثل. خوْف. وعْد.

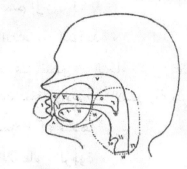

١ — الشفتان
٢ — الأسنان العليا
٣ — اللثة
٤ — الغار (الحنك الصلب)
٥ — الطبق (الحنك الرخو) .
٦ — اللهاة .
٧ — التجويف الأنفي (الخيشوم) .
٨ — الأسنان السفلى .
٩ — طرف اللسان .
١٠ — مقدم اللسان .
١١ — وسط اللسان .
١٢ — مؤخر اللسان .
١٣ — الحلقوم
١٤ — الحلق
١٥ — لسان المزمار .
١٦ — الجدار الخلفي للحلق .
١٧ — الحنجرة وبها الأوتار الصوتية .

أعضاء جهاز النطق

المخارج	الصفات												
	شديد				رخو				مركب	متوسط			
	مجهور		مهموس		مجهور		مهموس		مجهور فقط	منحرف (جانبي)	مكرر	أنفي	لين
	مفخم	مرقق	مفخم	مرقق	مفخم	مرقق	مفخم	مرقق					
شفوي		ب										م	و
شفوي أسناني								ف					
أسناني					ظ	ذ		ث					
أسناني لثوي	ض	د	ط	ت		ز	ص	س					
لثوي										ل	ر	ن	
غاري								ش	ج				ى
طبقي				ك									
حلقومي (لهوي)			ق		غ		خ						
حلقي						ع		ح					
حنجري				ء				هـ					

النظام الصوتي للفصحى المعاصرة / مخارج الأصوات وصفاتها .

٤

النظام الصوتي للفصحى المعاصرة / مخارج الأصوات وصفاتها

تصنف الأصوات الصامتة حسب صفاتها:

أولاً: التـقسيم بحسب ما يحدث لمر الهواء من عوائق أو موانع تمنع خروج الهواء منعاً تاماً محكماً أو جزئياً.

الأصوات حسب هذا الوضع تنقسم إلى:

١ - أصوات انفجاريّة، وسماها القدماء « الشديدة «

هي الأصوات التي يحدث عند النطق بها التحامٌ تامّ بين عضوين لدرجة لا تسمح بمرور الهواء إلا بعد انفصال العضوين، فيندفع الهواء (كما ذكرت) محدثاً صوتا. والأصوات الانفجاريّة هي:

ب ت د ض ط ك ق. الهمزة (ء) وعددها ثمانية.

٢- أصوات احتكاكية، وسماها القدماء « الرّخوة «

تنشأ هذه الأصوات عندما يقترب عضوان من أعضاء النطق بها اقتراباً لا يمنع الهواء كلياً، وإنما يكون الاقتراب يسمح بمرور الهواء مع إحداث نوع من الحفيف. هذه الأصوات هي:

ف ث ذ ظ ز س ش ص خ غ ح ع هـ. وعددها ثلاثة عشر صوتاً عند القدماء، بينما هي عند المحدثين اثنا عشر، بإسقاط « غ « وهناك أصوات بينيّة، قوية الاحتكاك لضيق الفرجة في المخرج هي ف. ث أو ضعيفة الاحتكاك لاتساع الفرجة في المخرج»

ثانياً: التقسيم حسب وضع الأوتار الصوتية من حيث حصول ذبذبات أو عدم حصولها.

وعلى ضوء هذا الاعتبار قسمت الأصوات إلى:

أ. أصوات مجهورة

وهي التي تنشأ عندما يقترب الوتران الصوتيان (الحبال الصوتية)[٢] من بعضهما في أثناء مرور الهواء اقترابا يجعل الفراغ بينهما ضيّقا، بحيث يسمح بمرور

٢ هما غشاءان كل منهما، نصف دائرة حين يمتد، وعندما يمتدان فإنهما يغلقان فتحة المزمار ويمنعان مرور الهواء من الرئة..سميت مطبقه ؛ لأنّه يصحبها عند النطق بها ظاهرة عضلية في مؤخرة اللسان، بأن ترتفع في اتجاه الطبق (دون أن تتصل به) فالإطباق إذن هو ارتفاع مؤخرة اللسان في اتجاه الطبق.

الهواء من ممر ضيق يؤدي إلى إحداث اهتزازات أو ذبذبات في الوترين. وهذه الأصوات هي:

ب ج د ذ ر ز ض ط ع غ ل م ن

وكذلك الواو في نحو: وصف. ولد. حوض. لوح.

والياء في نحو: بيت. يذهب. يترك. يسمع.

وعددها خمسة عشر صوتا.

ب. أصوات مهموسة

وهي الأصوات التي إذا نطقت بها، ابتعد الوتران عن بعضهما فاتسع مجرى الهواء بحيث لا يحدث للوترين اهتزاز أو تذبذب. وهي:

ت ث ح خ س ش ص ظ ف ق ك ه الهمزة (ء) وعددها ثلاثة عشر صوتا

*** ملاحظة: نتعرف على المجهور من المهموس بعدة طرق، أوضحها:**

ضع الإصبع فوق تفاحة آدم (البروز الموجود في مقدمة العنق) ثم انطق صوتاً من الأصوات (انطقه ساكنا) مثل بْ، فإذا نطقنا بالصوت وحده، وكان من المجهورات تشعر باهتزاز الوترين. وإن لم تشعر بهذا الاهتزاز فهو مهموس.

ثالثاً: التقسيم حسب حركة مؤخرة اللسان (بالارتفاع أو الانخفاض) عند النطق بالصوت.على هذا الاعتبارتكون الأصوات:

المفخّمة، وتسمى « مطبقة « (التفخيم هو تعظيم الحروف في النطق)

وهي التي ترتفع مؤخرة اللسان عند النطق بها إلى ناحية الطبق، وهي: ص. ض. ط.ظ.

المرققة (غير المطبقة). وهي الأصوات التي تنخفض مؤخرة اللسان عند النطق بها بعيداً عن الطبق، وهي سائر الحروف، ما عدا حروف الإطباق الأربعة فهي إذن: ب م و ف ث ذ س ز ت د ن ر ل ي ج ش ك ق غ خ ج ع ه الهمزة (ء)

* هناك اختلاف في نطق بعض الأصوات العربية بين القدماء والمحدثين من العرب، فقد وصف القدماء القاف (ق) بأنها مجهورة، وليست مهموسة كما تنطق الآن. وكذلك الطاء (ط) فإنها مهموسة في أيامنا، ولكنها مجهورة عندهم، أي أن نطقها القديم يشبه نطقنا للضاد. والجيم (ج) وصفت عندهم بأنّها شديدة، يقابل (انفجاري) وهي عندنا انفجارية احتكاكية. الجيم الفصيحة يختلط صوتها الانفجاري بنوع من الحفيف يقلل من شدّتها، وهي ما يسميه القدماء (التعطيش)

* صفة الحرف اصطلاحا هي: كيفية عارضة للحرف عند حصوله في المخرج من الإظهار **والرخاوة والهمس والشدّة**

* الهمزة يمكن أن تعد من الصوامت فينطق بها من الحنجرة. أما إذا أطلقناه بلا همزة فهو من الحروف الصائتة (الطليقة)

* يلاحظ أنّ بعض المخارج متقاربة قربا شديدا مثل ت / ط إذ يكادان يخرجان من مخرج واحد، وجعل العلماء الحروف المتقاربة قربا شديدا في مخرج واحد، ولذلك كانت مخارج الحروف أقلّ من عددها.

وإليك الآن وصفا شاملا للأصوات الصامتة من خلال التقسيمات السابقة جميعا لتتعرف إلى: مخارج تلك الأصوات وصفاتها المتعددة بدءاً بالشفوية:

* الباء: صوت شفوي انفجاري مجهور مرقق

* الميم: صوت شفوي أنفي مجهور مرقق

* الواو: صوت شفوي متوسط مجهور مرقق

* الفاء: صوت شفوي أسناني احتكاكي مرقق

* الثاء: صوت أسناني احتكاكي مهموس مرقق

* الذّال: صوت أسناني احتكاكي مجهور مرقق

* الظاء: صوت أسناني احتكاكي مجهور مفخم

* الدّال: صوت أسناني لثوي انفجاري ملجهور مرقّق

* الضاد: صوت أسناني لثوي انفجاري مجهور مفخّم

* التاء: صوت أسناني لثوي انفجاري مهموس مرقّق

* الطاء: صوت أسناني لثوي انفجاري مهموس مفخّم

* الزاي: صوت أسناني لثوي احتكاكي مجهور مرقّق

* السين: صوت أسناني لثوي احتكاكي مهموس مرقق

* الصاد: صوت أسناني لثوي احتكاكي مهموس مفخّم

* اللاّم: صوت لثوي جانبي مجهور مرقق

* الرّاء: صوت لثوي ترددي مجهور مقق

* النّون: صوت لثوي أنفي مجهور مرقق

* الشين: صوت غاري احتكاكي مهموس مرقق

*الجيم الفصيحة صوت غاري مركب مجهور مرقّق

* الياء: صوت غاري احتكاكي مجهور مرقق

* الكاف: صوت طبقي انفجاري مهموس مرقق

* الغين: صوت طبقي احتكاكي مجهور مستعلى

* الخاء: صوت طبقي احتكاكي مهموس مستعلى

* القاف: صوت لهوي انفجاري مهموس مستعلى

* العين: صوت حلقي احتكاكي مجهور مرقق

* الحاء: صوت حلقي احتكاكي مهموس مرقق

* الهمزة (ء): صوت حنجري انفجاري مهموس مرقق

* الهاء: صوت حنجري احتكاكي مهموس مرقق

الحرف والصوت

الصوت هو الذي نسمعه.

والحرف هو الرمز الكتابي الذي يتخذ وسيلة متطورة للتعبير عن الصوت.

أسئلة.

١. ما رأيك فيما درسته من آراء حول نشأة اللغة. هل تعتقد صحّة ما جاء فيها؟

٢. من هو الذي يقول بأن اللغة إلهام من اللـه؟

٣. ومن القائل بأن اللغة اصطلاح وتواضع؟

٤. انسب كلا من الكتابين: " الخصائص "، " والصاحبي في فقه اللغة ".

٥. ما العناصر (الجزئيات) التي تقوم عليها اللغة؟ وأيها أهم في نظرك؟ ولماذا؟

٦. الإملاء والترقيم علمان يدرسان تحت أي مستوى؟

٧. ما المقصود بالترتيب الصوتي؟ ومن وضعه؟

٨. الترتيب الذي وردت عليه الحروف التالية:

س ع ف ص ق ر ش هو أكمل.......

الحروف: س ش ص ض ط ظ ع جاءت ضمن الترتيب.....

٩. عرّف الأصوات الصامتة، ومثل عليها بأربعة أصوات

١٠. عرف الأصوات الصائتة، ومثل عليها بأربعة أصوات

١١. رد الأصوات التالية إلى مخارجها: ت ظ ف ك ج

١٢. كيف تتمكن من معرفة الصوت المجهور من المهموس؟

١٣. اختر الإجابة الصحيحة:

الكاف: صوت مرقق انفجاري. غاري. طبقي. غاري

الحاء: صوت انفجاري. مفخم. طبقي. مجهور. احتكاكي

الواو في يصوم: صائت. صامت. مجهور. مرقق

الياء في بيْع: صائت. صامت

الياء في يبيع: صائت صامت. طبقي. شفوي. مجهور

الوحدة الثانية

المستوى الصرفي

علم الصرف

الصرف لغةً:التغيير،ومنه تصربف الرياح، اي تغيير اتجاهها،وتغيير السحاب كذلك.

واصطلاحاَ:علم يبحث في تحويل الكلمة إلى أبنية مختلفة لأداء ضروب من المعاني:

كالتصغير والنسبة والتثنية والجمع والمشتقات وبناء الفعل للمجهول ووزن الكلمة وصيغها وهيئتها... وما يحدث فيها من تغييربالاِعلال بأنواعه المختلفة. فهو إذن يتناول الكلمة من داخلها.

مجاله: يبحث الصرف في الكلمات التي يدخلها التغيير.

١ - الأسماء المعربة ؛ لأنها تتغير.بالاِعراب. ولا يبحث في الأسماء المبنة، مثل الأسماء الأعجمية، والصما ئر، والأسماء الموصولة،وأسماء الاشارة.

٢ - الأفعال المتصرفة، الَتي يدخلها التحويل والتغيير،بخلاف الأفعال الجامدة،مثل: عسى، و ليس، وبئس، ونِعْم.

أما الحروف كلها فلا يبحثها الصرف ؛لأنها لاتتغير.

جدير بالذكر أنّ النحويين القدامى كانوا يدرجون الصرف ضمن مباحث النحو. ويطلقون عليهما معاً (علم العربية). وأول من تكلم في علم التصريف مستقلا عن النحو هو معاذ بن مسلم الهرّاء (ت ١٨٧هـ).

حتى جاء أبوعثمان المازني (ت٢٤٩ هـ) فوضع أول كتاب في التصريف، ففصل بذلك الصرف عن النحو.

علم النحو

علم النحو، ويسمى أيضا علم الاِعراب.

لغة:النحو القصد يقال نحوت نحوه: قصدت قصده

واصطلاحا هو علم بالقواعد التي تعرف بها أحكام أواخر الكلمة العربية في حال تركيبها من الاعراب والبناء.

المشتقات:

هي أسماء اشتقت (صيغت) من الأفعال أو من المصادر، ولكل منها دلالة خاصة وهي:

١- اسم الفاعل:

اسم مشتق من الفعل ليدل على الحدث ومن وقع منه الفعل أو قام به

نحو: عدو عاقل خير من صديق جاهل

كان صلاح الدين مقاتلاً شجاعا

اشتقاق اسم الفاعل:

أولاً: من الفعل الثلاثي

يؤخذ اسم الفاعل من الفعل الثلاثي على وزن فاعل.

إنّ كلمة عاقل في المثال الاول من الفعل « عقل يعقل «

وكلمة جاهل في المثال الثاني من الفعل « جهل يجهل «

واضح من ذلك أنّ اسم الفاعل يؤخذ من الثلاثي على وزن « فاعل «.شكرشاكر. كتب كاتب. صعد صاعد

مع ملاحظة ما يأتي:

* إذا كان الفعل الثلاثي أجوف تقلب ألفه همزة.

قال – قائل والأصل « قاوِلْ « لأنّها من الفعل قَوَل بدليل يقول.

صام – صائم والأصل « صاوِمْ « لأنها من الفعل صَوَمَ بدليل يصوم.

فاز – فائز والأصل « فاوز « لأنها من الفعل فَوَزَ بدليل يفوز.

باع – بائع والأصل « بايع « لأنها من الفعل بَيَع بدليل يبيع.

شاع – شائع والأصل « شايع « لأنها من الفعل شَيَع بدليل يشيع.

مال – مائل والأصل « مايل « لأنها من الفعل مَيَلَ بدليل يميل.

فالألف في أسماء الفاعلين هي ألف الفاعل، والهمزة منقلبة عن الألف في الفعل الأجوف.

* وإذا أخذ اسم الفاعل من الثلاثي النأ قص (المعتل الآخر) تحذف ياؤه الأخيرة (إذا كان اسم الفاعل نكرة) في حالتي الرفع والجر.

نقول في حالة الرفع: المؤمن راضٍ بما قسم اللـه له / الأصل راضيٌ

كلكم راعٍ ومسؤول عن رعيته / الأصل راعيٌ

أحمد قاضٍ قدير / الأصل قاضيٌ

ونقول في حالة الجر:

وقف المتهم أمام قاضٍ نزيه. الأصل قاضيٍ

استعان المذنب بمحامٍ قدير. الأصل محاميٍ

استمعت إلى داعٍ إلى الفضيلة. الأصل داعيٍ

في هاتين الحالتين: يكون الاسم المنقوص النكرة مرفوعاَ بضمّة مقدرة على الياء المحذوفة ومجروراً بكسرة مقدرة على الياء المحذوفة.

مثالان للتوضيح:

- المؤمن راضٍ بما قسم اللـه.

راضٍ: خبر مرفوع بضمة على الياء التي حذفت مع تنوين ما قبل الياء المحذوفة بتنوين الكسر.

- استعان المذنب بمحامٍ قدير.

بمحام: اسم مجرور بكسرة مقدرة على الياء المحذوفة.

أمّا إذا كان منصوباً فتبقى الياء.

كافأ الوزير قاضياً عادلاَ.

* إذا أخذ اسم الفاعل من فعل ثلاثي مضعّف، مثل: ردّ / شدّ / مدّ / فكّ / رقّ.

فإن الإدغام يفك أولاً، ويؤخذ اسم الفاعل هكذا:

ردد – رادد ثم يدغم الحرفان المتماثلان ثانية (رادّ)

شدد – شادد ثم يدغم الحرفان المتماثلان ثانية (شادّ)

فكَكَ – فاكك ثم يدغم الحرفان المتماثلان ثانية (فاكّ)

* إذا أخذ من فعل ثلاثي مهموز الوسط نحو: سأل. ثأر. زأر

فإنه يتماثل مع الثلاثي الأجوف مثل: سال. ثار. زار.

فإن أسماء الفاعلين منها سائل. ثائر. زائر.

<u>والفيصل هو المعنى والسياق:</u>

١- شاهدت الماء سائلاً بغزارة. من سال

٢- « سأل سائل بعذاب واقع. من سأ ل.

٣- إذا سمعت الأسد زائراً فاحذره. من زأر

٤- أكرم من جاءك زائراً. من زار

٥- كل شعب وله موعد ثائر. من ثأر

٦- احذر،فالغبار ثائر. من ثار

ثانيا: من غير الثلاثي.

يصاغ على النحو التالي:

يؤخذ المضارع

يبدل حرف المضارعة ميماً مضمومة

يكسر ما قبل الآخر.

سبّح – يسبّح – مُسبِّح

شارك يشارك مشارِك

وسوس يوسوس موسوِس

أرسل يرسل مُرسِل

وإذا كان ما قبل آخر الفعل المضارع غير الثلاثي ألفاً أو ياء تبقيان على حالهما.

اختار مختار، أصلها مُختير. من المضارع يختار

استقام مستقيم، أصلها مُستَقوِم من المضارع يستقيم

اغتال مُغتال أصلها مُغتيل من المضارع يغتال

اكتال مكتال أصلها مُكتيل من المضارع يكتال

وإذا كان قبل آخره مضعّفاً، فإنه يبقى على حاله،كذلك:

اعتزّ معتز، اعتّد معتّد، احتلّ مُحتلّ، استعدّ مستعدّ

ما شذ من اسم الفاعل عن القياس.

* اسم الفاعل من الثلاثي على وزن فاعل، لكن شذ عن هذه القاعدة

حريص، وقياسه حارص، من حرص

أشيب، وقياسه شائب من شاب

مليك، وقياسه مالك من ملك

مسكين، وقياسه ساكن من سكن

وشذ عن قاعدة اشتقاقه من غير الثلاثي: على صيغة فاعل:

أيفع الغلام فهو يافع وقياسه مُوفِع

أعشب الزرع، فالزرع عاشب، والقياس معشب

أمحل البلد، فهو ماحل، والقياس ممحِل

أورس العشب، فهو وارس (اصفرّ)، وقياسه مُورِس

ألفحت الريح الوجوه فهي لافح، والقياس مُلْفِح

أبقلت الأرض فهي باقلة (ظهر نباتها) والقياس مُبقلة

أسهب الخطيب فهو مُسْهَب (بفتح الهاء) والقياس مُسْهِب (بكسرها)

أسهب الرجل (جن وذهب عقله من لدغ الحيّة) فهو مُسْهَب

أحصن الرجل فهو مُحْصَن (بفتح الصاد) والقياس بكسرها
ألفج التاجر (أي أفلس) فهو مُلْفَج (بفتح الفاء).

* جاء في اللغة قليلا (فَعيل) بمعنى فاعل.
عليم بمعنى عالم / سميع بمعنى سامع / قدير بمعنى قادر.
جليس من جَالَس، وقياسه مُجالِس.
سمير من سامَرَ، وقياسه مسامر.
حليف من حَالَف، وقياسه مُحالِف.
حسيب من حاسَب، وقياسه مُحاسِب.
رفيق من رافَق، وقياسه مُرافق.

تمرين:

بين اسم الفاعل، واذكر فعله الذي اشتق منه:
« وما نرسل المرسَلين إلا مبشرين ومنذرين «
«ثم إنكم أيها الضآلون المكذّبون لآكلون من شجر من زقوم فمالئون منه البطون»
" إنا من المجرمين منتقمون "
" وأوفوا الكيل ولا تكونوا من المخسِرين وزنوا بالقسطاس المبين "
يعيش الفقير على دخلٍ متضائل
" فويلٌ للمصلين الذين هم عن صلاتهم ساهون "
" وعد الله المنافقين والمنافقات والكفار نار جهنّم خالدين فيها هي حسبهم ولهم فيها عذاب مقيم "
" إنّ المبذرين كانوا إخوان الشياطين "
*** أعرب ما تحته خط.**
وما أنا خاشٍ أن تحين منيتي ولا راهبٌ ما قد يجيء به الدهر

٢- صيغ المبالغة

يحول اسم الفاعل من الثلاثي إلى إحدى الصيغ اللاحقة ليدل على الحدث المتكرر ويسمى صيغة المبالغة.

فعّال: توّاب. غفّار. همّاز. كذّاب. سفّاح. غدّار. عدّاء. مشّاء

فَعيل: بصير. رحيم. نذير. كظيم.

فَعول: صدوق. ودود. كذوب. لعوب. غضوب. شكور. صبور. غفور.

مِفعال: معطاء. مدرار. متلاف. مطعان. منحار. مقدام. مكسال. مِلحاح. مِعطار. مِفراح.

فَعِل: فهِم. حذِر. فطِن. يقِظ. سمِع. شرِه. وجِل. عجِل.

هذه الصيغ الخمس قياسية ؛ أي إنّ لك الحق في اشتقاق أي صيغة على مثالها من أي اسم فاعل تشاء.

وهناك صيغ أخرى أقل شُهرة، وهي سماعية:

فِعّيل: صِدّيق. قِدّيس. دِهين. طِرّيش. دِرّيس

مِفعيل: مِنطيق. مِعطير

فُعَلة: هُمزة. لُمزة

فاعول: فاروق. ناطور. قابوس.

فُعّال: كُبّار. حُسّان

فُعال: كُبار. طُوال. عُضال

فَعّالة: علاّمة. نسّابة. رحّالة. جوّابة

يلاحظ أن الصيغة قبل إدخال التاء كانت صيغة مبالغة: علاّم نسّاب، ولكن إدخال التاء زاد من شدّة المبالغة وقوتها.

فُعّالة: كُرّامة – كثير الكرم جدا

لؤّامة – كثير اللؤم

تمرينات:

١ - استخرج صيغ المبالغة:

من صفات طالب العلم: فعّال للخير، ترّاك للشر، هدّاف إلى خدمة الوطن، غير عجول في اتخاذ القرارات، حليم عند الغضب، صبور في الشدة، صدوق في عمله ومواعيده، مكثار من المطالعة، دؤوب في دراسته.

٢ - استخرج اسم الفاعل وصيغة المبالغة من:

- قال رسول الـلـه (ص) « التاجر الأمين الصدوق مع النبيين والصديقين والشهداء والصالحين

- قيل: لا يجد العجول فرحاً، ولا الغضوب سرورا، ولا الملول صديقا

- اسمع مخاطبة الجليس ولا تكن عجلاً بنطقك قبل ما تتفهم

- لم تُعط مع أذنيك نطقاً واحدا إلا لتسمع ضعفَ ما تتكلّم

٣ - هات ثلاث صيغ للمبالغة على وزن « فِعّيل ». وثلاث على وزن « مفعال »

٤- هات صيغ المبالغة من:

وَضؤ. جال. قنِط. ودّ. أقدم. بشّ. فطِن. بكى. قرأ. سمع. قام. أملَق. أعان. أعطى. أخلف

٥- عين اسم الفاعل وصيغ المبالغة وأفعالها:

« قال إنها بقرة صفراء فاقع لونها تسر الناظرين »

« على الإنسان ألاّ يسأم من دعاء الخير وإن مسّه الشر فيؤوس قنوط »

« سماعون للكذب أكّالون للسحت »

« قالوا لا علم لنا إنّك أنت علاّم الغيوب »

٣ - اسم المفعول

هو اسم مشتق ليدل على الحدث ومن وقع عليه.

صياغته (اشتقاقه)

أولاً: من الفعل الثلاثي:

يؤخذ من الفعل الثلاثي على وزن « مفعول «

العدو مدحور. الظلم مذموم.

وهناك أحكام تراعى، منها:

إذا كان الفعل أجوف (وسطه حرف علة) بالواو أو الياء، فإن واو مفعول تحذف. بعد نقل حركة العين إلى ما قبلها / وتبدل الضمة التي قبل الياء كسرة لمناسبة الياء:

صام أصلها « صَوَم « واسم المفعول مصووم، ثم نحذف واو مفعول فيصبح مَصُوم.

قاد أصلها « قَوَد « واسم المفعول مقوود، ثم نخذف واو مفعول فيصبح مَقود.

صان أصلها « صَوَن « واسم المفعول مصوون، ثم نحذف واو مفعول فيصبح مَصُون.

لام أصلها « لَوَم « واسم المفعول ملووم، ثم نحذف واو مفعول فيصبح ملُوم.

بَاع أصلها « بَيَع « اسم المفعول مبيوع نحذف واو مفعول فيصبح مَبيع.

شان أصلها « شيَن « اسم المفعول مشيون نحذف واو مفعول فيصبح مَشين.

دان أصلها « دَيَن « اسم المفعول مديون نحذف واو مفعول فيصبح مديون.

هاب أصلها هَيَب اسم المفعول مهيوب نحذف واو مفعول فيصبح مَهيب.

* يعرف أصل الألف بالرجوع إلى المضارع أو المصدر.

خاط - يخيط. هاب يهاب هيبة / في الأجوف.

ومثلها قضى يقضي، سما يسمو / في الناقص.

* إذا أخذ من فعل ناقص (واوي) فإنّ واو مفعول تدغم في الواو الأصلية:

غزا أصل الفعل غَزَوَ، اسم المفعول مغزوو ثم تدغم الواوان فيصبح مغزوّ

دعا أصل الفعل دَعَو اسم المفعول مدعوو ثم تدغم الواوان فيصبح مدعوّ

هجا أصل الفعل هَجَو، اسم المفعول مهجوو ثم تدغم الواوان فيصبح مهجوّ

وهكذا في الأفعال:

شكا – مشكوو – مشكوّ جلا- مجلوو- مجلوّ رجا- مرجوو- مرجوّ

* وإذا أخذ من فعل ناقص (يائي) فإن واو مفعول تقلب ياء ثم تدغم في الياء الأصلية.

رمى / أصل الفعل رَمَيَ، اسم المفعول " مرموي " تقلب الواو ياء، ثم تدغم مع الياء الأصلية فيصبح مرمِيّ.

هدى / أصل الفعل هَدَي، اسم المفعول مهدوي ثم تقلب الواو ياء وتدغم الياءان فيصبح " مهدِيّ ".

مشى / أصل الفعل مَشَيَ، اسم المفعول ممشوي، تقلب الواو ياء وتدغم الياءان فتصبح ممشيّ.

وهكذا في الأفعال:

شوى مشووي – مَشْوِيّ. لوى - ملووي- ملويّ. بنى - مبنوي - مبنيّ. كوى- مكووي- مكويّ

ثانيا: من غير الثلاثي:

- يؤخذ المضارع، يبدل حرف المضارعة ميما مضمومة، ويفتح ما قبل الآخر:

الحارس معتمدٌ عليه.

الفعل اعتمد، مضارعه يعتمد واسم المفعول مُعْتَمد عليه.

فوزي مُوفّق،الفعل وفّق، مضارعه يوفّق واسم المفعول موفَّق.

المحامي مُنتدَب إلى المحكمة

الفعل انتدب مضارعه ينتدب واسم المفعول مُنتدَب

يصاغ اسم المفعول من الفعل المتعدي، ولا يصاغ من اللازم إلا مع:

(شبه الجملة أو المصدر) لأنه لا يجوز وجود الفعل دون نائب الفاعل حيث تصبح شبه الجملة في محل رفع نائب فاعل. نحو:

نام الطفل فوق السرير / السرير منوم فوقه (ظرف).

جلس الرجل تحت الشجرة / الشجرة مجلوس تحتها (ظرف).

صلى الناس في المسجد / المسجد مصلى فيه (جار ومجرور).

كتب سليم بالقلم / القلم مكتوب به (جار ومجرور).

العيد محتفلٌ احتفالٌ عظيم به.

ما ينوب عن اسم المفعول.

ينوب عن اسم المفعول صيغ سُمعت عن العرب جاءت على غير الصيغ القياسية التي عرفت وزنها (مفعول)

فِعْل - بكسر الفاء وسكون العين:

هذا دقيق « طِحْن « بمعنى مطحون.

هذا حِمْل ثِقيل - محمول.

زهورٌ قِطْف - مقطوفة.

انظر إلى عشب رِعيْ - مرعي.

هذا سِفرٌ مجلد - مسفور.

فلان حِبّ - محبوب.

ماء شِربٌ - مشروب.

وفديناه بِذِبْح عظيم - مذبوحٌ.

فَعَل - بفتح الفاء والعين

متاعٌ جَلَب – مجلوب.

لبن حَلَب – محلوب.

مال سَلَب – مسلوب.

نقدٌ قَبَض – مقبوض.

فُعْلة بضم الفاء وسكون العين

مُضْغة – ممضوغ

« ثم خلقنا النطفة علقة فجعلنا العلقة مُضغة »

فَعُولة بفتح الفاء وضم العين

خيل ركوبة – مركوبة.

أبقار حلوبة – محلوبة.

إبل قتوبة – مقتوبة.

(لا صدقة في الإبل القتوبة) حديث شريف

فاعل:

دع المكارم لا ترحل لبغيتها   واقعد فإنّك أنت الطاعم الكاسي

بمعنى مطعوم ومكسو.

وقولهم « أنت في عيشة راضية » بمعنى مرضية

فُعالة بضم الفاء

كناسة – مكنوسة.

نخالة – منخولة.

فِعال بكسر الفاء: كتاب – مكتوب.

فراش – مفروش.

ما شذ عن القياس من اسم المفعول.

مر بنا كيفية اشتقاق اسم المفعول من الثلاثي ومن غير الثلاثي على القياس.

لكن هناك ألفاظ قليلة شذّت فجاءت على غير القياس منها:

الصادق أحبّه الناس، فهو محبوب والقياس مُحَبّ، لأنه من فعل رباعي (أحب)

أحمّه المرض، فهو محموم، والقياس مُحَمَّم، لأنه من فعل رباعي أحمّ

أسلّه المرض، فهو مسلول والقياس مُسلّ لأنه من فعل رباعي أسلَ

أجنّه. فهو مجنون. والقياس، مُجنّ

التشابه بين اسم الفاعل واسم المفعول.

يوجد في اللغة صِيغتان مشتركتان، بين اسم الفاعل واسم المفعول هما:

فعيل / فعول، ولا يقاس عليهما، بل يقتصر فيهما على السماع (رغم كثرتهما).

مثال ما ينوب: عن اسم الفاعل نحو: صَبور - بمعنى صابر.

شكور، بمعنى شاكر.

و عن اسم المفعول نحو: رسول بمعنى مُرْسَل. جريح بمعنى مجروح.

كحيل بمعنى مكحول. طريح بمعنى مطروح.

طريد بمعنى مطرود. رجيم بمعنى مرجوم.

قتيل بمعنى مقتول.

ويستوي في الصيغتين: المذكر والمؤنث عند أمن اللبس، وذلك بذكر الموصوف نحو:

أعجبني رجل صبور على البلوى. شكور لـلـه تعالى.

هذه امرأة صبور، وتلك فتاة صبور.

أسعف الدفاع المدني امرأة جريحا وطفلا جريحا.

أحمد فتى كحيل، وسعاد فتاة كحيل.

فإن كان فعيل بمعنى مفعول ولم يذكر الموصوف، فرّق بين المذكر والمؤنث بالتاء تمييزا بين " فعيل " بمعنى فاعل، وبين فعيل بمعنى مفعول، ويقال لهذه التاء (تاء النقل) لأنها تنقل ما تدخل عليه من الوصفية إلى الاسمية.

هذه ذبيحة، ولقيطة، ونطيحة، بمعنى: مذبوحة، وملقوطة، ومنطوحة.

وقد تلحقه التاء قليلا: نحو " خصلة ذميمة " أي مذمومة، فِعلة حميدة أي محمودة.

فإن كان فعيل بمعنى فاعل لحقته التاء في التأنيث نحو:

رجل كريم / امرأة كريمة

صيغ مشتركة بين اسم الفاعل واسم المفعول.

يأتي اسم الفاعل واسم المفعول على صيغة واحدة إذا أُخذا:

من فعل غير ثلاثي جاء قبل آخره ألف:

احتار. اختار. انقاد. اعتاد. انساب \ محتار. مختار. منقاد. معتاد.

من فعل مضعف الآخر:

اعتز. ارتدّ. انصبّ. اعتدّ / احتلّ \ معتزّ. مرتدّ. منصبّ. معتدّ.

ويعرفان من خلال السياق.

مختار القرية محبوب \ اسم مفعول.

النص المختار يمثل الأدب العباسي \ اسم فاعل.

من حق المحتل أن يقاوم المحتل. \ اسم مفعول.اسم فاعل.

الشعب معتز بقائده / التراث معتز به \اسم فاعل. اسم مفعول.

الطالب محتارٌ في الإجابة. السؤال محتار فيه \اسم فاعل. اسم مفعول.

تمرينات.

أخرج اسم المفعول واذكر فعله.

* المرء مخبوء تحت لسانه.

* « و اللـه المستعان على ما تصفون ».

* كل ممنوع مرغوب فيه.

* « فجعلهم كعصفٍ مأكول ».

* إنّ هذا كان لكم جزاء وكان سعيكم مشكورا ».

* « أتعلمون أن صالحاً مُرْسَل من ربه ».

* « ولا تكن كصاحب الحوت إذ نادى ربه وهو مكظوم ».

* « لولا أنْ تداركه نعمة من ربه لنبذ بالعراء وهو مذموم ».

* « فجعلناهم أحاديث ومزّقناهم كل ممزّق ».

* « ذلك وعد غير مكذوب ».

* « والذين في أموالهم حق معلوم للسائل والمحروم ».

* الخيل معقود بنواصيها الخير إلى يوم القيامة.

* المستشار مؤتمن.

* قال الإمام علي وقد عزّى الأشعث بن قيس في ابن له: « يا أشعث إن صبرت جرى عليك القدر وأنت مأجور وإن جزعت جرى عليك القدر وأنت مأزور ».

* وقال:« ما المبتلى الذي اشتد به البلاء بأحوج إلى الدعاء من المعافى الذي لا يأمن من البلاء».

* قالت العرب في الأمثال: إذا تخاصم اللصان ظهر المسروق.

* قالت العرب في الأمثال: إنّ البلاء موكّل بالنطق.

* البخيل مغلولة يده إلى عنقه.

* عاتب المرجوّ خيره.

* المكتبة فهارسها مرتّبة ورفوفها منظمة.

* لـعل عـتبـك محمود عواقبـه   وربما صحـت الأجـسام بالعلأئل

* السمح في الناس محبوب خلائقـه   والجامد الـكـفّ ما يـنفك ممقـوتا

* فما المال والأخلاق إلا مـعـارة   فما اسطعت من معروفها فـتـزود

*إن أنت جالست الرجال ذوي الهمم   فـاجـلـس إلـيهم بالكمال مؤدَّبا

واسمع حـديـثهم إذا همُ حدّثـوا   واجعل حديـثك إن نطـقت مهـذّبا

* يا خـاتم الرسل المبارك ضوؤه   صلى عليـك مـنـزل الـفرقـان

* أتـتـه الخـلافـة مـنـقادةً   إلـيـه تـجـرر أذيـالـهـا

* أنت لا تأكل النـضار إذا جعـت   ولا تـشـرب الجمان الـمـنضّد

* " وإن منكم إلاّ واردها كان على ربك حتماً مقضيّا ".

* " وترى المجرمين يومئذٍ مقرّنين في الأصفاد ".

* " والسابقون السابقون أولئك المقربون ".

* " فأما إنْ كان من المقربين فروح وريحان وجنّات نعيم ".

بين بصورة تفصيلية ما يحدث من تغيير عند صياغة اسم المفعول من:

قال. باع. رمى. ساد. مشى.

صغ اسم الفاعل واسم المفعول من:

سأل. سال. ثأر. ثار. استبعد. شق. أعطى. قصّ. ذمّ

٤ - اسم الآلة

هو اسم مشتق (على الأغلب) من الفعل الثلاثي ليدل على الحدث والأداة (الآلة) التي تمّ بواسطتها.

فإذا قلنا: يستعمل الحداد مبردا، والنجار منشاراً.

يستخدم المزارع محراثا.

لكل باب مفتاح.

أما الطبيب فيحتاج إلى مِشرط، بينما تحتاج السيدة إلى ملعقة ومكنسة.

فإن الكلمات: مبرد. منشار، محراث، مفتاح، مشرط، ملعقه، مكنسة. تدل على الأدوات التي تم بها البرد والنشر والحراثة والفتح......

واسم الآلة قسمان: مشتق وجامد.

المشتق ثلاثة:

« مِفْعَل «، مثل مِبرد، مِقْود، مِغْزل، مِشْرط، مِصْعد، مثقب، مِخْلب، مِقَص، مِشْجب، مِعْول.

« مِفْعلة «، مثل: مِطرقة، مِسطرة، مِصْيدة، مِكْواة، مِبراة، ممحاة، مِصْفاة، مِحْبرة، مِحْفرة، مِقْصلة.

" مِفْعال " مثل مِنشار. مِصباح. مِزمار. مِيزان. مِبراة.

ملاحظات:

ميزان، أصلها موزان. من وزن. سكنت الواو بعد كسرة فقلبت ياء.

مِكْواة، أصلها مِكْوية. من كوى، قلبت الياء ألفا لتحركها وانفتاح ما قبلها.

- مرآة، أصلها مِرْأية.

مِبراة، أصلها مبرية.

مِقصّ، أصلها مِقْصص.

ميسم، أصلها مِوْسم من الفعل وسم، وجمعها مياسم على اللفظ، ومواسم على الأصل.

هناك أسماء آلة جاءت على غير هذه الأوزان شذوذا مثل.

مُنْخل، مُدْهن (ما يجعل فيه الدهن) مُكْحُلة (وعاء الكحل) مُسْعط (وعاء السعوط)مُنصل

زاد بعضهم المحرضة (مكان لغسل اليدين، أي المغسلة) المُنْقُر (خشبة تنقر للشراب)

* وجاءت بعض أسماء الآلة جامدة غير مشتقّة على غير أوزان ثابتة، وليس لها أفعال، وهي سماعيّة:

سكين. فأس. قلم. قدوم. شوكة. جرس. هراوة. إبرة. ناي. رمح. درع. سيف.

يكثر استعمال أبنية أخرى: اعتمدها علماء العربية،(لكثرة دورانها على الألسنة) منها:

على وزن فعّالة: غسّالة. سمّاعة. ثلاجة. كمّاشة. شوّاية. برّاية. طيارة. دبابة. غواصة. دراجة. نشافة.

وعلى وزن فعّال: خلاّط، سحّاب قلاّب، برّاد، طبّاخ.

وعلى وزن فاعلة: رافعة، قاطرة، حاوية، ناسخة، كاسحة (للألغام)، راجمة (للصواريخ)، ناقلة (للجنود).

وعلى وزن فاعل: نابض، قابس، كابح (للسيارة).

وعلى وزن فاعول: ساطور، ناسوخ، حاسوب، صاروخ.

وعلى وزن فاعولة: طاحونة، جاروشة، ناعورة.

وهذا يعكس دلالة على مرونة اللغة العربية، وقدرتها على استيعاب مصطلحات العصر ومواكبتها للتطور الحضاري.

* قد يطلق اسم الآلة على المكان إن كان وسيلة للفعل نحو:

منبر. ميضأة. مرقاة (درجة) مذود (معلف الدواب)

فإن اعتبر فيها المكان فُتح أولها، وإن اعتبر فيها اسم الآلة كسر أولها

نحو"مقص" اسم الآلة مِقص،واسم المكان مَقص أي مكان القص.

التمارين:

تمرين ١: ابن اسم الآلة القياسي لكل فعل:

قطف. قلى. قاد. كبح. رش. خرط. قدح. قصّ. شوى. خرز. دخن.

تمرين ٢: ضع صياغة تدل على الأدوات التالية:

أداة لبشر الجبن. أداة لقشر الخضروات. أداة لنش الذباب. أداة لنفض الغبار. أداة لفتح الماء. أداة لشد البطن.

تمرين ٣: ما وزن كل من أسماء الآلة التالية؟.

مرآة، مبراة، مصبغ، منشفة، ملحفة، منشار.

تمرين ٤: عين أسماء الآلة القياسية وغير القياسية:

مثقب، مِقطع، مهدّة، مِصيْدِة، ممحاة، مُدق، مُسعط، مذياع

تمرين ٥: عين اسم الآلة واسم المكان

معصرة مِصْعد مِعْبر

تمرين ٦: بيّن أسماء الآلة، واذكرالأفعال التي اشتقّت منها.

الصّبرمفتاح الفرج.

هجر الفلاح محراثه القديم واستعمل المحراث الحديث إلى جانب المذراة والحصّادة،ولم يعد يستعمل المنجل.

المؤمن مرأة أخبه.

الشدائد محك الرجال

لساني وسيفي صارمان كلاهما ويبلغ مالايبلغ السـيف مِذودي

فلا المال ينسيني حيائي وعفّتي ولا واقعات الدهر يفللن مبردي

تمرين ٧: صغ اسم الآلة من الفعل «صفا» ومن الفعل «وزن» واذكر وزن كل منهما.

تمرين ٨: أعد أسماء الآلة إلى الأفعال التي اشتقت منها. وأشر إلى الجامد:

مرزاب. مِلف. مِصلاة

٥ - اسم الزمان واسم المكان

التعريف: هما اسمان مشتقان من الفعل للدلالة على الزمان الذي حصل فيه الفعل.

أو المكان الذي حصل فيه الفعل، يسمى الأول اسم الزمان، والثاني اسم المكان.

الصياغة / الاشتقاق:

أولاً من الفعل الثلاثي:

على وزن مَفْعَل (بفتح العين) في الحالات التالية:

إذا كان الفعل صحيح الآخر وعين المضارع مفتوحة أو مضمومة

من أمثلة مفتوح العين: لعب - يلْعَب - مَلْعب

ذهب - يذهَب - مَذْهب

هجع - يهجَع - مَهْجَع

لبس - يَلْبس - مَلْبَس

قرّ - يقَرّ - مقرّ

ومن مضموم العين: هجر - يهجُر - مَهْجَر

خرج - يخرُج - مَخرَج

قعد - يقعُد - مَقْعَد

رسم -يرسُم - مَرْسَم

دخل - يدخُل - مَدْخَل

حلّ - يحُلّ - مَحلّ. أصلها مَحْلَل

و إذا كان الفعل معتل الآخر (ناقص)

سعى - مَسْعَى، رمى - مَرْمى

ثوى - مَثْوى، نأى - مَنْأى

بنى - مَبْنى، جرى - مَجْرى

ويصاغ من الثلاثي على وزن « مَفْعِل « بكسر العين في الحالات:

*** إذا كان الفعل صحيح الآخر وكانت عين مضارعه مكسورة**

جـلس - يَجْلِس مَجْلِس

رجـع - يرجِع مَرْجِع

هَبَـط - يَهْبِط مَهْبِط

نــزل _ ينْزِل منزِل

ضرب - يضرِب مَضْرِب

*** إذا كان الفعل الثلاثي معتل الأول (مثال)**

وعد - مَوْعِد وقف - مَوْقِف

ولد - مَوْلِد وضع - مَوْضِع

ثانيا من غير الثلاثي.

يصاغان من غير الثلاثي على زنة اسم المفعول، باتباع الآتي:

يؤخذ المضارع / يبدل حرف المضارعة ميماً مضمومة / يُفتح ما قبل الآخر

استودعَ يستودع مُسْتَودَع

انصرف ينصرف مُنْصَرف

أدخل يدخُل مُدْخَل

أخرج يخرج مُخْرَج

انطلق ينطلق مُنْطلَق

استقر يستقر مُستقَر

تمرين ١ : بين اسم الزمان واسم المكان وبين سبب مجيئه على هذا الوزن.

* عمان معقِل العروبة الأصيل.

* الغور مشتى المواطنين.

* موعِد انطلاق الرحلة العاشرة صباحاً.

* البتراء مهوى السياح.

* موعِد الفنانين قصر الثقافة.

* مجرى النهر واسع.

* ملعَب الكرة نظيف.

* متنزّه عمان جميل.

* مُستخَرج المعادن باطن الأرض.

* لكل سر مستودَع.

* مرْحل الضيوف غداً.

* جرش ملتقى السياح.

* ملتقى الطلاب الثامنة مساء.

* فلسطين مهبط الأنبياء.

* منبع نهر الأردن من سوريا ومصبه في البحر الميت.

* لا تظلمّن فإن الظلم مرتعه وخيم.

* مدخل المصلّى واسع.

* بنفسي تلك الأرض ما أطيب الربا   وما أحسن المصطاف والمتربعا

* وفي الأرض منأى للكريم عن الأذى   وفيها لمن خاف القِلى متعزَّل

* " لو يجدون ملجأ أو مغارات أو مُدّخلا لولّوا إليه وهم يجمحون "

* " لكم فيها منافع إلى أجل مسمّى ثم مَحِلّها إلى البيت العتيق "

* " يسألونك عن الساعة أيان مرساها "

* " وهو الذي أنشأكم من نفس واحدة فمستقَر ومستودَع ".

* وقال رب أدخلني مُدْخَل صدق وأخرجني مُخرَج صدق واجعل لي من لدنك سلطانا نصيرا "

* قالوا يا ويلنا من بعثنا من مرقدنا "

* قالوا لو هدانا اللـه لهديناكم سواءٌ علينا أجزعنا أم صبرنا ما لنا من مَحيص "

ووضع الندى في موضِع السيف في العلا   مُضرٌّ كوضع السيف في موضع الندى

ولـرُبَّ نـازلـة يـضيـق بها الفـتـى   ذرعـا وعـند الـلـه مـنها المـخرَجُ

تمرين ٢: صغ اسمي المكان والزمان مما يلي واضبطهما:

نزل، صعد، انطلق، التقى، ضاق، جلس، وصل، ارتاد، استوطن، سعى، بنت، جرى، شرب، طار

تمرين ٣: ضع كلمة « مُستخرَج « في ثلاث جمل، بحيث تكون اسم مرة / اسم زمان / اسم مفعول

تمرين ٤: مثّل لما يأتي:

اسم مكان على وزن مفعلة

اسم مكان على وزن مَفْعِل بكسر العين

اسم زمان من الأجوف الواوي

اسم زمان على صيغة اسم المفعول

تمارين عامة على المشتقات

تمرين ١: بين المشتقات ونوع كل منها وفعله:

- التأنّي محمود عواقبه.
- منى مرمى الجمرات.
- مرمى الجمرات أيام العيد.
- كلب جوّال خير من أسد رابض.
- المرء مخبوء تحت طيّ لسانه لا تحت طيلسانه.
- بنفس تلك الأرض ما أطيب الربا وما أحسن المصطاف والمتربعا
- « واعلموا أنكم غير معجزي اللـه وأنّ اللـه مُخزي الكافرين ».

* « والذين هم من عذاب ربهم مشفقون، إنّ عذاب ربهم غير مأمون والذين هم لفروجهم حافظون إلا على أزواجهم أو ما ملكت أيمانهم فإنهم غير ملومين، فمن ابتغى وراء ذلك فأولئك هم العادون «

* المستجير بعمروٍ من مصيبته كالمستجير من الرمضاء بالنار

* إنّ الحياة تستلزم التعامل بأفكار متطوِّرة

إن المستشير وإن كان أفضل من المستشار رأيا فهو يزداد برأيه رأيا كما تزداد النار بالودك.

* خلقت ألوفا لو رجعت إلى الصبا لفارقت شيبي موجع القلب باكيا

* « وأني مُرسِلة إليهم بهديّة فناظرة بم يرجع المُرْسَلون «

* « ولا تمش في الأرض مرحا إنّ اللـه لا يحب كل مختالٍ فخور «

* أنّى اتجهت إلى الإسلام في بلد تجده كالطير مقصوصاً جناحاه

* فصبراً في مجال الموت صبرا فما نيل الخلود بمستطاع

* ضحوك السن إن نطقوا بخير وعند الشر مِطْراق عَبوْسُ

* وَصولٌ إلى المستصعبات بحيلة فلو كان قرن الشمس ماء لأوردا

* وعاجز الرأي مِضْياعٌ لفـرصتـه   حتى إذا فات أمـرٌ عـاتب القـدرا

* " إنّ للمتقين لحسن مآب جناتِ عدن مُفتّحة لهم الأبواب "

* " ونادى نوح ابنه وكان في مَعْزِلٍ "

* " والباقيات الصالحات خير عند ربِّك ثوابا وخير مردّا "

* أنتم أيها الشباب معلَّقة عليكم الآمال في جعل مستقبل الأمة مزدهرا قويا.

*يعد الجاحظ من الأدباء النفّاذة بصائرهم، السيارة آثارهم.

" فسيعلمون غداً من الكذّاب الأشِر ".

ما مضياع للفرصة السانحة إلا جاهل.

الشهيد توّاقة إلى الجنة نفسه.

لا تعبأ بالنذل الخسيسة آراؤه.

يعجبني الرجل طلقاً لسانه نفّاذة كلمته.

المؤمن طَلاّب كل خير، ترّاك صحبة الأشرار، مِعوان من يستعين به، ثقيلة عن الباطل رجله.

" التاجر الأمين الصدوق مع النبيّن والصديقين والشهداء والصالحين"،حديث شريف

قال حكيم: لا يجد العَجول فَرَحاً ولا الغَضوبُ سروراً ولا المَلول صديقاً «

ولستُ بمفراحٍ إذا الدهر سرني ولا جـازع من صرفه المتقلِّب

اسمع مخاطبةَ الجليس ولا تكن عَـجِلاً بنطـقـك قبـل ما تتفـهمُ

لم تُعـط مع أذنيك نـطـقاً واحدا إلا لتسمـع ضـعـف ما تتكلـمُ

* حـمّال ألـويـة هبّاط أودية شهّاد أنـديـة لـلجيش جرّارُ

* إذا مات منّا سيـدٌ قـام سيد قؤول لما قال الـكرام فـعـولُ

* وكن على الخير معوانا لذي أمل يرجو نداك فإن الخير مِعـوانُ

* أخـا الـحرْب لبّاساً إليها جـلالها وليس بولاّج الخـوالف أعـقـلا

* حـذِرٌ أمـوراً لا تـضير وآمِـنٌ   مـا لـيس ينجيه من الأقـدار

* وإني لصبّار عـــلى مـا يـنوبني وحسبك أنّ الـلـه أثنى على الصبر
من يكن اليوم مهملاً يجد نفسه غدا خاسراً فاقدا حقّه
المؤمن صائن نفسه وعرضه
الشعب الفلسطيني ثائر على المحتل متمرد ولن يظل مشردا
المواطن الأردني محب لوطنه
ليت شعـري مقيـم العـذر قـومي لي أم هم في الحب لي عـاذلون
أنـاوٍ رجـالـك قـتـل امـرىء مـن العزّ في حبـك اعتاضَ ذلاًّ
ولسـت بـمستبقٍ أخـا لا تـلُمّـُهُ على شعـث أي الرجـال المهذب
إذا كنت في كل الأمـور مـعـاتـبا صديقـك لم تلق الذي لا تعـاتبه
ومـا أنا خـاشٍ أنْ تحـين مـنيّتـي ولا راهبٌ ما قد يجيء به الدهرُ
بدالي أني لست مدرك ما مضـــى ولا سابـقٌ شيئاً إذا كان جـائيا
وإني لأغنى النـاس عن مـتـكـلفٍ يرى الناس ضُلاّلاً ولـيس بمهتد

تمرين٢: أخرج صيغة المبالغة

« ولا تطع كل حلاّف همّاز مشّاء بنميم منّاع للخير معتد أثيم «
« استغفروا ربكم إنّه كان غفّارا يرسل السماء عليكم مدرارا «
« إنّ ربنا لغفور شكور «
« إنه كان للأوّابين غفور «
« إنّ في ذلك لآياتٍ لكل صابرٍ شكور «
« وما ربك بظلامٍ للعبيد «
« ما غفّار للذنوبِ إلا الـلـه «

تمرين٣: بين نوع كل من المشتقات التاية:

أنيق. مُهاب. ودود. مُتْقَن. ترّاك. مِقْود. ملحاح

الـوحـدة الثالثة

المسـتـوى الـنحوي

المبتدأ والخبر

الجملة في اللغة العربية نوعان:

جملة اسمية تتكون من مبتدأ وخبر.

جملة فعلية تتكون من فعل وفاعل (وربما مفعول به أيضا)

المبتدأ

يسمى أيضاً (المسند إليه) وهو اسم مرفوع،أو بمنزلته. وهو محور الحديث، إذ يدور حوله المعنى، ويكون بحاجة إلى ما يتمم معناه (وهو الخبر).

مثال الاسم: النجاح هدفنا.

ومثال ما في منزلته: أنْ تتمسك بالفضيلة خيرٌ لك

فالحرف المصدري «أن» والفعل المضارع تتمسك في تأويل مصدر مبتدأ، والتقدير تمسّكك بالفضيلة خير لك

صور المبتدأ:

يأتي المبتدأ:

١ - اسماً صريحا (ظاهرًا)، نحو:

الكتاب مرجع لا غنى عنه. المؤمنون إخوة. الحق يعلو. البيارات واسعة

٢ - ضميراً، نحو:

نحنُ نحمي الأوطان. أنت مخلص. أنتم أمل الأمة. هو الله أحد

٣ - اسماً موصولا، نحو: الذي قاله المحاضرصحيح.

ما أعجبني فيك أمانتك.

٤ - اسم إشارة:

هذا الكتاب مفيد.

أولئك آبائي فجئني بمثلهم إذا جمعتنا يا جرير المجامع

٥ -اسم الاستفهام:

ما اسم جارك؟. من فاتح السند؟

٦ -اسم شرط، نحو:

من يزرع التخاذل يحصد الندم.

من يحترم الناس يحترموه

٧ - مصدرًا مؤولا:

وهو: تركيب لغوي مكون من حرف مصدري، تليه جملة فعليّة أو اسميّة. يمكن أن يحل محل مصدر صريح، ويعرب إعرابه.

والحروف المصدرية هي: أنْ. كي. ما. لو. أنّ.

أن تتقوا اللـه خير لكم. بتأويل " تقواكم " وهو في محل رفع مبتدأ.

"ودّوا لو تدهن فيدهنون" بتأويل " إدهانكم " وهو في محل نصب مفعول به

عُلِم أن الامتحان قريب. بتأويلً قرب الامتحان. في محل رفع نائب فاعل.

والمبتدأ نوعان:

أولا: مبتدأ له خبر، وهو الغالب كما في الأمثلة التي مرّت.

ثانيا: مبتدأ لا خبر له، وإنما له مرفوع يغني عن الخبر(يكون له فاعل او نائب فاعل يسد مسد الخبر).

ويتحقق ذلك إذا كان المبتدأ وصفا مشتقاً (أي اسم فاعل، اسم مفعول، صيغة مبالغة، صفة مشبهة).

ويشترط فيه أن يكون مسبوقاً باستفهام أو نفي، نحو:

أناجح أخوك؟ فناجح مبتدأ (وهو اسم فاعل) أخوك فاعل لاسم الفاعل سد مسد الخبر

أمنجزٌ علي وعده: منجز مبتدأ (وهو اسم فاعل) عليٌّ فاعل لاسم الفاعل سد مسد الخبر.

ما فائز الكسولُ: فائز مبتدأ (وهو اسم فاعل). الكسول فاعل لاسم الفاعل سد مسد الخبر.

ما مهضوم حقُّ المواطن: مهضوم مبتدأ (وهو اسم مفعول) حق: نائب فاعل سد مسد الخبر.

هل خبيُر المهندس؟ خبير: مبتدأ (وهو صيغة مبالغة)، المهندس: فاعل لصيغة المبالغة سد مسد الخبر

. هل معروف ضائع؟ معروف: مبتدأ، وهو اسم مفعول، ضائع نائب فاعل سد مسد الخبر.

وهكذا في الأمثلة التالية:

أطموحٌ عمك؟ ما كريم يقبل الدنيّة / ما تهاون نافع / هل ضيف في الجامعة؟

ما خصومة دائمة / هل تعاون مفيد للأمة.

فائدة ١: اسم الفاعل يتطلب فاعلا؟ لأنه يعمل عمل الفعل المبني للمعلوم.

واسم المفعول يتطلب نائب فاعل لأنه يعمل عمل الفعل المبني للمجهول.

فائدة٢ : إذا لم يطابق الوصف ما بعده تحتّم اعتباره مبتدأ والمرفوع بعده أغنى عن الخبر.

أناجح أخواك؟ ناجح: مبتدأ، أخوك فاعل سد مسد الخبر

وإذا طابقه في الإفراد، جاز اعتباره مبتدأ، أو خبراً، نحو أناجحٌ أخوك.

- يجوز أن تجعل « ناجح « مبتدأ، «وأخوك « فاعل سد مسد الخبر.

- ويجوز أن تجعل « ناجح « خبراً مقدما، و» أخوك « مبتدأ مؤخراً.

وإذا طابقه في غيرالإِفراد تحتّم اعتباره خبراً.

أناجحان أخواك؟

أناجحون إخوتك؟

" ناجحان" خبر مقدم، وأخواك مبتدأ مؤخر.

وكذلك " ناجحون" خبر مقدم، أخواتك مبتدأ مؤخر.

الابتداء بالنكرة

الأصل أن يكون المبتدأ معرفة، لأنه محور الحديث، ولا معنى للاِخبار عن نكرة، لأنّ النكرة مجهولة والحكم على المجهول لا يفيد غالباً.

لكن يجوز أن يكون المبتدأ نكرة إذا وجدت مسوغات (مبررات) لذلك. ومسوغات الابتداء بالنكرة كثيرة، منها:

أوّلا: إذا دلت النكرة على عموم ؛ لأنّها في هذه الحالة تدل على عموم أفراد النوع، ويكون ذلك في الحالات التالية:

أ- إذا كانت مسبوقة بنفي.

ما صادق نادم. ما كريم يرضى المذلّة. ما مهملٌ محمود. ما نافع تأجيل العمل.

خليليّ ما وافٍ بعهدي أنتما إذا لم تكونا لي على من أقاطعُ

ب- إذا كانت مسبوقة باستفهام.

« أإله مع الله «. «أراغب أنت عن آلهتي يا إبراهيم «

هل مالٌ يغني عن علم؟

وهل داءٌ أمرّ من التنائي وهل بردٌ أتمُّ من التلاقي

أقاطن قوم سلمى أم نووا ظعنا إنْ يظعنوا فعجيب عيش من قطنا

قد يأتي المبتدأ الذي لا خبر له غير مسبوقٍ بنفي او استفهام، نحو:

خبير بنو لهِبْ فلاتك ملغيا مقاله لهبيٍّ إذا الطير مرّت[٣]

٣ بنو لهب: قبيلة عربية اشتهرت بزجر الطير ومعرفة الغيب.

ج- إذا كانت النكرة من الألفاظ الدالة على عموم، وهي:

* **أسماء الشرط:**

من يحترم الناس يقدروه. من يتقاعس يندم.

من يهن يسهل الهوان عليه ما لجرح بميّت إيلامُ

* **أسماء الاستفهام:**

أيُّ عامل تأخر؟

« ومَنْ أحسن من الـلـه حكما لقوم يوقنون «

ومن أمثلة العموم أن يكون المبتدأ نفسه صيغة عموم، نحو:

«كلُ له قانتون «. كلٌ ميسر لما خلق له. كل إفراط من العاقل مُفسد.

ثانيا: إذا دلت النكرة على خصوص، بأن تكون:

١- موصوفة، نحو:

عدو عاقل خير من صديق جاهل. قليل دائم خير من كثير منقطع.

كلب جوّال خير من أسد ميت.

٢- مضافة إلى نكرة، نحو:

درهم وقاية خيرٌ من قنطار علاج

كلمة عتابٍ أ كثر تأثيرًا في النفس من ضربة سيف.

خمس صلوات كتبهّن الـلـه في اليوم والليلة.

٣- مصغرة (لأنّ التصغير هو وصف في معناه)

رُجيلٌ طرق الباب. قُليم معي. كويتب يقف في الخارج.

٤ - إذا كان المبتدأ(النكرة)مؤخرًا عن خبره، والخبر شبه جملة(جارًا ومجرورًا او ظرفا)

في الصدق نجاة.

للوالدين حقوق.

"فيها فاكهة والنخل ذات الأكمام "

لـكـل داءٍ دواء يستطب به   إلا الحماقة أعيت من يداويها

قُرب المصنع مكتبة.

٥ - إذا وقعت بعد إذا الفجائية

دخل المحاضر فإذا طالبٌ يحاول الخروج.

خرجت فإذا صديقٌ ينتظرني.

٦ - إذا وقعت بعد لولا:

لولا شرٌ ما عرف الخير.

لولا مطرٌ لسافرت اليوم.

٧ - إذا كانت النكرة للدعاء (بالخير أو بالشر).

" ويلٌ للمطفيفين "

" سلام على آل ياسين " الصافّات

رحمةٌ لوالديّ.

نصرٌ للمؤمنين.

٨ - إذا وقعت في أول جملة حال.

دخلت المكتبة وجريدة في يدي.

نام الجنود وسرورٌ يملأ نفوسهم.

كان المهندس يعمل وموظفٌ يساعده.

سرينا ونجمٌ قد أضاء فمذ بدا   محياك أخفى ضوؤه كلَّ شارق.

إنْ يكن تقصير، فتقصير بحق نفسك.

إنْ يكن اجتهاد فاجتهادٌ لمصلحتك.

ملاحظة:

١. خبرالمبتدأ الواقع بعدّ» لولا « يكون محذوفا دائمًا.

نحو: لولا مطرٌ لسافرت. مطر: مبتدأ، خبره محذوف تقديره موجود.

٢. قد يسبق المبتدأ حرف زائد، أو شبيه بالزائد (٤)، فيكون المبتدأ مجروراً لفظا مرفوعاً محلا

هل من ناجحٍ في الشعبة: من حرف جر، ناجح مبتدأ مرفوع بضمة مقدرة منع من ظهورها اشتغال المحل بحركة حرف الجر الزائد.

أو تقول « ناجح « مجرور لفظًا مرفوع محلاً على أنه مبتدأ.

بحسبك توفيق الـلـه:

الباء حرف جر زائد. حسبك: مبتدأ مرفوع بالضمة المقدرة منع من ظهورها اشتغال المحل بحركة حرف الجر الزائد. أو تقول: «حسبك» مجرور لفظاً مرفوع محلاً.

الباء حرف جر زائد، الـلـه: مبتدأ مؤخر مرفوع بضمة مقدرة...

---

٤ حروف الجر تقسم إلى:
ا- حرف أصلي: يكون له معنى خاصّ في سياق الجملة، بحيث لا يمكن الاستغناء عنه.
ويرتبط في الجملة بعامل، يجر الأسماء لفظا وتقديرًا. وأكثر حروف الجر أصلية.
ب- حرف زائد / ليس له معنى خاص في سياق الجملة، يمكن الاستغناء عنه فيها، وإنما يؤتى به لمجرد تأكيد الكلام فقط. وهي من. الباء في بعض الأحيان.
ج- حرف جر شبيه بالزائد: له معنى خاص يفهم من سياق الكلام، ليس له عامل يرتبط به،وهو يجر الاسم لفظا، لكن الاسم يأخذ الوظائف النحوية تقديرًا. والحرف الوحيدالش بالزائد هو « رُبّ «

حذف المبتدأ

الأصل في المبتدأ أن يذكر في الكلام ؛ لأنّه عمدة. ويجوز حذفه في بعض الأحيان. وفي مواضع أخرى يحذف وجوباً.

أولا: حذف المبتدأ جوازاً.

١- إذا دل عليه دليل من السياق.

- « من عمل صالحًا فلنفسه ومن أ ساء فعليها «

التقدير: فعمله لنفسه وإساءته عليها.

لخالد جائزة ولإبراهيم.

أي ولإبراهيم جائزة.

٢- في جواب الاستفهام.

- تقول لمن سألك: أين المكتبة؟: في المبنى الشرقي من الكلية.التقدير: هي أو المكتبة في المبنى الشرقي.

- ومثل: بخير. جوابا لمن يسألك كيف حالك؟

- ومثل: نعم الصديق، تعليقًا على من قال: إنّ أحمد صديقي.

ثانيا: حذف المبتدأ وجوبًا

١- إذا أخبر عنه بنعت مقطوع، لإفادة المدح أو الذم أو الترحم.

قاتل اللـهُ العدوَّ اللئيمُ الجبانُ. بتقدير هواللئيمُ الجبانُ « الذم «.

ترفق بالضعيفِ البائسُ بتقدير هو البائسُ « الترحم «.

أحترم خالدا القويُ. بتقدير هو القويُ « مدح «.

اقتدِ بعمَرَ العادلُ. رحم اللـه عمرَ العادلُ. الحمدُ للهِ الحميدُ.

الأصل في الكلمات المخطوط تحتها أنها صفات للأسماء التي سبقتها، لكنها قطعت عن النعت لإفادة المدح أو الذم أو الترحم بقصد التركيز عليها. ولذلك رُفعت (بعد قطعها عن النعت) على أنها أخبار لمبتدآت محذوفة، فالتقدير هو.... كماوضّحت في الأمثلة.

٢- إذا كان خبره مصدرًا نائبًا عن فعله.

سمعٌ وطاعةٌ، أي أمري سمعٌ وطاعة.

« وقال بل سوّلت لكم أنفسكم أمرًا فصبرٌ جميل «

شكا إليّ جملي طول السُّرى   صبرٌ جميل فكلانا مبتلى

في هذه الأمثلة جاء الخبر مصدرًا مؤديا لمعنى فعله، فحذف المبتدا وجوبا.

ومن الأمثلة على ذلك أيضاً: تقدمٌ ملموس – التقدير: تقدمي تقدم ملموس.

تحية خالصة – التقدير: تحيتي تحية خالصة.

٣- إذا كان الخبر مشعرًا بالقسم نحو:

في ذمتي لأقولن الصدق.

في ذمتي لأهجرن القول الفاحش

في عنقي لأسديّن يدًا لكل ذي حاجة يرجيّها.

لقد بدئت الأمثلة بما يشعر بالقسم، بدليل دخول لام جواب القسم على الفعل المضارع.

والتقدير: في ذمتي قسم أو يمين، فقسم المقدر المفهوم من السياق مبتدأ مؤخر، وفي ذمتي،في عنقي: خبر مقدم.

ومثله قولك:عهدُ اللـهِ، يمين اللـه، ايمن الحق...إذا كانت هذه الأقوال مشعرة بالقسم.

٤- إذا كان خبره مخصوصًا بالمدح أو الذم واقعًا بعد نعم أو بئس مؤخرًا عنهما.

« ولا تنابزوا بالألقاب بئس الاسم الفسوق بعد الإيمان «

فنعم صديقُ المرء من كان عونه وبئس   امرءًا من لا يعين على الدهر.

نِعْم الخلقُ الوفاءُ.

نعم خلقُ المؤمن الصدقٌ.

بتقدير: هو الفسوق، هو مَنْ، هو الوفاءُ، هو الصدقُ.

فائدة: المخصوص بالمدح أو الذم له وجهان من الإعراب:

١- مبتدأ والجملة قبله خبرٌ له.

٢- خبر لمبتدا محذوف تقديره. هو / هي.

تقديم المبتدأ

الأصل في الكلام أن يتقدم المبتدأ على الخبر ؛ لأنّ المبتدأ مسند إليه، ومحكوم عليه بالخبر.

ويجوز أن يتأخر عن خبره إذا لم يؤدَّ ذلك إلى لبس. وقد يعرض في الكلام ما يوجب تقديم أحدهما فيتأخر الآخر وجوبًا.

المواضع التي يتقدم فيها المبتدأ على الخبر وجوبًا.

(١) إذا كان من ألفاظ الصدارة، وهي:

أ- أسماء الاستفهام:

من جارك؟. من هذا؟

ب- أسماء الشرط:

من يدرس ينجح. من يفعل خيراً يجد متعة.
« من يهدِ اللـهُ فهو المهتدي «
« من يعمَل مثقال ذرة خيراً يره «

ج- كم الخبرية:

كم حادث سببه التجاوز الخاطىء.
كم عظةٍ مرت بك.
كم من أخٍ لو نابـتك نائـبة وجدته لك خيرا من أخي النسب.

د- ضمير الشأن:

هو اللـه أحد. هي الأيام دول.
هي الأخلاق تنبت كالـنبات إذا سـقيت بماء المكرمات
هي الأيام تكلمنا وتـأسـو وتجري بالسعـادة والـشقاء

هـ- المقترن بلام الابتداء.

لَغدوة في سبيل اللـه أو روحة خير من الدنيا.
لأنت خيرٌ من أخيك.
وَلَـلكفُّ عن شتم اللئيم تكرُّما أضر له من شتمه حيث يشتم

و- ما التعجبية: ما أحسنَ الجوَ «. ما أكرمَ الرجلَ! ما أبعدَ المسافة.

تفيد التكثير ولا تتطلب جواباً. وتمييزها مجرور، ويكون مفردًا وجمعًا.

(٢) إذا كان المبتدأ محصورًا في الخبر.

إنما الدنيا هبات وعوارٍ مستردّة

ما المعرفة إلا ثروة.

وماالمال والأهلون إلا ودائع ولا بد يوماً أن تُرد الودائع.

(٣) إذا كان المبتدأ والخبر متساويين في التعريف أو التنكير.

أخي صديقي (كل منهما معرفة)

النجاح هدفي (كل منها معرفة)

عصفورٌ في اليد خيرٌ من عشرة على الشجرة (كل منهما نكرة)

مهنةٌ في اليد أمانٌ من الفقر (كل منهما نكرة)

تساوي المبتدأ والخبر في درجة التعريف في المثالين الأولين، فكلاهما معرفة، ويصلح كلّ منهما أن يكون مبتدأ وأن يكون خبرًا، لذلك يجب تقديم المبتدأ ؛ لأن تقديمه يزيل اللبس،ففي تقديم المبتدأ وتأخير الخبر إيضاح للمراد.

وفي المثالين الأخيرين تساوى المبتدأ والخبرأيضا، فكلاهما نكرة موصوفة، لذلك وجب تأخيرالخبر وتقديم المبتدأ (على الأصل)حتى لا يكون هناك لبس.

(٤) أنْ يكون الخبر جملة فعلية، لأنّ تأخير المبتدأ يوهم السامع أنه فاعل.

الحق يعلو. الصدق ينجي الأمة تنهض بالعلم والأخلاق.

الشمس أشرقت. الكتاب حسنت مادته

الخبر

عرفنا أن المبتدأ هو محور الحديث، وأنه مسند إليه، ومحكوم عليه بالخبر. أما الخبر فإنه ما يتمم مع المبتدأ معنًى مفيدًا، فهو مسند إلى المبتدأ، ومحكوم به عليه.

الصبر جميل. الشمس مشرقة. الله واسع المغفرة. المؤمنون إخوة والمؤمنات أخوات.

أنواع الخبر

(١) اسم مفرد، والمقصود (أنّه ليس جملة ولا شبة جملة) وإن دلّ على مثنىً أو جمع)

المهندسون بارعون. المدرسات مخلصات.

المدرسان حاضران. الوالدان حريصان على تهذيب أولادهما.

الغالب أن يكون نكرة. وقد يأتي معرفة: الله ربنّا ومحمد نبيّنا.

(٢)مصدر مؤوّل:

صوم رمضان أن تمتنع عن الأكل والشرب نهارًا.

حسن الخلق أن تعامل الناس بالكياسة.

(٣)جملة أسمية:

الكتاب مادته غزيرة. الظلم مرتعه وخيم. الحكيم آراؤه سديدة.

يكون الخبر الجملة الاسميّة مكونًا من مبتدأ آخر وخبره، وهما في محل رفع خبر للمبتدأالأول

(٤) جملة فعلية.

المعلمة صححت دفاتر الاِجابة.

القرابة تحتاج إلى مودّة والمودّة تحتاج إلى قرابة.

والخير يفعله الكريم بطبعه وإذا اللئيم سخا فذاك تكلّفُ

وتكون الجملة الفعليّة مكونة من فعل وفاعل وهي في محل رفع خبر.

(٥) شبه جملة:

ا- جار ومجرور: الأعمالُ بالنيّات.

وفي الناس إن رثت حبالك واصل وفي الأرض عن دار القِلى متحول

ب- ظرف: " إن الذين يبايعونك إنمايبايعون اللـه يدُ اللـه فوق أيديهم "

" و اللـه عنده حسن الثواب " آل عمران

أمام البيت حديقة. المسجد قرب المكتبة.

وتكون شبه الجملة في محل رفع خبر للمبتدأ.

تقديم الخبر

الخبر (كما عرفت) محكوم به على المبتدأ فحقه التأخير.

ويجب تقديمه في المواضع التالية:

١- إذا كان من الألفاظ التي لها صدراة الجملة، وهي:

- أسماء أستفهام:

أين كتابُك؟ كيف الخلاصُ؟ متى الاحتفال بتخريج الفوج الرابع.

واسلك بهمتك السبيل ولا تقل كيف السبيل؟

أين الخلل؟

٢- إذا كان الخبر محصورًا في المبتدأ.

ما الفائز إلا عليّ. ما محمدٌ إلا رسول.

إنما خاتم الأنبياء محمد. إنما أول خليفة للمسلمين أبو بكر.

٣- إذا كان المبتدأ ضميرا يعود على بعض الخبر.

للأم مكانتها الرفيعة. في البحر ثرواتُه. للنجاح ضريبته.

في الفضيلة ثوابها. للإهمالِ عاقبتُه.

تأخر الخبر لأن الضمير المتصل بالمبتدأ يعود على بعض الخبر، وهو

مكانتُها، ثرواته، ضريبته، ثوابها، عاقبته.

ولو تقدم المبتدأ هنا لعاد الضميرعلى متأخر في اللفظ والرتبه، وهذا مرفوض ؛ لأنه يسبب غموضًا في المعنى وضعفا في الترتيب.

٤- أن يكون الخبر شبه جملة والمبتدأ نكرة غير مفيدة:

للباطل جولة ثم يضمحلّ. في كلام الفتاة رقّة.

لديك طاقات فاعتمد عليها.

"ولكل قوم هادٍ " الرعد

" وفوق كل ذي علمٍ عليم " يوسف.

حذف الخبر: جوازًا أو وجوبا

يحذف الخبر جوازا:

إذا دل عليه السياق. ولم ينشأ عن حذفهِ لبس أو غموض في المعنى،نحو

" أكلها دائم وظلها " الرعد ٣. التقدير وظلها دائم.

نحن بما عندنا، وأنت بما عندك راضٍ والرأي مختلف

التقدير نحن راضون.

أنا قادم وعلي. التقدير وعلي قادم.

ولو سئلت: من عندك؟ تجيب: زيد. التقدير: زيدٌ عندي.

أوسئلت: ماذا في جيبك؟ فقلت: دينار. التقدير في جيبي دينار.

ومن ذلك: دخلتُ الحديقة فإذا الأزهارُ، التقدير الأزهار موجودة.

فتحت القرآن فإذا سورة الغاشية. التقدير فإذا سورة الغاشية أمامي.

في كل هذة الأمثلة يجوز حذف الخبر.

حذف الخبر وجوباً

يجب حذف الخبر:

١- إذا كان المبتدأ بعد لولا، والخبر كونٌ عام،مثل: موجود، أو كائن:

لولا الأمل بطل العمل:

لولا رحمة اللـه لغرقت السفينة

لولا الحياء لهاجني استعبار ولـزرت قـبرك والحـبيب يزار

لولا المشقة ساد الناس كلـهم الجـودُ يفـقـر والإقـدام قتّال

يقدر في هذه الأمثلة للمبتدأ الواقع بعد لولا خبر تقديره كائن أو موجود.

ويعرب الاسم الواقع بعد لولا مبتدأ مرفوعًا، والخبر محذوف تقديره: موجود.

٢- إذا وقع بعد المبتدأ « واو « بمعنى « مع « وهي واو المعية.

كل شيخ وطريقته. كل رجل وضميره. كل إنسان وعادته.

التقدير: كل شيخ وطريقته مقترنان أومتلازمان. وهكذا في سائر الأمثلة.

٣- إذا كان المبتدأ يدل دلالة صريحة على القسَم، نحو:

يمينُ اللـه لأنصفنّ المظلوم.

وايمن اللـه، لأساعدنّ المحتاج.

لعمرك، لأخلص لك المحبّة.

لعمري، وما عمري عليّ بهيّن لقد نطقت بطلا عِليّ الأقارعُ

التقدير: يمين اللـه، قسمي (يميني)ايمن اللـه،قسمى (يميني) وهكذا في سائر الأمثلة

يجوز أن يخبر عن المبتدأ بأكثر من خبر، فيكون المبتدأ واحدًا والخبر متعددًا.

الرمان حلوٌ حامضٌ

الحقُ واجب شرف.

الخيانة مذلةٌ حقارة.

ينام بإحدى مقلتيه ويتقي بأخرى المنايا فهو يقظانُ هاجع.

« فألقاها فإذا هي حيّة تسعى «

الكلمات التي تحتها خطوط هي أخبار للمبتدآت التي سبقتها:

فواجب خبر، وشرفٌ خبر أخر. وحلو خبر، وحامض خبر آخر، وهكذا في سائر الأمثلة

تدريبات:

١ - عيّن المبتدأ ونوعه، ثمّ أعربه:

- هذا البناء قديم جدا.
- ما عند الله خير.
- أنتم خيار الناس.
- أن تخشى الله أنفع لك.
- أولئك آبائي وهم لي ناصر وهم لك إن صانعت ذا معقل
- فللشمس عنها بالنهار تأخرٌ وللبدر عنها بالظلام صدودُ
- هو النبي الذي لولا هدايته لكان أعلم مَنْ في الأرض كالمهج
- هذي الليالي بالأماني سمحة فمتى تقُلْ هاتي تقل لك هاكا

« أولئك لهم نصيبهم من الكتاب «.

« والذين تدعونهم من دون الله لا يستطيعون نصركم»

- ومن تكن العلياء همة نفسه فكل الذي يلقاه فيها مجيَّبُ
- هؤلاء رجال أكن لهم الاحترام والتقدير.

« تلك أمةٌ قد خلت «

«وأنت على كل شيء شهيد»

«المؤمنون يسعى بذمتهم أدناهم»

- الذي أعجبني في جرش آثارها.
- المؤمنون إخوة.

٢ - عين الخبر النكرة وبين مسوغ الابتداء به.

- أشبابٌ يضيع في غير نفع وزمان يمر إثر زمان
- ما رجاءٌ محقق بالتمنّي أو حياة محمولة بالتواني
- لكل داءدواء يستطب به إلا الحماقة أعيت من يداويها
- لولا اصطبارٌ لأودى كل ذي مقة لمّا استقلتّ مطاياهن بالظعن
- " ولهم في الآخرة عذاب عظيم."

النواسخ

أ- هي نواسخ المبتدأ والخبر.وهي ثلاثة أقسام:

أفعال ترفع المبتدأ وتنصب الخبر وهي:

- كان وأخواتها وما يلحق بها من حروف (هي التي ندرسها في هذا الكتاب)

- أفعال المقاربة (أفعال المقاربة والرجاء والشروع)

ب- أفعال تنصب المبتدأ، وتنصب كذلك الخبر وهي:

- ظنّ وأخواتها وهي نوعان: أفعال القلوب وأفعال التحويل.

ج- حروف-

أولاً: كان وأخواتها.

تسمى الأفعال الناسخة ؛ لأنّها تنسخ إعراب المبتدأ والخبر وتسميته فما كان يعرب مبتدأ يصبح اسما لهذه الأفعال، وهو مرفوع. وما كان يعرب خبرا للمبتدأ يصبح خبرا لها، وهو منصوب. وتسمى أيضا الأفعال الناقصة ؛لأنها لا تكتفي بفاعل بعدها إذ لا تتم الفائدة بمرفوعها حتى تأتي بالمنصوب بخلاف الأفعال العادية الأخرى.لأنها لا تدل مثلها على الحدث بل هي تدل على الزمان فقط. فهذه ناقصة، والأخرى التي تكتفي بالفاعل تامّة.

هذه الأفعال الناقصة أوالناسخة هي:

كان. أصبح. أضحى.أمسى. ظل. بات. صار. ليس. دام. زال. برح.انفكّ. و تسمى اختصارًا «كان وأخواتها « لأُن»كان»أكثرها استعمالا.

عملها:

هذه المجموعة من الأفعال تدخل على الجملة الاسمية المكونة من مبتدأ وخبر مرفوعين فيبقى المبتدأ مرفوعاً ويسمى اسمها. وتنصب الخبر فيسمى خبرها.

يتضح عمل هذه الأفعال من خلال الأمثلة التالية:

كان العربُ قبلِ الاسلام متفرقين.

أصبح الأمن سائداً في بلادنا.

صار الجيش قويا.

لو جردت الأمثلة من الأفعال:كان.أصبح.صار.

لوجدتها مكونة من مبتدأ وخبر وهما مرفوعان:

العرب قبل الإسلام متفرقون.

الأمنٌ سائدُ في بلادنا.

الجيش قويّ.

فلما دخلت هذه الأفعال عليها ظل المبتدأ مرفوعاً ويعرب اسما لهذه الأفعال. وأصبح الخبر منصوباً ويعرب خبراً لها.

كان وأخواتها إذن ترفع المبتدأ ويصبح اسماً لها وتنصب الخبر ويصبح خبراً لها.

قسم من هذه الأفعال لايعمل إلاإذا كان مسبوقاً بنفي أو نهي أو دعاء. وهي:

زال. برح. انفكّ. فتىء.

مازالت الجامعةُ مصنعَ الرجال.

مابرح المدرسُ يناقش طلابه.

ما انفكّت السماءُ غائمةً.

مافتىء الكسلُ ضارًا.

وقسم لايعمل إلا إذا كان مسبوقا ب ما المصدريّة. و سميت «ما»مصدرية لأنها تؤول مع ما بعدها بمصدر.

«وأوصاني بالصلاة والزكاة ما دمتُ حيّا»

يحترمك الناس مادمت بعيداً عن النقائص.

* وقسم ثالث يعمل بلا شروط،وهو بقيّة الأفعال.

مثال توضيحي في الإعراب:

«وأصبح فؤاد أم موسى فارغاً «

أصبح:فعل ماضٍ ناسخ \ناقص.

فؤاد:اسم أصبح مرفوع.

فارغا:خبر أ صبح منصوب

مثال آخر:

«وأوصاني بالصلاة والزكاة ما دمت حيا».

ما دام:فعل ماضٍ ناسخ مبني على الفتح.

التاء:ضمير للمتكلم مبني على الضم في محل رفع اسم «ما دام».

حياً: خبر ما دام منصوب.

معاني هذه الأفعال.

- كان: تفيد حصول معنى الجملة في الزمن الماضي.

«كان الناسُ أمةً واحد ة». البقرة

كان المدرّسُ غا ئباً.

أصبح: تفيد حصول معناها في الصباح.

أصبح المتخاصمون إخوة

«فأصبحوا في ديارهم جاثمين «.

أضحى: تفيد حصول معناها في الضُّحى.

أضحت الحقيقةُ واضحة.ً

أضحى التنائي بديلاً عن تدانينا وناب عن طيب لقيانا تجافينا

أمسى: تفيد حصول معناها في المساء.

أمسى الكسولُ نادما.

أمسى الجو لطيفا.

ظلّ: تفيد حصول معناها في النّهار.

ظل طالبُ العلم قدوةً.

بات: تفيد حصول معناها ليلا.ً

بات الطلاب قلقين بسبب الامتحان.

بات الفائز مسرورا.

صار: تفيد التحوّل.

صار الطحينُ خبزًا.

ولما صار ودُّ الناس خباً جزيت على ابتسام بابتسام

ليس: تفيد النفي.

ليس في معهدنا متخاذل.

ليس الجمالُ بمئزرٍ فاعلم وإنْ رُديت بردا

مازال، ومابرح،وما انفك، ومافتىء تفيد الا ستمرار. استمرار الفعل واتصاله أو ملازمة الخبر المخبر عنه.

مازالت إسرائيلُ معتديةً على العرب.

ما انفكت جلسةُ المحكمة منعقدةً.

مادام: تفيد تقييد ما قبلها بمّدة الدوام.

حرّم عليكم صيد البر مادمتم حرما «

مادمت محترماً حقي فأنت أخي.

لن يهدأ بال العرب مادامت اسرائيلُ محتلّةً.

مجيء هذه الأفعال تامّة:

يجوز أن تستعمل هذه الأفعال تامّة تكتفي برفع فاعل بعدها، ولاداعي لذكر المنصوب،إلا فتىء، وزال، وليس.

كان: إذا جاءت بمعنى حدث \حصل \وقع.

ماشاء الـلـه كان.

تغير الجو فكان المطر.

لن يكون بعد اليوم خمول.

« وقاتلوهم حتى لاتكون فتنة»

« وإن كان ذو مسرة فنظرة إلى ميسرة «

أصبحنا وأصبح الملكُ لـلـه.

ذاكرنا من الصباح حتى أمسينا.

ظل الضيف نائماً حتى أضحى.

سأبيت الليلة عند صديقي.

بتنا بها حيث لاروع يخامرنا ونفحة الراح والريحان مختمرة

ألا إلى الـلـه تصير الأمور.

ياأخي، دام فضلك.

« خالدين فيها مادامت السموات والأرض»

برح السرّ.

فما برحوا حتى رأى الـلـه صبرهم وحتى أُشِرّت بالألفّ الأصابع

فتأت النارَ؛ اُي أطفأتها.

فتأته عن الأمر؛ أي كسرته.

انفك الأسيرمن أسره.

تصّرف هذه الأفعال الناسخة:

هذه الأفعال في التصرّف ثلاثة أقسام:

قسم لايتصرّف ؛ فلا يأتي منه إلا الماضي. وهما فعلان:

ليس.دام:

قسم يتصرّف تصرّفاً ناقصاً؛بأن يكون المستعمل منه: الماضي والمضارع واسم الفاعل ولايأتي منه «الأمُر»

قسم يتصرّف تصرفا تاماً ؛ بأن تجيء منه أنواع الفعل الثلاثة:الماضي والمضارع والأمر. ويجيء منه المصدر واسم الفاعل.

" ويكون الرسول عليكم شهيدا" صيغة المضارع

« كونوا قوامين بالقسط « صيغة الأمر

«قل كونوا حجارة أو حديدا» صيغة الأمر

أحب أن يكون ولدي متفّوقا صيغة المضارع

وما كل من يُبدي البشاشة كائنا أخاك إذا لم تلُفه لك منجدا

عملت صيغة اسم الفاعل(كائناً) فالاسم مقدر (هو) والخبر أخاك.

ببذلٍ وحلمٍ ساد في قومه الفتى وكـونُك إيـاه عـليك يسير

عمِل المصدرُ(فالاسم الكاف) والخبر إياه.

«فتصبح الأرضُ مخضرّة « صيغة المضارع.

وكذلك الشأن في الأمثلة التالية.

سيجاهد المؤمنون حتى يصبحوا ظاهرين على عدوهم.

سيضحي الناس بخيرٍ إذا تحابوا.

سيضحى الطلابُ مدرسين.

يظل الطالب ساهراً حتى وقت متأخ.

سرّني صيرورة أخي مهندسا.ً

من أحكام كان.

١- قد تأتي زائدة؛ أي لاعمل لها، ولاتحتاج إلى معموليها (الاسم والخبر) وذلك بشرطين:

أن تكون بلفظ الماضي، وشذ قول أم عقيل بن أبي طالب لابنها

أنت تـكون ماجـدُ نبيل   إذا تـهب ّ شمالُ جنوب

أن تكون بين شيئين متلازمين مثل:

المبتدأ والخبر:

زيدُ كان قائم.

الطالب كان مجتهد كان(هنا زائدة)، الأستاذ كان قادم (زائدة)

بين الفعل ومرفوعه (فاعل أونائب فاعل)

لم يوجد كان مثلك.

يوجد:فعل مبني للمجهول.

كان: زائدة.

مثلك: نائب فاعل.

يوم بعُث النبي (ص) ارتفع كان صوتُ الحقّ.

ارتفع: فعل.

كان: زائدة.

صوتُ: فاعل.

خالد نعم كان الرجل.

نعم:فعل مدح.

كان:زائدة.

الرجل:فاعل.

بين الصلة والموصول

نجح الذي كان اجتهد.

الذي:موصول.

كان:زائدة.

اجتهد:صلة.

حضر الذي كان أكرمته.

الذي: موصول.

كان: زائدة.

أكرمته: صلة.

بين الصفة والموصوف.

نظرت إلى صديق كان وفيّ.

كان: زائدة.

وفيّ:نعت.

فكيف إذا مررت بـدار قـومٍ وجـيرانٍ لـنـا كـانـوا كـرامٍ

في غرف الجنة العليا التي وجـبت لهم هـنـاك بـسعي كـان مـشكورِ

بين ما التعجبيّة وأفعل التعجّب.

ماكان أجمل الفتاة.

ما: زائده أفعل التعجب.

ماكان أحسن خلق محمد.

ما كان أسعدني بنجاحك.

لـلـه درأنـو شروان من رجلٍ ما كان أعرفه بالـدّون والسّفلِ

بين المعطوف والمعطوف عليه.

في لُجّةٍ غمرت أباك بحورها في الجـاهـلـية كان والإسلام

الجاهلية:معطوف عليه.

كان:زائدة الإسلام:معطوف

٢ - يجوز أن تزاد الباء في خبرها للتوكيد، إذا سبقت بنفي أو نهي. ويكون الخبر مجروراً لفظاً منصوباً محلا.

لم يكن زيدُ بظالم: الباء حرف جر زائد مبني على الكسر.

ظالم مجرور لفظاً منصوب محلاً على أنه خبر كان.

لا تكن بغافل عن ذكر الـلـه:الباء حرف جر زائد مبني على الكسر.

غافل مجرور لفظاًمنصوب محلا على أنه خبر كان.

ماكنت بمستسلم لقادر.

لم يكن الـلـه بغافل عما يفعل الظالمون.

ويجدر بالذكر أن هذه الباء الزائده تدخل أيضا على خبر "ليس" نحو:

"أليس الـلـه بأحكم الحاكمين "

"أليس الـلـه بقادرٍ أن يحيي الموتى."

لست بمقصّرٍ في واجبي.

ليس معنى الزيادة ألايكون لها معنى البتّة في الكلام بل إنّها لم يؤت بها للإسناد.

٣- جواز حذف نون المضارع من كان للتخفيف لكثرة الاستعمال.

يجوز حذف النون من آخر كان إذا توفرت الشروط الآتية.

أن تكون في فعل مضارع.

أن يكون المضارع مجزوماً بالسكون.

أن يقع بعدها حرف متحرك.

ألاّ يتصل بها ضمير نصب متصل.

لاتكُ ظالماً.

لم أكُ مقصّرا.

"إن لم يكُ صوف فنفش " مثل عربي.

الأفعال السابقة جاءت مضارعة مجزومة، وعلامة جزمها السكون على النون المحذوفة للتخفيف إذ الأصل فيها: لاتكن، لم أكن، لم يكن.

" ولاتحزن عليهم ولاتك في ضيق مما يمكرون "

" فلاتكُ في مرية منه إنه الحق "

" يابني إنهّا إن تكُ مثقال حبّة من خردل فتكن في صخرة "

ولذلك لايجوز حذف النون في الأمثلة التالية:

لاتكوني مهملة ؛ لأنّ الجزم ليس بالسكون، وإنما بحذف النون في آخر الفعل لأنه من الأفعال لخمسة.
ولا في "لم يكن اللـه ليغفرلهم " لأن بعدها حرف ساكن (الألف).
ولا في: "من تكون له عاقبة الدار " الأنعام ١٣٥ لعدم الجزم.
ولا في "إن تكنه فلن تسلّط عليه " لاتصاله بضمير منصوب "الهاء"

٤-جوازإضمار (حذف)كان (وحدها)ويبقى اسمها وخبرها، ويعّوض عنها ب "ما الزائدة "ويكثرذلك بعد (أن) المصدرية الواقعة مع المفعول لأجله، وهذا في كل موضع أريد فيه تعليل فعل بآخر.

أمّا أنت ذا مال تفتخر. الأصل لأن كنت ذا مال.

أمّا أنت ذا سلطاًن تهددني. الأصل لأنك ذا سلطان تهدد ني.

أمّا أنت زعيما، فأرشد قومك. الأصل لأن كنت زعيما فأرشد قومك.

أما أنت منطلقا انطلقت. الأصل لان كنت منطلقا انطلقت.

هذه اللام الداخلة على (أن) حرف جر يفيد التعليل، وأن مصدرية. حصل تقديم للجاروالمجرور فصار كما تراه، ثم حذفت كان اختصارًا فصار الكلام في المثال الأخير أن أنت منطلقاً انطلقت، والضمير هو اسم كان الذي كان متصلا بها ثم زيدت (ما) عوضاً عن المحذوف فصارت (أن ما) ثم أدغمت النون في الميم فصار أما انت منطلقا انطلقت. والمصدر المؤول مفعول لأجله أو منصوب على نزع الخافض.

وذهب الكوفيون إلى أنّ (أنْ) المفتوحة هنا شرطيّة، ولذلك دخلت الفاء في جوابها في قوله:

أبا خـراشـة أما أنت ذا نفرٍ فانّ قـومي لـم تأكلهم الضبعُ.

أصل الكلام: لأن كنت ذا نفرٍ ، فحذف حرف الجر للاختصار ثم الفعل "كان" للاختصار أيضا، وعوّض "ما" الزائدة ، ثم انفصل الضمير المتصل، واستبدل به ضمير منفصل، فأصبح الكلام:أن ما أنت ذا نفر، ثم أدغمت النون في الميم فأصبحت

أمّا أنت ذا نفر، فأن مصدرية، و"ما" زائدة. عوض عن "كان" المحذوفة. و"أنت" اسم كان و"ذا" خبرها. وهذا من المواضع التي تحذف فيها "كان" دون اسمها وخبرها.

٥ - جواز إضمار (حذف) كان مع اسمها اختصارًا واعتمادًا على فهم السامع، مع إبقاء خبرها.

يكثر ذلك بعد «إن» الشرطية و»لو»الشرطية.

ومن ذلك قولهم:

الناس مجزيون بأعمالهم إن خيراً فخير، وإن شراً فشر.

أي إن كانت أعمالهم خيراً فجزاؤهم خير، وإن كانت شراً فجزاؤهم شر.

والحديث «التمس ولو خاتما من حديد» أي ولو كان الملتمس خاتما.

وإن شئت أظهرت الفعل فتقول:إن كان خيراً فجزاؤهم خير.

ومنه: سر مسرعا إن راكبا وإن ماشيا؟ أي وإن كنت ماشيا، وإن كنت راكبا

المرء مقتول بما قتل به، إن سيفا فسيف، وإن خنجراً فخنجر.

أي إن كانت الأداة سيفاً فجزاؤهُ سيف،إ ن كانت الآلة خنجرا فجزاؤه خنجر.

حـدِبت عليّ بطون ضبّة كلها إن ظـالماً فيهم وإن مظلوما

٦- جواز حذفها مع معموليها (الاسم والخبر) بشرط أن يدل السياق على المحذوف، نحو:

قالت بنات العم يا سلمى وإنْ كان فـقيراً مـعدما؟ قالت وإنْ

أي وان كان فقيرا معدماً.

ونحو أن يقول لك أحدهم: اقرأ هذا الكتاب، فإنّ فيه فائدة، فتجيب: لن اقرأه،وإنْ

أي وإنْ كان فيه فائدة.

٧ - يجوز أن تزاد الباء في خبرها، للتوكيد، إذا سبقت بنفي أونهي،ويكون الخبر مجرورا لفظا منصوبا محلا.

لم يكن زيدٌ بظالم:الباء حرف جرزائد مبني على الكسر،ظا لم: مجرور لفظا منصوب محلا،على أنّه خبر يكن.

لاتكن بغافل عن ذكر اللـه. الباء حرف جر زائد مبني على الكسر.

غافل: مجرور لفظا، منصوب محلا،على أنّه خبر تكن.

ومثلها:

ماكنت بمستسلم لغادر.

لم يكن اللـه بمعذّبٍ التائب.

ويجدر بالذكرأنّ هذه الباءالزائدة تدخل أيضا على خبر «ليس:

« أليس اللـه بأحكم الحاكمين «

« أليس اللـه بقادرٍأن يحيى الموتى:

لست بمقصّرٍ في واجبي.

ترتيب الفعل الناسخ مع اسمه وخبره.

<u>الصورة الأولى:</u>

أن يكون الترتيب على الأصل فيأتي هكذا:

الفعل الناسخ. الاسم. الخبر.

«وكان اللـه غفورًا رحيما «

أصبح النصُر قريبا إن شاء اللـه.

.مازالت إسرائيل باغية.

ومن تكن العلياءُ همّة نفسه فكل الذي يلقاه فيها محبّبُ

الصورة الثانية

أن يتوسط الخبر بين الفعل الناسخ والاسم.هكذا:

الفعل الناسخ الخبر الاسم

وقول السموءل بن عادياء اليهودي

سلي إن جهلتِ الناس عنّا وعنهمّ فـليس سواءً عـالمُ وجـهول

ليس:الناسخ

سواءً:الخبرمقدم

عالمُ:الاسم مؤخر

«ليس البّر أن تولّوا وجوهكم ---» بنصب البر على قراءة حمزة وحفص.

ليس:الناسخ.

البّر:الخبر

أن تولّوا:مؤول في محل رفع اسم ليس مؤخر.

الصورة الثالثة:

أن يتقدم الخبر على االناسخ.هكذا.

الخبرِ +الفعل الناسخ +الاسم.

عالماٍ أصبح زيُد.

عالما:الخبر.

أصبح: الناسخ.

زيُد: الاسم.

- هدفا منشودًا مازال النجاح.

هدفا: الخبر.

مازال: الناسخ.

النجاح:الاسم.

عادلاً كان القاضي.

عادلاً:الخبر.

كان: الناسخ

القاضي: الاسم

تمرين ١: بيّن الفعل النّاسخ واسمه وخبره.ثمّ بين ماجاء من هذه الأفعال تامًا.

أبيت نجيًا للهموم كأنما خلال فراشي جمرةُ تتوهج.

«اللهم,ربنا أنزل علينا مائدة من السماء تكون لنا عيدا»

سلي إن جهلت الناس عنا وعنهمُ فليس سواء عالمُ وجهولْ

«فظلت أعناقهم لها خاضعين «الشعراء ٤

«وإذا بشرأحدهم بالأنثى ظل وجهه مسودًا وهو كظيم « النحل ٥٨

لاتزال طائفةُ من أمتي ظاهرين على الحق لا يضرّهم من خذلهم حتى يأتي أمر للـه وهم كذلك. حديث شريف

واستشهدوا شهيدين من رجالكم فإن لم يكونا رجلين فرجل وامرأتان «

قالوا لن نبرح عليه عاكفين حتى يرجع إلينا موسى «

وكان البُّر فِعلاً دون نطقٍ فصار اليوم نطقاً بالكلام

« ويومَ يحشرهم جميعاً ثم يقول للملائكة أهؤلاءِ إياكم كانوا يعبدون « سبأ ٤٠

« أليس في جهنم مثوىً للكافرين « الزمر ٣٢

ليس لليهود حقٌ في فلسطين.

« ليس البَر أن تولوا وجوهكم قبل المشرق والمغرب.»

لا طيب للعيش ما دامت منغصّةٌ لذاته بادّكار الموت والهرمِ

ولي صاحبٌ ما كنت أهوى اقترابه فلما التقينا كان أكرم صاحب

بني أمية إنّـي ناصح لكمُ فلايبيتنّ فيكم آمناً زفرُ

وما زلت تفتي السمر وهي كثيرة وتفني بهنّ الجيش وهو لَهامُ

أصبح القلب للقَتول صريعا مستهاماً بذكرها مردوعا

« ليس على الأعمى حرج ولا على الأعرج حرج «

ليس ينفك ذا غِنىٍ واعتزاز كل ذي مقةٍ مُقلٌ قنوعُ

سيظل الدين مهذّبا للنفوس.

شفّه البعد فأضحى قلقاً يسهر الليل حزيناً قلقاً

ومضت أشهر كانت أدهرا والنّوى جرّعه كأس الشقا

ولقد مررت على الرياض بربوةٌ غنّاء كنت حيالها ألقاكِ

لا أمسِ من عمر الزمان ولا غدٌ جُمع الزمانُ فكان يوم رضاكِ

ليس في الفقر غيرُ دنيا من التيه يعيش الطريد فيها ويحيى

تمرين ٢: بين ما يجوز فيه حذف النون من آخر يكون، وما يمتنع. مبيناً سبب المنع أوالجواز.

«قالوا لم نكُ من المصلين»

«لم يكن الذين كفروا من أهل الكتاب والمشركين منفكين «

فإلاّ يكنها أو تكنْهُ فإنه أخوها غذته أمه بلبانها.

ومن يكُ ذا فم مرٍ مريضٍ يجد مُرًّا به الماء الزلالا.

إذا كنت ذا مالٍ ولم تكُ ذا ندى فأنت إذن والمقترون سواء

إذا لم تكُ الحاجاتُ من همة الفتى فليس بمغنٍ عنه عقدُ التمائم.

"اقتلوا يوسف أو اطرحوه أرضا يخلُ لكم وجه أبيكم وتكونوا من بعده قوما صالحين".

"قالوا أجئتنا لتلفتنا عما وجدنا عليه آباءنا وتكون لكما الكبرياء في الأرض ".

وإن أكُ في نجدٍ سقى الله أهله بمنّانة منه فقلبي على قرب.

تمرين ٣ : أعرب ماتحته خط.

١- إذا لم تك الحاجاتُ من همة الفتى فليس بمغنٍ عنه عقدُ التمائم.

٢- «وما ربك بظلام للعبيد».

٣- ليس الكسول بناجح.

٤ - علمتك منّانا فلستُ بأملٍ نداك ,ولو غرثان ظمآنَ عاريا.

٥ - «فلاتكُ في مرية منه إنه الحق من ربك «

٦- ألم تكن أرض الله واسعة فتها جروا فيها»

٧- ما لكم من إلهٍ غيرُه.

٨- «وكذب به قومك وهو الحق، قل لستُ عليكم بوكيل «

تمرين ٣: عيّن ما جاء من الأفعال التالية ناقصاً وما جاء تاماً ثم أعرب ما بعده

١- ليت السباعَ لنا كانت مجاورةً وأننا لا نـرى مـمن نرى أحدا

٢- إذا كان الشتاء فأدفئوني فإن الشيخ يهدمه الشتاءُ

٣- اللهم بك أصبحنا وبك أمسينا.

٤- لولا مكابدةٌ للأشواق ما دمعت عينٌ ولا بات قلبٌ في الحشا يجبُ

٥- إذا كانت الهيجاءُ وانشقت ال عصا فحسبكِ سيفُ مهنّدُ

٦ - وبات وباتـت له لـيـلـة كليلة ذي العـاثر الأرمدِ.

٧- فما برحت تسوق الموت نحـوهمُ كبوا وأضـلّ الـلـه مـا عـمـلوا.

٨- «فخذ أربعة من الطير فصرهن إليك «

٩ - وبرقت لي برق اليقين وطالـما أمـسيتُ مرتـقباً لبـرقِ الخُلّب.

١٠- إذا كان الشتاء فازرع، وإذا كان الصيف فاحصد.

١١ - أنا صديقك مذُ كنت.

تمرين ٤ : بين الأمثلة التي جاءت فيها كان زائدة. وبين سبب زيادتها.

إنّ من أفضلكم -كان- زيدًا.

ما- كان- أحسنَ أيام الدراسة.

أبا خالدٍ ما - كان – أدهى مصيبة أصابت مِعًدا يوم أصبحت ثاويا.

قالوا:"ولدت فاطمة بنت الخرشب الكملة من بني عبس لم يُوجد – كان - مثلُهم.

جاء الإسلام بعد أن عاش الناس في ظلام – كان – دامس.

هند -كانت – جالسة.

يوم ظهر الاِسلام ارتفع – كان – صوتُ العدل.

تمرين ٥: حدّد الأمثلة التي حذفت فيها "كان" مع اسمها.

قد قيل ما قيل إن صدقاً وإن كذباً فما اعتذارك من قـولٍ إذا قيلا.

حدبت علي بطـون ضبة كـلها إن ظـالمـاً فيهـم وإن مظلومـا.

لولا مكابدة للأشواق ما دمعت عين ولا بات قلبُ في الحشا يجبُ.

لايأمن الدهر ذو بغيٍ ولو ملكا جنوده ضاق عنها السهلُ والجبل.

انطق بحق، ولو مستخرجاً إحنا فإنّ ذا الحق غلاّبُ وإن غلبا.

لن يكون بعد اليوم خجل

تمرين ٦: عين الفعل الناسخ واسمه وخبره. واذكر نوع الخبر وموقعه في ترتيب الجملة.

لاطيبَ للعيش ما دامت منغّصّةً لذّاته بادّكار الموت والهرم.

ألا يا اسلمي يا دار ميّ على البِلى ولازال منهلاً بجرعائك القطر.

قريبًا أضحى الامتحان.

صار أميناً التاجرُ.

« قل إن كان للرحمن ولد فأنا أول الكافرين.»

بنفسي وأهلي أفتديها مَواطناً مدى العمر ما انفكّت النفس تنزعُ.

سلي إن جهلت الناس عنّي وعنهمُ فليس سواءً عالمٌ وجهولُ.

أضحى يمزّق أثوابي ويضربني أبعد شيبي يبغي عندي الأدبا

« فإن لم يكن له ولدُ وورثه أبواه فلأمّهِ الثلث.»

«ولهنّ الربع مما تركتم إن يكن لكم ولدُ»

فكن لي شفيعا يوم لاذو شفاعةٍ بمغنٍ فتيلا عن سوادن قارب.

ليس كل الناس يدركون الحقيقة.

بات العرب متحدين.

أصبح المدرسون آرؤهم متقاربة.

يسرني أن يكون للوفاء أهلُه.

أصبح في الشعبة طلابُ متفوقون.

الحروف العاملة عمل ليس

أي الحروف التي تفيد النفي، وتدخل على الجملة الاسمية فترفع المبتدأ ويسمى اسمها وتنصب الخبر ويسمى خبرها، وهو ما تعمله كان وأخواتها ومن بينها "ليس".

هذه الحروف هي:

ما / لا/ لات/ إنْ/ (بكسر الهمزة وسكون النون).

ما

تعمل عمل ليس في لهجة أهل الحجاز، فيرفعون الاسم بعدها وينصبون الخبر.

ما زيدٌ كاذباً

ما الكذوب زيداً

قال تعالى:» ما هذا بشرا».

قال تعالى:» ماهن أمهاتِهم، إن أمهاتهمُ إلا اللائي ولدنهم».

برفع الاسم ونصب الخبر.

ومنه قول الشاعر، ينذر قومه بجيش يحتمل أن يهاجمهم

وأنا النذيرُ بحرّة مسودة تصل الـجـيوشُ إليـكم أقـوادها

أبنـاؤها متكنّفـون أباهـمُ حنقوا الصدور وما همُ أولادها

فقد أعملت ما، فجاء الضمير « هم « مبنيًا في محل رفع اسمها، وأولادها منصوبة على أنهاخبر.

وقد وضع الحجازيون شروطاً لعمل ما:

ا - أن لا يأتي بعدها «إنْ « الزائدة، فإن زيدت بطل عملها. نحو: ما إنْ زيدٌ قادم.

ماإنْ أنت ناجح.

فإنّ ما مهملة.وبعدها المبتدأ والخبرمرفوعان.

حيث بطل عمل ما " لمجيء إنْ الزائدة بعدها " وزيد مبتدأ وقادم خبره.

ومنه قول الشاعر:

بني غُـدانة ما إنْ أنـتمُ ذهبٌ   ولا صريفُ ولكن أنتمُ الخزفُ

على رواية رفع ذهب، والجملة " أنتم ذهب"، مبتدأ وخبر.

ويروى البيت بنصب "ذهبا" ومع هذه الرواية تكون "إنْ" ليست زائدة وإنّماهي نافية مؤكدة للنفي

وقول ذي الاِصبع العدواني.

وما إنْ طبّنا جبنٌ ولكن منايانا ودَوْلَةُ آخرينا

"طبنا جبن" مبتدأ وخبر.

ب - الشرط الثاني أن لا يقترن خبر ما بالحرف «إلا « فإن اقتران الخبر ب»إلا» أهملت، ورفع ما بعدها على أنه مبتدأ وخبر وتعتبر»إلا» في هذه الحالة حرف استثناء ملغى، مبنيا على السكون نحو:

قال تعالى:» ما أنتم إلا بشرٌ مثلنا»

قال تعالى:» وما أنا إلا نذيرٌ»

قال تعالى:» وما محمدٌ إلا رسولٌ «

قال تعالى:» وما أمرنا إلا واحدةٌ «

وما الناسُ إلا واحدٌ كقبيلة يعدّ وألفٌ لا يُعد بواحد

وبعضهم أجاز إعمالها حتى لو اقترن خبرها ب»إلاّ» نحو

ومـا حـق الذي يعثو نهارا   ويـسـرق لـيـلـه إلا نـكالا

وما الدهرإلا منجنونا بـأهله   وما صاحـب الـحاجـات إلا معذّبا

حيث عملت «ما» في البيتين، فرفعت الاسم ونصبت الخبر.

هـ. ألا يتقدم خبرها على اسمها فإن تقدم الخبر بطل عملها، نحو: ما قائمٌ زيد.

ونحو قولهم: ما مسئٌ من أعتب.

وماخُذّلٌ قومي فأخضع للعدى   ولـكن إذا أدعـوهُمُ فهُمُ همُ

فقد أهملت « ما» في الأمثلة وما بعدها مبتدأ وخبر.

وأما إذا تقدم خبر «ما» وكان شبه جملة، فإنهم أجازوا فيه الإعمال والإهمال، كقول الشاعر:

وما للـمرء خيرٌ في حياة   إذا ما عُـدّ من سـقط المتاع

فمن أعملها جعل «خير» اسمها مرفوع.

ومن أهملها جعل»خير» مبتدأ مؤخر.

أما بنو تميم فإنهم لا يعملون ما، ولو استوفت الشروط

يقولون: ما زيدٌ قائمٌ. وقُرئ على لغتهم " ماهذا بشرٌ "،" ما هن أمهاتُهم" بالرفع في الآيتين على أن ما بعد "ما" مبتدأ وخبر.

لا:

يعملها الحجازيون، عمل ليس فيرفعون الاسم وينصبون الخبر.

لا كذوبٌ محبوباً عند الناس.ولإعملها عندهم شروط:

- أن يكون اسمها وخبرها نكرتين

لا طالبٌ غائبا

تعزّ فلاشئٌ على الأرض باقيا   ولا وزرٌ مما قضى اللهُ وافيا

نصرتك إذ لا صاحبٌ غير خاذل   فبوئت حصنا بالكُماة حصينا

ويرى البعض أنها تعمل في المعرفة، كقول النابغة الجعدي

بدت فعل ذي وُدٍ فلما تبعتها   تولّت وأبقت حاجتي في فؤاديا

وحلت سواد العينَ لا أنا باغيا سواها   ولا عن حبهّا متراخيا

- ألاّ يتقدم خبرها على الاسم، فلا تقول: لا ناجحاً زيد

- ألاّ يقترن الخبر بالحرف « إلاّ «

فلا تقول: لا مهندس إلاّ أفضلَ من عمرو، بنصب فضل. بل يجب رفعه والغالب أن يكون خبرها محذوفا، ومنه قول سعيد بن مالك.

من صّد من نيرانها   فأنا ابن قيس لا براحُ

لا: عاملة

براحُ: إسمها والخبر محذوف.

لاتَ

تستعمل للدلالة على الأسف لشيء فات أوانه،ولا يمكن إرحاعه. وتأتي مع الكلمات الدالة على الزمن: الحين،الساعة، الأوان، الوقت. وتكون مضافة للزمن الذي فات أوانه.

اسمها وخبرها لايجتمعان، بل لابد أن يحذف أحدهما،والأكثر حذف الاسم.

ندم القاتل ولات أوان ندامة

لات: حرف ناسخ

أوانَ: بالنصب خبر لات، واسمها محذوف. والمعنى لات الأوانُ أوانَ ندامة.

ويجوز أوانُ بالرفع،فتكون اسم لات، والخبرمحذوف. والمعنى لات حينُ ندمٍ موجودا

« كم أهلكنا قبلهم من قرن، فنادوا ولات حين مناصٍ «

قرئت بنصب حين ورفعها، على الوجهين السابقين.

أقدم أيها الجندي ولات ساعة إحجام. يجوز رفع ساعة ونصبها

أمّا أوان، مناص، ساعة فهي مضاف إليه

إنْ

إعماله نادر، وهو لغة اهل العالية،وهي مافوق نجد إلى تعامة ,إلى مكة،

إن أحدٌ خيرا من أحدٍ.

إنْ رجلٌ غائبا.

الحروف الناسخة

هي حروف تدخل على الجملة الاسمية (المبتدأ والخبر) فتنصب المبتدأ، ويسمى اسمها ويبقى الخبر مرفوعاً ويسمى خبرها. وهذه الأحرف هي:

إنّ، أنّ: يفيدان التوكيد.

كأنّ: تفيد التشبيه (بمعنى أشبه)

لكنّ: تفيد الاستدراك، والاستدراك: تعقيب الكلام بنفي ما يمكن أن يتوهم السامع ثبوته، أو إثبات ما يمكن نفيه.

ما زيدٌ شجاعاً ولكنّه كريم ؛ فإنك لما نفيت الشجاعة عنه أوهمَ ذلك نفي الكرم ؛ لأنهما كالمتلازمين في العادة.

فلما أردت رفع هذا الإبهام عقبت بلكن مع مصحوبها.

ليت: تفيد التمني، و هو طلب مالا طمع فيه (مستحيل في مجرى العادة)

كرجوع الشباب لمن تقدم سنه / نحو: ليت الشباب يعود.

أو ما فيه عسر، وهو: الممكن في مجرى العادة، ولكنه نادر الوقوع.

لعل: تفيد الرجاء، أو التوقع لما يستحب.

يطلقون عليها: الحروف المشبهة بالأفعال ؛ لأنها تتضمن معاني الأفعال.

إنّ: بمعنى أؤكد. كأن بمعنى أشبه. ليت بمعنى أتمنى، لكن بمعنى استدرك وتدخل عليها نون الوقاية المختصة بالأفعال. إنني، لكنني، ويجوز إني، لكني.

إنّ الصدقَ فضيلةٌ.

كأنّ أخاك أسد.

ليت أبا محمودٍ حاضر.

لعل الطالبين ناجحان.

خبر هذه الحروف هو ما كان في الأصل خبراً للمبتدأ ؛ أي يكون:

١- مفردا: أي مكونا من كلمة واحدة،ولوكان بصيغة المثنى أوالجمع.

إنّ الحياة عقيدة.

لعل المسلمين متحدون.

كأن الرجلين أخوان.

٢- جملة اسمية:

إنّ الخيانة عاقبتها العارُ.

إن القصيدة أبياتُها صعبةٌ.

ليت الكتابَ مادتهُ مفهومة.

إنّ الغرفة بابُها واسع.

لاحظ أن الخبر جاء جملة اسمية،مكونة من مبتدأ وخبره،وهما في محل رفع خبر

للحرف للحرف الناسخ. فمثلا:

عاقبتها: مبتدأ ثان، مضاف، « ها » مضاف إليه.

العار: خبر للمبتدأ الثاني.

والجملة الاسمية:المبتدأ الثاني وخبره في محل رفع خبر إنّ.

ومثلها الأمثلة الأخرى.

٣- جملة فعلية:

لعل المريض يشفى.

إنّ الصادقين يحبهم الله.

لاحظ أنّ الخبر جملة (فعل وفاعل) وهي في محل رفع خبر لعل أو إنّ.

تعرب جملة الخبر إعراباً تفصيلياً، ثم يشار إلى أنها في محل رفع خبر.

هكذا: يشفى فعل مضارع مرفوع بضمة مقدرة، والفاعل ضمير مستتر يعود على المريض والجملة الفعلية

في محل رفع خبر « لعل»

٤ - شبه جملة:

ظرف: لعل القلم بين الكتب

إنّ الطائرة فوق السحاب

شبه الجملة (الظرف)في الجملتين في محل رفع خبر أوجار ومجرور

لعل الكتاب في الحقيبة.

إنّ النظافة من الإيمان.

شبه الجملة الجار والمجرور في المثالين في محل رفع خبر.

دخول « ما» الكافة على هذه الحروف

قد تدخل «ما» على هذه الحروف فتبطل عملها (تكفّها) عن العمل، ويعود ما بعدها مبتدأً وخبرا وتسمى «ما» هذه «الكافة».

إنّما اللـه واحد. إنّ مكفوفة /بطل عملها لدخول (ما) عليها: اللـه مبتدأ. واحد خبر.

كأنما المؤمنون إخوة. كأ نّ مكفوفة.بطل عملها لدخول ما عليها

المؤمنون مبتدأ. إخوة خبر

أمّا «ليت» فإنّها إذا اقترنت ب «ما» جاز إعمالُها أو إلغاؤها.نحو:

ليتما علياً ناجحٌ.

أو ليتما عليٌ ناجحٌ

يجب أن يتقدم خبر هذه الحروف الناسخة على اسمها:

١- إذا كان الخبر شبه جملة واسمها نكرة:

إنّ لبدنك عليك حقاً. - إنّ مع العسر يسرا.

_ إنّ لدنيا أنكالا.

لعّل في المدينة زوّاراً.

تقدّم الخبر؛ لأنّه شبه جملة والاسم نكرة.

٢- إذا كان في الاسم ضمير يعود على شبه الجملة الواقعة خبراً:

إنّ في الدار صاحبَها

إنّ أمام الوزارة موظّفيها

اشتمل الاسم على ضميرعائدعلى شببه الجملة الواقعة خبرا.

٣- إذا كان الخبرشبه جملة والاسم مقترناً بلام التوكيد المزحلقة.

هذه اللام لاتدخل الاّ مع إنّ فقط.

إنّ في ذلك لعبرة لأولي الألباب

"إن عذاب ربك لواقع "

تخفيف بعض أخوات « إنّ»

قد تخفف إنّ/كأنّ / لكنّ / أنّ /، فتحذف إحدى نونيها، ويؤتى بالنون ساكنة لا مشددّة فيبطل عملها في الجملة، ويكون ما بعدها جملة اسمية أو فعلية.

« **إنّ** «إذا خففت تصير « إنْ « وجاز إعمالها أو إهمالها. وإذا أهملت دخلت لام الابتداء على خبرها فارقة بين الإثبات والنفي.

نقول في الإهمال /

إنِْ البخلُ لعارٌ.

إنْ فعلُك لخير.

إنْ أخوك لعالم

أُهملت. ومابعدها مبتدأ وخبر.

ونقول في الإعمال:

إنْ البخلَ عارٌ

إنْ أباك لعالم

أُعملت. وما بعدها اسم وخبر لها.

« أنّ » إذا خففت، سبقت بفعل ظن أو يقين ولا تهمل، ويقدر بعدها ضمير الشأن محذوفا وهواسمها. وتكون الجملة بعدها خبرا لها.

نقول: أيقن المتهم أنْ سجنُهُ غير مؤقت.

أيقن المتهم أنهُ سجنُه غير مؤقت.

علم الكسول أنْ سيكون نجاحه مستحيلا

= = أنهُ = = =

ظنّ المجرم أنْ لن يُعاقب

= = أنهُ = =

« علم أنْ سيكون منكم مرضى «

= أنهُ = = =

التقديرفيها جميعا «أنه»

« **كأنّ** «

إذا خففت «كأنّ» فالأغلب أن تبقى عاملة (لا تهمل) واسمها يكون ضميراً محذوفا (ضمير الشأن) ويكون خبرها الجملة المفسرة. ويصدّر الفعل بعدها بلم أو قد.

كأنْ قد طلع الفجر كأنْ لم تغنَ بالأمس

كأنْه قد طلع الفجر التقدير: كأنْه لم تغن بالأمس

الرجل غاضب كانْ لم يدخل السرور إلى قلبه

التقدير: الرجل غاضب كأنَّه لم يدخل

اسم « كأن» ضمير الشأن المحذوف،والجملة المفسرة في محل رفع خبر.

« **لكنّ**» إذا خففت « لكنّ» صارت (لكنْ) وأهملت وبطل عملها وجوبا، وجاز دخولها على الجملة الاسمية والفعلية. إذ تصبح حرف ا ستدراك ليس إلاّ، والأحسن اقترانها بالواو للتفرقة عن العاطفة.

حكى لي كلاماً كثيراً لكنْ الحقيقةُ غيرُذلك.

لا يمكنني الذهاب معك لكنْ استطيع أن أعطيك العنوان

القمح قليل لكنْ سعره معتدل

« لكن الراسخون في العلم منهم والمؤمنون يؤمنون « النساء ١٦٢

لكن بنو طوقٍ - وطوقٌ قبلهم - شادوا المعالي بالثناء الأغلبَ

في هذه الأمثلة أهملت لكن، وما بعدها يعرب مبتدأوخبرا.

فوائد تخفف إن المكسورة لثقلها فيكثر إهمالها لزوال اختصاصها، هذا إن وليها اسم فإن وليها فعل وجب الإهمال، ولا يصح أن يقدر اسمها ضمير الشأن وخبرها جملة فعلية.

مثل: « إنْ كلٌ لما جميع لدينا محضرون «

ويجوز إعمالها استصحابا بالأصل.

«وإنْ كلا لما ليوفيّنهم «

تأتي «عسى « بمعنى» لعل: ويشترط أ ن يكون اسمها ضميراً

فقلت عساها نارُ كأسٍ وعّلها تشكّى فآ تي نحوها فأعودُها.

* إذا خففت أنّ وكأنّ، وكان خبرهما جملة فعليه وجب أن يسبق الفعل المتصرف بحرف نفي او تحقيق أو استقبال، مثل.

علمت أن سيفوز كل مجدّ.

علمت أن قد فاز.

وجاز الإعمال و الإلغاء.

* يعطف على أسماء هذه الحروف <u>بالنصب</u> قبل مجيء الخبر وبعده، مثل.

إنّ الربيعَ الجـودَ والخريـفا   يـدا أبي الـعباس والضيوفا

ويجوز العطف ب<u>الرفع</u> على أسماء إن-وأنّ ولكنّ بحيث يكون هذا المعطوف مبتدأ ويكون خبره محذوفا:

« أنّ الـلـهَ بريءٌ من المشركين ورسولُه»

فرفع « رسول »على أنّه مبتدأ، خبره محذوف،التقدير: والرسول يبرأ من المشركين

ويقرأ « رسولَه » بالفتح،بالعطف على اسم أنّ « لفظ الجلالة »

ومثلها: إنّ سعيدا قادم وعليّ.

عليّ: مبتدأ، خبره محذوف، تقديره قادم ؛ أي وعليٌّ قادم.

نماذج في الإعراب:

إنّ ربي لسميع الدعاء.

ربي:رب منصوب بفتحة مقدرة منع من ظهورها اشتغال المحل بالحركه المناسبة.

لسميع: اللام للتأكيد.

الدعاء: مضاف إليه مجرور وعلامة جره الكسرة.

ألا ليت الشباب يعود يوماً فأخبره بما فعل المشيبُ.

ألا: أداة استفتاح.

ليت: حرف شبيه بالفعل.

يعود: فعل وفاعل، في محل رفع خبر.

يوما: ظرف زمان.

فأخبره: الفاء سببيه، أخبر منصوب بأن مضمره والفاعل مستتر والهاء ضمير مبني على الضم في محل نصب مفعول به.

بما: الباء حرف جر. ما: اسم موصول مبني في محل جر بالباء.

وجملة « فعل المشيب » صلة لا محل لها.

لعلّ في أمّة الاِسلام نابتة تجلولحاضرها مرآة ماضيها

نابتة: اسم لعلّ منصوب مؤخر.

وإنّما دلُّها سحرٌتصيد به وإنّما قلبها للمشتكي جمرُ

إنّما: إنّ حرف ناسخ مبني على الفتح.

ما: كافة

دلُّها: دلّ:مبتدأمرفوع،مضاف،ها:مبني على السكون في محل جر مضاف إليه.

سحرٌ: خبرللمبتدأ

وأنكر قومي في هواكِ تجردي على زعم أنّ الزهد آفته العسرُ

الزهد: اسم إنّ منصوب.

آفته: مبتدأ ثان.

العسر: خبر للمتدأ الثاني. وجملة المتدأ الثاني وخبره في محل رفع حبرأنّ.

والمسكُ ينسب للضباء وهذه منهم ولكن مسك هذي تربها

لكن: حرف استدراك مبني على السكون.

مسك: مبتدأ مرفوع.

تربها: تربُ مبتدأ مرفوع،مضاف، «ها» مضاف إليه.

شواهـــد:

ولـي نـفـسٌ تنازعـني إذا ما أ قول لها لعـلي أو عسـاني

وإني لمن قوم كـأنّ نفـوسهم بها أنَفٌ أن تسكن اللحم والعظما

وإني وإن كنتُ الأخير زمـانه لآتٍ بما لم تسـتطعه الأوائـل

نفّسي يا عبدَ عـني واعلـمي أنــني يا عبدَ مـن لـحمٍ ودم

إنّ في برديّ جسـماً نـاحلا لو تـوكّـأتِ عليـه لانـهـدم

إنّ نصفَ الناس أعداءٌ لـمن وليَ الأحـكـام هذا إن عـدل

فاصبري يا نفسُ حتى تظفري إنّ حسن الصبر مفتـاح الفرج

إنّي لأعلمُ واللبيب خـبـير أن الحياة وإن حرصت غَـرور

كأنّ الصبح أنـقى سطـوةً من كافر الليل فـلم يـنـجلِ

قُرنت ببدر التّـمّ كـافـلـةً له أنْ سوف تتبع فرقدين سماكا

متفوق الطعمين مجتمع القوى وكأنـه الـسّـراء والضـّراء

وما ظلموا لكنْ نفوسُ عِداتهم		وأموالهم في الناس منهم تـظلم
إنّما أهلها طـيور حـسـان		إنْ دعاها الصباح قامت تنادي
من غير ما ذنب جنيت وإنّما		بعض الفضيلة شيمة الجـهلاء
فكأن النجوم في الليل جـيشٌ		دخلوا للكمون في جوف غـاب
كأنّ سهاد الليل يعشق مقلتي		فبينهما في كل هجرٍ لنا وصلُ
لا تطلبنّ كريما بعد رؤيـتـه		إنّ الكرام بأسخاهم يدا خُتـموا

تمرين

أعرب ماتحته خط.

إنما الرجلان غريبان.
إنّما الشديد الذي يملك نفسه.
عرفت أنّما الوقاية خير من العلاج.
رأى التواضع والإنصاف مكرمةً		وإنّما اللؤم بين العُجب والتيهِ
قلت كلاما لكنّما الحقيقة غير هذا.
كأنما الجندي أسد.
ليتما الشباب يعود يوما.
قالت ألا ليتما هذا الحمام لنا إلى حمامتنا أ ونصفه فقدِ

كسر همزة إنّ

تكسر همزة "إنّ" عندما لايصح أن نضع بدلاَ منها مصدراَ يسد مسدها مع(اسمها وخبرها).

ويكون ذلك في حالات أكثرها:

١. في صدر الكلام (أوله):

" إ نّا أعطيناك الكوثر "

" إنّ لك ألا تجوعَ فيها ولا تعرى "

إنّ الذين قتلتم أمسِ سيّدهم لا تحسبوا ليلهم عن ليلكم ناما

٢. أن تقع محكية بالقول:

" قل: إنّ ربي يقذف بالحق على الباطل فيدمغه "

" قل: إنّما أنا بشر مثلكم يوحى إليَ "

يقولون إنّ الشوق نارٌ ولوعة فما بال شوقي أصبح اليوم بارداً

٣. بعد ألا الاستفتاحية:

" ألا إنّ الظالمين في عذاب مقيم ".

ألا إنّ العلماء مصابيح تستنير بهم الأمة.

" ألا إنَهم هم السفهاء ".

٤. أن تقع مع اسمها وخبرها جواباً لقسم:

" يس والقران الحكيم إنَك لمن المرسلين "

و الـلـه إنَك لأعزُ أصدقائي.

غدا بخميسِ يقسم الغيم' إنّه لأحفل منها مكفهرّا وأكثفُ

٥. بعد حيث: (وهي تضاف للجمل ولا تضاف للمفرد).

افعل الخير حيث إنّك قدوة لمن معك.

يعيش الناس حيث إنّ الخدمات متوفرة.

ادرس حيث إنّه وقت الدراسة.

٦. بعد إذ:

ذاكر إذ إ نّ الإمتحان قريب

أمسك لسانك إذ إنّك إذا أطلقته أدى بك إلى جهنم

تب عن خطيئاتك إذ إنّ اللـه تواب رحيم

٧. في أول جملة الحا ل:

" كما أخرجك ربك من بيتكّ وإنّ فريقاُ من المؤمنين لكارهون "

قصدت جاري في بعض شأني وإنَي واثق بمروءته

٨. في أول جملة الصلة:

وآتيناه ما إنّ مفاتحه لتنوء بالعصبة ".

وِصلت التي إ نّها متفوقة.

أُقدّر الذي إنّه حسن المعاشرة.

٩. في أول جملة الصفة:

نظرت إلى رجل إنّه جليل.

أطلع الطلاب على كتابٍ إنّه مفيد.

عُرضت سيارة إنّها جديدة.

١٠. بعد النداء:

يا قوم، إنّ الصدق فضيلة.

يا أيها الناس، إنّ اللـه يعلم السرائر.

فتح همزة إنّ

تفتح همزة إنّ إذا أمكن تأويلها مع اسمها وخبرها بمصدر يكون:

١. في موضع رفع فاعل أو نائب فاعل:

« أولم يكفهم أنّا أنزلناه «.

يُسعدُ والديك أنك ناجح.

أُشيعَ أنّ جاري مريض فهُرعتُ إليه.

« قل أوحي إليّ أنّهُ استمع نفر من الجن"»

التأويل: إنزال. نجاح.مرض. استماع.

٢. في موضع مفعول به:

« ولا تخافوا أنّكم أشركتم «

علمتُ أنّ الامتحان قريب.

عرفت أَنّك كريم جواد.

التأويل: اشراك. قرب.

٣. في موضع جر:

سررت بأ نّ الحجّ

يفرحُ أخوك لأنك قادم.

تألمت من أنّ الصديق مريض.

التأويل: بقرب، بقدوم، من مرض.

٤ - في موضع رفع مبتدأ:

« ومن آياته أنّك ترى الأرض خاشعة»

من صفات ليلى أنها تساعد المحتاج.

من المفيد للعاقل أنه يتعظ.

التأويل: رؤية، مساعدة. اتّعاظ.

جواز فتح همزة إنّ وكسرها

يجوز أن تفتح الهمزة وتكسر في حالات:

١. بعد إذا الفجائية.

وكنت أرى زيدا كما قيل سيّداَ إذا أنه عبد القنا واللهازم[٥]

ويجوز « إنّه»

دخل المحاضر القاعة فإذا إنّ (أنّ) الجميع بانتظاره.

نزلنا من الطائرة فإذا إنّ (أنّ) أخي ينتظر.

٢. بعد فاء الجزاء , وهي التي تقع في جواب الشرط.

« من عمل منكم سوءاَ بجهالة ثم تاب من بعده وأصلح فإنه غفور رحيم «

من يتسرع فإنه نادم.

من يجد ويجتهد فإنه عاقل.

ويجوز في هذه الأمثلة فتح الهمزة.

٣. بعد حتى:

علمت سريرتك حتى إنك طيب القلب.

تتبعت أخبارك حتى إنّك ناجح.

تاب الرجل حتى إنه نادم على ما فرط.

ويجوزفتح الهمزة في هذه الأمثلة

٥ القفا: المؤخرة.
اللهزمتان: عظمتان ناتئتان تحت الأذنين جمعها الشاعر بإرادة مافوق الواحد.

تمرين ١ : عين الحرف الناسخ واسمه وخبره، مبينا نوع الخبر.

لبيك اللهم لبيك، إنّ الحمد والنعمة لك.

ترجو النجاة ولا تسلك مسالكها إنّ السفينة لا تمشي على اليبس.

«ألم تر أنّ اللـه سخر لكم ما في الأرض والفلك تجري بأمره «الحج

ألا ليت الشباب يـعود يـوما فأخبره بما فـعل المـشيب.

« لولا أنتم لكنّا مؤمنين» سبأ

الشمس مشرقة لكن الجوّ بارد.

فأصبح بطن مكة مقشـعـرًّا كأنّ الأرض ليس بها هشـام

أيا شجر الخابور مالك مـورقا   كأنّك لم تجزع على ابن طريف

« فانتظروا إني معكم من المنتظرين ».

« إنا أعتدنا للظالمين نارا أحاط بهم سرادقها ».

« ولا تتبعوا خطوات الشيطان إنه لكم عدو مبين ».

لعل المسافرين قادمون.

« إنّا لدينا أنكالاً وجحيما »

« إنّ له أباً شيخاً كبيراً ».

إنّ المدينة أسوارها منيعة.

لعل لأخيك عذراً وأنت تلومه.

فـليتك تحـلو والـحياه مريرة وليتك ترضى والأنام غضاب.

وليت الذي بيني وبينك عـامر   وبيني وبين العالـمـين خـراب.

تمرين ٢: أشكل أواخر الكلمات التي تحتها خط:

قال الشاعر في وصف جرادة

أجنحةٌ كأنهـا أرديـة مـن قصب

لكنها منقوطة مثل صدور الكتب

بأرجل كأنّها مناشر من ذهب

وكأنّ رجع حديثها　　　قطع الرياض كسين زهرًا

وكأنّ تحت لسانها　　　هاروت ينفذ فيه سحرًا

تمرين ٣: أدخل إنْ المخففة على كل جملة من الجمل الآتية، واجعلها مرة عاملة ومرة مهملة:

الصادق محبوب.

الإصلاحات كثيرة.

الكفاح شعارنا.

تمرين ٤ : اجعل لكنّ في الجمل التالية مخففة ثم اضبط الجملة بعدها وبين فيما إذا كنت المخففة عاملة أم لا

الامتحانٌ سهلٌ لكنّ الأسئلة طويلةٌ.

الحافلة جديدة لكنّ المسافة بعيدةٌ.

المطر نازل لكنّ الطقسَ لطيفٌ.

تمرين ٥: أعرب الجمل التالية-

إنما الحياة كفاح.

ليتما النجاح حاصلٌ.

ليتما الشباب راجع.

كأنما الحياة جهاد.

لعلما الخبر صحيح.

تمرين ٦ : ميز ما الكافة من الموصولة فيما يلي:

« وألق ما في يمينك تلقف ما صنعوا إنّما صنعوا كيد ساحر «.

إنّما الحياة عقيدة وجهاد.

إن مابذلت من جهد في اصلاح ذات البين مقدر لك.

تمرين ٧ : اضبط همزة إنّ، وبين السبب.

أحب الذين إنّهم مجتهدون.

و اللـه إنّ النصر لقادم إن شاء اللـه.

يسرني أنك ناجح.

نبئت أنّ رسول اللـه أوعدني والعفو عند رسول اللـه مأمول.

« أولم يروا أنا نسوق الماء « السجدة ٢٧.

« ألا إنّ أولياء اللـه لا خوف عليهم ولاهم يحزنون»

وصل تاجر إنّه أمين.

كان الامتحان بسيطا حتى إ نّ الاِجابة سريعة.

نم حيث إ نّه وقت النوم.

استيقظ إذ إنّ الفجر قريب.

يفرح أهلك لانّك ناجح.

« إنّ اللـه يبعث من في القبور «

« إذ قالت الملائكة يامريم انّ اللـه يبشرك بكلمة منه «.

فوائد:

- من العرب من ينصب بإنّ وأخواتها المبتدأ والخبر.

إذا اسودّ جنح الليل فلتات ولتكن خطاك خفافا إنّ حُرّاسَنا أُسدا

كأن أذنيه إذا تشوّفا قادمة أو قلما محرّفا.

يا ليت أيام الصِبا رواجعا.

منع الجمهور ذلك وِأوّلوا ماود بأنّ الجزء الثاني حال والخبرمحذوف. والتقدير إنّ حراسنا تلقاهم أُسدا.

كأنّ أذنيه يحكيان قادمة.

ياليت أيام الصبا أقبلت رواجعا

- يجوزأن يحذف خبر لعل.

أتوني فقالوا ياجميل تبدلت بثينة أبدالاً فقلت: لعلها

«ها « مبني في نصب اسم لعل. وخبرها محذوف تقديره تبدلت

المثنى

هو اسم معرب يدل على اثنين /اثنتين بزيادة ألف ونون في حالة الرفع أو ياء ونون في حالة النصب. وقال بعضهم: هو ما وضع لاثنين وأغنى عن متعاطفين.

الغرض من التثنية الاختصار،لأنّ قولك: نجح الطالبان، قد وضع في موضع نجح عليّ ومحمد أو نجح الطالب والطالب.

إعـــرابـــه:

يرفع المثنى بالألف.

«قال رجلان من الذين يخافون أنعم اللـه عليهما «

ألم تغتمض عيناك ليلة أرمدا وعادك ما عاد السليمَ المُسهّدا

حقّق الفريقان نتائج طيبة.

المهندسان أشرفا على التصميم والتنفيذ.

وقعت هذه الأسماء في حالة رفع. وعلامة رفعها الألف.

وينصب بالياء.

سامح الشرطيّ المخالفيْنِ

حفظ الطلاب القصيدتينِ

زار الوزيرالمدرستيْن

الأسماء: المخالفين. القصيدتين.المدرستين. وقعت مفعولا بها،فهي منصوبة، وعلامة نصبها الياء.

ويجر بالياء.

اللهم أعز الإسلام بأحد العمرينِ.

مرّ الوفد على مسجديْنِ ومدرستيْن.

لو تأملت الأسماء في هذه الجمل لوجدت أنّها مجرورةبالاضافةأوبالعطف.

وأنّ علامة جرها الياء.

شروط الاسم الذي يثنّى:لابد أنْ تتحقق الشروط الآتية في كل اسم يراد تثنيته.

١. أن يكون معربا،فلا يثنى المبني من الأسماء. يستثنى من ذلك:

هذان، هاتان، اللذان، هذيْن، هاتين، اللذيْنِ

هذه الأسماء هي من أسماء الاِشارة والأسماء الموصولة التي كان من حقها البناء، ولكن العرب استعملتها استعمال المثنى «بالألف رفعا وبالياء نصبا وجرا « لذلك اعتبرت ملحقة بالمثنى، فرفعت بالألف، ونصبت وجرت بالياء. كما في الأمثلة اللاحقة

هذان رجلان عالمان

أحب هذين الرجلين لفضلهما.

هاتان مدرستان مخلصتان.

يقدّر الأهلون هاتين المدرستين.

أعجبت بهاتين القصيدتين.

حقق هذان العالمان كتابا في التراث العربي.

حقق العالمان هذين الكتابين.

٢. أن يكون مفردا، فلا يثنى المثنى أو الجمع.

٣. أن لايكون الاسم مركبا تركيبا مزجيًّا / بعلبك،بختنصّر، حضرمو

ولا تركيبا إسناديا / جاد الحق، سقى الـلـه، سُرّ من رأى.

٤. أن يكونا متفقين في اللفظ، فلا يثنى السيف والحسام،ولا الولد والصبي، ولا الليث والأسد

٥. أن يكونا متفقين في المعنى، فلا يثنى عين الاِنسان وعين الماء.

أما الأبوان،للأب والأم؛ فمن باب التغليب.

ومثلها القمران: الشمس والقمر.: الخافقان: المشرق والمغرب

الملحق بالمثنّى

هناك ألفاظ فقدت بعضا من الشروط الواجب توافرها فيما يثنّى، وردت معربة بالحروف: الألف رفعان الياء نصبا وجرا، كالمثنّى.

فهي إذن ملحقة بالمثنى، تعامل معاملته في الإعراب بالحروف.وهي:

اثنان / اثنتان / إذ لا مفرد لهما من لفظهما. فإن العرب لم يقولوا: اثن أو اثنة.

ففي الرفع نقول:

وصل اثنان من المدعوين.

تقدم للامتحان عشر طالبات نجح منهن اثنتان

ثنتان احترمهما: أمٌ زاهدة، وبنتٌ مطيعة.

«فانفجرت منه اثنتا عشرة عينا «

رفعت في هذه الجمل: اثنا، اثنتا، وعلامة رفعهاهي الألف.

وفي النصب نقول:

« إذ أرسلنا إليهم اثنين فكذبوها فعززنا بثالث «

استقبل البرنامجُ اثنين من كبار العلماء.

وقعت الكلمتان مفعولا به منصوبا وعلامة نصبه الياء.

وفي الجر نقول:

حصل المتفوق على جائزتين اثنتين.

اعتنى المزارع باثنتين من الأشجار.

سلّم العميدعلى اثنين من الناجحين.

جاءت الكلمة مجرورة.وعلامة الجر هي الياء.

ويلحق بالمثنى كذلك لفظتا:

كلا وكلتا. إذا أضيفتا إلى ضمير دال على التثنية.

نجح الطالبان كلاهما

ونجحت الطالبتان كلتاهما

الرجلان صادقان كلاهما

جاءت الكلمتان في حالة رفع. وعلامة الرفع هي الألف.

قرأت القصيدتين كلتيهما.

أنهى المتسابقون المرحلتين كلتيهما.

أحب الطالبين كليهما.

الكلمتان في محل نصب، وعلامة النّصب هي الياء.

أعجبت بالصديقين كليهما.

مرّ الزائر على المدرستين كلتيهما.

جاءتا مجرورتين، وعلامة الجر هي الياء.

أما إذا أُضيفت «كلا وكلتا» إلى اسم ظاهر فإنهما تلزمان الألف وتعربان بالحركات المقدرة على الألف مثل الأسماء المقصورة.

« كلتا الجنتين آتت اكلها.

وصل كلا الضيفين.

الكلمتان في حالة رفع، والعلامة الضمة المقدرة على الألف.

حفظ الطلاب كلتا الروايتين.

رشّ المزارع كلا البستانين.

الكلمتان في محل نصب والعلامة هي الفتحة المقدّرة.

استفاد الطلاب من كلتا المكتبتين.ومن كلا الكتابين

أقام الفريق في كلتا المدينتين.

وردت كلا،كلتا مضافتين إلى اسم ظاهر وهما في حالة الجر، وعلامة الجر هي الكسرة المقدرة على الألف.

* نون المثنّى مكسورة، مفتوح ماقبلها

* إذا أضيف المثنى حذفت نونه للإضافة.

مهندسا البلدية حاضران، الأصل:مهندسان.

نظر الطبيب إلى عيني الطفل،الأصل: عينين

أحمد وعليّ فرسا رهان،الأصل: فرسان

* بعض القبائل تُلزم الألف المثنى.

إنّ أباها وأبا أباها قد بلغا في المد غايتاها

تمرين١: عين المثنّى وأعربه:

حطّت الطائرتان في وقت واحد.

«وقضى ربك ألاّ تعبدوا إلا إياه وبالوالدين إحسانا «

وأما المقلتان فمن مهاة وللدُّرّ الملاحة والنّقاءُ

سعى ساعيا غيظ بن مُرّة بعدما تبزّل ما بين العشيرة بالدم

يمينا لنعم السيدان وجدتما على كل حالٍ من سحيلٍ ومبرم

يقولون: القلم أحدُ اللسانين.

أنجز مهندسا الأمانة الجسر في زمن قياسي.

« وقال يا أسفى على يوسف وأبيضّت عيناه من الحزن «

«لا يستجيبون لهم بشيء إلا كباسط كفيّه إلى الماء ليبلغ فاه «

أكره من الناس أمرين: أن يلين المرء في موضع الشّدة، وأن يحلم في موضع الغضب

أمران أدين بهما: وحدة العقيدة، ووحدة المبدأ.

هدى الله البشر النجدين.

اثنان من الجنود استشهدا دفاعا عن الوطن

تود الرياض عـلى شاطئيك   لو انّـك تـسمع شكـرانها
تـقيـم السدود عـلى ضفّتيك   وتحشد حـولـك فـتـيانها

تمرين ٢ : عين الملحق بالمثنّى وأعربه:

واثنان أمي وأبي في القلب يسكنان
كلتا يـديـه غياث عـم نفعهـما   تستوكفـان ولا يعـروهـمـا عَـدَمُ
سَهْلُ الخليقة لا تخشـى بـوادره   يزينه اثـنان: حُسـن الخـَلْق والشيمِ
«ومن الثمرات جعل فيها زوجين اثنين «
الخنساء
هــما كلتاهــمتا تبكي أخـاهـا   عشيـة رزئـه أوغـبّ أمـسِ
فـلـولا كثرة البـاكيـن حـولي   عـلى إخـوانـهم لقـتلـت نفسي
وتعطلت لغة الكلام وخاطبت عيني في لغة الهوى عيناك

جمع المذكر السالم

وهو: ما دل على أكثر من اثنين، بزيادة واوونون في حالة الرفع، وياء ونون في حالتي النصب والجر.

إعرابـه:

يرفع بالواو.

«فد أفلح المؤمنون الذين هم في صلاتهم خاشعون»

المؤمنون:فاعل مرفوع بالواو

خاشعون:خبر مرفوع بالواو

قد أدرك الواشــون مـا حـاولوا   فالحـبل مـن شعـثاء رثّ الزمام

أتاني أنهـم مـزقون عرضي   جحاشُ الكرمـلين لهـا فـديد

« الذين هم عن صلاتهم ساهون »

«إنّما نحن مصلحون »

وينصب بالياء.

«إن المنافقين في الدرك الأسفل من النار»

«يثيب اللـه المحسنين»

لعل المجتهدين ناجحون

الأسماء التي تحتها خط في الأمثلة جاءت منصوبة،وعلامة نصبها الياء.

ويجر بالياء.

« أمرت أن أكون من المسلمين »

اللهم اغفر للتائبين

«ويلٌ للمطففين »

الأسماء التي تحتها خط مجرورة، وعلامة جرها الياء.

* نون جمع المذكر السالم مفتوحة دائماً في حالات الإعراب الثلاث.

* سمي هذا الجمع بجمع المذكر السالم،لأنه لجماعة الذكور ولأن صورة المفرد تسلم على هيئتها عند أخذ الجمع منه.

* نون جمع المذكر السالم تحذف عند إضافته.

مسلمو الصين محافظون على إسلامهم.

أحب معلمي التاريخ.

إني معجب بمهندسي البلديات.

لا يجمع جمع المذكر السالم إلاّ:

١.الاسم ٢.الصفة

١.أما الاسم فيشترط فيه أن يكون:

* علماً، فلا يجمع مثل:رجل، جبل.

* لمذكر، فلا يجمع هذا الجمع ما كان لمؤنث نحو: سعاد، خديجة.حنان.

* عاقل،فلا يجمع ما كان لغير العاقل،مثل:»لاحق».علم لفرس. «واشق» علم لكلب

* خالياً من تاء التأنيث فلا يجمع ما كان فيه التاء مثل معاوية. حمزة.

* غير مركب تركيباً مزجياً نحو:بعلبك. حضرموت.

ولا تركيباً إسنادا نحو:جاد الحق، سر من رأى.

ولاتركيبا عدديّا.نحو خمسة عشر. ثلاث عشرة.

أمّا إذا كان مركّبا تركيبا إضافيّا فيجمع صدره المضاف،ويبقي عجزه المضاف إليه على حاله مجرورا، فيقال:سافر عبدواللهِ.صافحت عبدي السميع.أعجبت بعبدي العزيز.

٢ - وأما الصفة فيشترط فيها أن تكون صفة:

- لمذكر، فلاتجمع الصفة التي للمؤنث نحو: طامث، حائض.

- عاقل، فلا تجمع ما كانت لغير العاقل: سابق صفة لفرس.

- خالية من تاء التأنيث مثل: علاّمة،فهّامة.

- ليست من باب أفعل ومؤنثه فعلاء: نحو أحمر حمراء،أغبر غبراء.

- ليست من باب فعلان الذي مؤنثه فعلى،مثل:غضبان غضبى، عطشان عطشى.

- لا يستوِي فيه المذكر والمؤنث، مثل:عانس (امرأة لم تتزوج أو الرجل لم يتزوج) وكذلك عروس(تطلق على الرجل والمرأة) وأملود (الرجل الناعم و المرأة الناعمة) ومثل جريح نقول (رجل جريح وامرأة جريح)

لا يجوز جمعها جمع مذكّرٍسالما. فلا يقال: حائضون ولا سابقون، علامون حمراوون ولا عانسون و جريحون.

يلحق بهذا الجمع

١ - أسماء الجموع وهي:

أ - أولو بمعنى أصحاب. لا مفرد لها من لفظها وهي اسم جمع لِ ((ذو)) بمعنى صاحب

ب - عالَمون. بفتح اللام.لامفرد لها اسم جمع لِ (عالَم) وهو أصناف الخلق عقلاء أو غيرهم

ج - ألفاظ العقود: عشرون وبابه إلى التسعين ؛ لأنها لا مفرد لها.

٢ - جموع التكسير ومنها:

بنون: لأنه جمع يتمّ بتغيير صورة المفرد: ابن بنون / بنين. حذفت الهمزة من أوله وتغيرت حركة الباء من السكون إلى الفتح.

أرَضون: لم يسلم مفرده فالجمع بفتح الراء بينما هي ساكنة في المفرد» أرْض» كما أنه مفرد مؤنث.

سِنون: لأنه لم يسلم مفرده ؛ فالجمع بكسر السين بينما المفرد بفتحها (سَنَة)، وكذلك لأنه مفرد مؤنث (سنة) لغير العاقل.

ملحوظة: هذه الكلمة يجوزأنْ تعامل معاملة المفرد بأن تثبت الياء وتعرب بالحركات على النون. نقول: سنينُ الشباب متعة. إنّ سنينَ الغربة مؤلمة. أحنّ إلى سنينِ الشبابِ.

٣- جموع تصحيح لم تستوف الشروط. مثل:

« أهلون» فهوليس علماً ولا صفةً، وإنّما هو اسم جنس جامد.

« أحِرّون»: جمع حرّة (أرض ذات حجاة سود)

٤ - ما سمي به من هذا الجمع نحو: علّيون/عليين اسم لأعلى الجنة ؛ لأنها غير عاقل

أمثلة وتطبيقات.

« يؤتي الحكمة من يشاء ومن يؤت الحكمة فقد أوتي خيراً كثيراً وما يذكّر إلا أولو الألباب

أولو: فاعل , ملحق بجمع المذكر السالم , يرفع بالواو

« واذا حضر القسمة أولو القربى واليتامى والمساكين فارزقوهم منه «

أولو: فاعل ؛ ملحق بجمع المذكر السالم، يرفع بالواو

« وأولو الأرحام بعضهم أولى ببعض في كتاب الـلـه «

أولو: مبتدأ مرفوع، ملحق بجمع المذكر السالم

« أطيعوا الـلـه وأطيعوا الرسول وأولي الأمر منكم «

أولي:معطوف منصوب وعلامة نصبه الياء , ملحق بجمع المذكر السالم

أحب أولي العلم

أولي: مفعول به منصوب وعلامة نصبه الياء , ملحق

اتقوا الـلـه يا أولي الأبصار

يا أولي: منادى منصوب / علامة النصب الياء , ملحق

« إن في ذلك لعبرة لأولي الأبصار «

لأولي: مجرور باللام وعلامة جره الياء , ملحق

« لقد كان في قصصهم عبره لأولي الالباب «

لأولي: مجرور بالام وعلامة جره الياء , ملحق

«وستدعون إلى قوم أولي بأسٍ شديد «

أولي: نعت مجرور وعلامة جره الياء , ملحق

«المال والبنون زينة الحياه الدنيا «

البنون: معطوف مرفوع.علامة رفعه الواو

« يوم لا ينفع مالٌ ولا بنون «

بنون: معطوف مرفوع. علامة رفعه الواو

«ولقد بوّأنا بني اسرائيل مبّوأ صدق «

بني: مفعول به منصوب وعلامه النصب الياء

« ولقد كرمنا بني آدم وحملناهم بالبر والبحر «

بني: مفعول به منصوب، علامة نصبه الياء

أنصر بني جلدتك

بني: مفعول به منصوب

« ألم تر إلي الملأ من بني اسرائيل «

بني: مجرور بمن وعلامة جره الياء

« سلام على بني آدم «

بني: مجرور بعلى وعلامة جره الياء

« شغلتنا أموالنا وأهلونا «

وأهلونا: معطوف مرفوع وعلامة رفعه الواو/ ملحق

« إنّ الخاسرين الذين خسروا أنفسهم وأهليهم يوم القيامة «

أهليهم: معطوف منصوب وعلامة النصب الياء / ملحق

« بل ظننتم ألاّ ينقلب الرسول والمؤمنون إلى أهليهم «

أهليهم: مجرور وعلامة جره الياء / ملحق

خلق الـلـه العالَمين،وفضّل الاِنسان.

العالمين: مفعول به منصوب وعلامة نصبه الياء / ملحق

« الحمد الـلـه رب العالمين «

العالمين: اسم مجرور بالاضافة , علامة جره الياء / ملحق

«ولكنّ الـلـه ذو فضل على العالمين «

مجرور، علامة جره الياء / ملحق

« خلق الـلـهُ السماواتِ والأرضين «

الأرضين: معطوف منصوب , وعلامة نصبه الياء / ملحق

السماوات والأرضون من صنع الـلـه الواحد القهار

الأرضون: معطوف مرفوع، وعلامة رفعه الواو / ملحق

لقد ضجّت الأرضون إذ قام من بني سدوسٍ خطيبٌ فوق أعواد منبر

الأرضون: فاعل مرفوع وعلامة رفعه الواو , ملحق

ثم انقضت تلك السَنون وأهـ لُها فكأنهم وكأنها أحلام

السنون: فاعل مرفوع , وعلامة رفعه الواو / ملحق

مرت بنا سنون عجاف

سنون: فاعل مرفوع وعلامة رفعه الواو / ملحق

أمضينا سنين عجافاً

سنين: مفعول به منصوب , وعلامة نصبة الياء / ملحق

لم ألتقِ صديقي منذ سنين

سنين: مضاف إليه مجرور وعلامة جره الياء / ملحق

ستون ألفاً كأساد الشرى نضجت جلودهم قبل نـضج التين والعنب

ستون: مبتدأ مرفوع , وعلامة رفعه الواو / ملحق

إنّ الـثـمانين وقد بُلِّـغـتْـها قد أحوجت سـمعي إلى ترجمان

الثمانين: اسم إن منصوب , وعلامة نصبه الياء / ملحق

خرج خالد إلى قتال الروم بثلاثين ألفا من الفرسان

ثلاثين: مجرور بالياء وعلامة جره الياء / ملحق

شواهد وأمثلة.

اجتمع أُولو الرأي والمشورة.

«وما يذكّر إلا أولو الألباب»

«وإذا حضرالقسمة أُولو القربى واليتامى والمساكين فارزقوهم «

«وأُولو الأرحام بعضهم أولى ببعض»

أطيعوا اللـه والرسول وأولي الأمر منكم «

اُحب أُولي العزم من النّاس.

اتّقوا اللـه يا أولي البصيرة.

«وستدعون إلى قوم اُولي بأسٍ شديد «

إنّ في الحياة لعبرة لأُولي الفطنة.

«المال والبنون زينة الحياة الدنيا «

«يوم لاينفع مال ولا بنون «

«ولقد كرّمنا بني إسرائيل على العالمين «

انصر بني جلدتك بالنصيحة والقول الطيب.

سلام على بني الاِسلام.

« شغلتنا أموالنا وأهلونا «

«إنّ الخاسرين الذين خسروا أنفسهم وأهليهم يوم القيامة «

خلق اللـه العالمين وفضّل الاِنسا ن.

أبدع اللـه السموات والأرَض

مرّت بنا سنونَ عجاف.

أمضينا سنين عجافا.

ستون ألفا كآساد الشرى نضجت جلودهم قبل نضج التين والعنب

« فاستفتهم ألربك البنات ولهم البنون «

تمرين ١: بيّن جمع المذكر السالم وأعرابه:

العاملون لخير بلادهم من أسعد الناس في هذه الحياه

أكره المترددين وأمقت مسلكهم

أقدّر المجدّين اعترافا بفضلهم

وما استعصى على قوم منالٌ إذا الإقدام كان لـهم ركابا

مدحتُ المالكين فزدتُ قدرا وحين مدحتُك اقتدت السحابا

إنّ العزّ ة لـلـه وللمؤمنين

تمرين ٢: بين الملحق بجمع المذكر السالم فيما يلي، وبين سبب اعتباره ملحقا بالجمع وأعربه

لقد ضّجت الأرضون إذ قـام من بني سدوس خطيب فوق أعواد منبر

دعـائي مـن نجـد فـإنّ سنينه لـعبن بـنا شِـباً وشيّبـنـنا مُردا

ولي دونكم أهلون سـيد عـملّس وأرقط زهـلول وعـرفـاء جيأل

وما المال والأهـلـون إلاّ ودائـع ولا بُـدّ يـوما أن تـرد الودائع

نصحت المدارس الأهلين أن يتابعوا تحصيل أبنائهم

أرى الناس خُلاّنَ الكريـم ولا أرى بخيلاً له فـي العالمـين خـليلُ

« إنّ في ذلك لذكرى لأولي الألباب «

إنّ الـثمانـين وقد بُلِّـغتـهـا قد أحوجت سمـعي إلى ترجمان

« ولا يأتلِ أولو الفضل منكم والسّعة أن يؤتوا أولي القربى «

أهلوك قد جـعلوا جمالك سـلـعـة وشـرى بـنو أبـي أوطـاني

جمع المؤنث السالم

هو ما جُمع بزيادة ألف وتاء مبسوطة للدلالة على أكثر من اثنين دون ان تتغير صورة المفرد:

هند هندات. سعاد سُعادات.مجتهدة مجتهدات. عاقلة عاقلات.

مع ملاحظة أنه إذا كان منتهياً بتاء التأنيث وجب حذفها، كما في المثالين الأخيرين أعلاه (مجتهدة، عاقلة).

إعــرابـه:

يرفع جمع المؤنث السالم بالضمة، نحو:

في المجتمع مثقَفات طَيبات،وفيه أيضاً جاهلات تافهات.

مثقفات: مبتدأ مرفوع وعلامة رفعه الضمة.

طيبات: نعت مرفوع وعلامة رفعها الضمة.

و مثلها: جاهلات، تافهات.

تسهرالممرضات حتى الصباح.

وينصب بالكسرة:

تفهم المتعلّماتُ مسؤولياتهن

مسؤولياتهن: مفعول به منصوب / علامة نصبه الكسرة (على التاء).

« إن الحسنات يذهبن السيئاتِ «

الحسنات: اسم إن منصوب علامة نصبه الكسرة.

السيئات: مفعول به منصوب علامة نصبه الكسرة.

ويجر بالكسرة:

تُعقّد الجاهلات حياتهن بتصرفاتٍ حمقاء.

تصرفات: مجرور بالباء، علامة جرهِ الكسرة (التنوين)

تجاوزي عن سيّئات صديقاتك.

سيئات: مجروربحرف الجر،وعلامة جره الكسرة.

صديقات: مجروربالاِضافة، وعلامة جره الكسرة.

<u>ما يجمع هذا الجمع.</u>

١ - أعلام الإناث: مريم، سعاد، نوال. جموعها: مريمات، سعادات، نوالات.

٢ - ما ختم بتاء التأنيث المربوطة: فاطمة، غُرفَة. جموعها: فاطمات، خديجات، غرفات[٦].

٣ - ما ختم بألف التأنيث الممدودة: حسناء، صحراء، لمياء. جموعها: حسناوات، صحراوات، لمياوات[٧].

٤ - ما ختم بألف التأنيث المقصورة: حُبلى، فُضلى، سعدى، نجوى. جموعها: حبليات، فضليات، سعديات[٨].

٥ - صفة المذكر غير العاقل:

شامخ. معدود. شاهق. جموعها: شامخات. معدودات. شاهقات. ونقول جبال عاليات / شوارع واسعات / أيام خاليات.

٦- مصغّر غبر العاقل:

جُبيل، دُريهم، قُمير، نُجيم. جموعها: جبيلات، دُريهمات، قُميرات، نُجيمات.

٧ - الاسم الأجنبي الذي ليس له جمع آخر:

تلفون. جنرال. رادار. تلغراف. وجموعها: تَلفونات. جنرالات. رادارات. تلغرافات

٨ - كل خماسي لم يسمع له جمع تكسير:

سُرادق. اصطبل. حمّام. جموعها: سُرداقات. اصطبلات. حمّامات.

٩- المصدر الزائد على ثلاثة أحرف: نشاط. استطلاع. استقراء. تعديل. جموعها: نشاطات، استطلاعات، استقراءات، تعديلات.

---

٦ يستثنى من ذلك كلمات قليلة استغنوا عن جمعها جمع المؤنث السالم، بجمعها جمع تكسير. أشهرها: امرأة، شاة. شفة. امَة. ملّة. أُمّة. جمعت على: نساء، شِياه. شفاه. إماء. أُمم. مِلَل

٧ يستثنى من ذلك: ما كانِ على وزن فعلاء ومذكرها أفعل: زرقاء حمراء ؛ فأنها لا تجمع على زرقاوات، حمراواتَ.

٨ يستثنى من ذلك وزن فَعْلى التي مذكرها فعلان: عطشى، جوعى، شبْعى. فإنها تجمع على عطاش جياع، شباع. وهى جموع تكسير.

١٠- علم غير العاقل المصدر ب ابن أو ذو:

ابن أوى جمعها بنات آوى. ويمكن جمعها على أبناء " جمع تكسير"

اوابن عرس جمعها بنات عرس.

ذو القعدة جمعها ذوات القعدة

ذو الحجة جمعها ذوات الحجة.

ما عدا هذه الأنواع مقصور على السماع. ومنه:

سجلات، سماوات، ثيّبات، أمهات

وبعض جموع الجمع: رجالات بيوتات،ديارات، دورات.

لا يعد من هذا الجمع ما كان في آخر مفرده تاء أصليّة. نحو: أوقات،أصوات،أبيات مفردها:

وقت. صوت.بيت. التا ء فيها أصلية ؛ فهي من جموع التكسير.

ولا نحو: قُضاة، حُماة، بُناة، لأن الألف فيها أصلية أيضا، وإنما هي من جموع التكسير كذلك.

إن جمعت اسما ثلاثيا مفتوح الأول (ثانيه صحيح ساكن)، خاليا من الإدغام وجب فتح ثانيه إتباعا لأوله: سَجْدة، سَجَدات. حَسْرة، حَسَرات. ظبْية، ظبَيات. زفْرة، زفَرات. زَهْرة، زَهَرات.

أما إذا كان الثاني " حرف علة " وكان ساكنا فانه يبقى على صورته.

لَوْعة، لَوْعات. دَوْرة، دَوْرات. هيْئة،هيْئات. لَوْحة،لَوْحات.

وإنْ جمعت اسما ثلاثيا مضموم الأول(ثانيه صحيح ساكن) خاليا من الإدغام، جاز فيه ثلاثة أوجه.

١ - إتباع الثاني للأول: خُطوة،خُطُوات. فِقْرة، فِقِرات.

٢ - فتح الثاني: خُطوة، خُطَوات. فِقرة، فِقَرات.

٣- إبقاء ثانيه على حاله من السكون خُطْوة، خُطْوات.فِقْرة، فِقْرات.

الملحق بجمع المؤنث السالم.

هو: أسماء وردت في اللغة على صورة جمع المؤنث و تعرب إعرابه: الضمة رفعا /الكسرة جرا / الكسرة نصبا ولكن لا تنطبق عليه شروط هذا الجمع.

يلحق بالمؤنث السالم:

أولات، بمعنى صاحبات، ليس لها مفرد من لفظها، و تأتي دائما مضافة.

وهي تقابل « أولو » الملحقة بجمع المذكر السالم.

« وأولاتُ الأحمال أجلهن أن يضعن حملهن»

أولات: مبتدأ مرفوع علامة رفعه الضمة (ملحق بجمع المؤنث السالم).

بنات كلية رفيدة أولات أدب وخلق.

أولات: خبر مرفوع /علامة رفعه الضمة. ملحق بجمع المؤنث السالم.

« وإن كُنَّ أولاتِ حمل فأنفقوا عليهن حتى يضعن حملهن »

أولات: خبر كان منصوب و علامة نصبه الكسرة، ملحق بالمؤنّث السالم.

وجدت بنات الكلية أولاتِ علم.

أولات: مفعول به ثان منصوب. علامة نصبه الكسرة، ملحق.

أقدّر أولات الخلق و الدين.

مفعول به منصوب و علامة نصبه الكسرة، ملحق بجمع المؤنث السالم.

كما يلحق بجمع المؤنث السالم ما سمي به: عرفات. عِزات. أذرعات.

بركات. جمالات.

جمعت هذه الأسماء في اللفظ.لأنّ كل كلمة من هذه الكلمات لها مفرد ابتداءً، قبل التسمية.عرفة/ عزة/أذرعة. المسلمون يزورون عرفاتِ.

سلّمتُ عزّاتِ جائزة التفوق..

زار الطلاب أذرعاتِ

وقعت هذه الأسماء مفعولا بها منصوبا، وعلامة النّصب الكسرة.

تمرين ١: « قد أفلح المؤمنون الذين هم في صلاتهم خاشعون، والذين هم لفروجهم حافظون إلا على أزواجهم أو ما ملكت أيمانهم فإنهم غير ملومين فمن ابتغى وراء ذلك فأولئك هم العادون والذين هم لأماناتهم وعهدهم راعون والذين هم على صلواتهم يحافظون أولئك الوارثون الذين يرثون الفردوس....... «

استخرج:

١ - كل جمع مذكر سالم في الآيات وبين علامة إعرابه.

٢ - عين جمع المؤنث وجمع المذكر السالم.

٣ - رد كل جمع إلى مفرده.

٤ - اجمع كلمتي: عهد. الفردوس. جمعا مناسبا.

تمرين ٢: هات ما يأتي:

١ - جملة فاعلها مرفوع بالواو.

٢ - جملة فاعلها مرفوع بالألف.

٣ - جملة فاعلها جمع تكسير

تمرين ٣: استخرج ما في الأبيات من جمع مؤنث سالم مع ذكر مفرده.

قال الشاعر:

ويارب هل تغني عـن العبد حـجّةُ ‏ ‏ و في العمرما فـيه من الهفوات[٩]

وتشهد مـا آذيت نـفساَ ولـم أضر ‏ ‏ ولم أبغ[١٠] في جهري ولا خطرات

ومن تضحك الدنيا إليه فـيغـتـرر ‏ ‏ يمت كقـتيل الـغيد[١١] بالبـسمات

تمرين ٤: حول العبارات الآتية إلى: المثنى المذكر، جمع المذكر السالم، المثنى المؤنث، جمع المؤنث السالم.

٩ الهفوات: الزلات مفردها هفوة.

١٠ لم ابغ: لم ارتكب البغي.

١١ الغيد: جمع غيداء وهي المرأة الجميلة.

جـمـع الـتـكـسيـر

هو ما دل على أكثر من اثنين أو اثنتين بتغيير صورة مفرده تغييراً ظاهراً.

التغيير الذي يقع في صيغ الجمع يتم:

- بزيادة على أصول المفرد: صِنْوان جمع صِنو
- نقص عن المفرد: تُخم جمع تُخمة
- بتغير الشكل: أُسْد جمع أَسَد.
- بزيادة وتغير الشكل: رجال جمع رجل.
- بنقص وتغير شكل: قُضُب جمع قضيب.
- بنقص وزيادة وتغير شكل: غِلمان جمع غلام.

* جموع التكسير سماعية غالباً.

وهي لا تقاس إلا في صيغ منتهى الجموع وفي جموع بعض الصفات.

*** جموع التكسير نوعان:**

- جموع القلة،تصدق على ثلاثة إلى عشرة،وقد تستعمل في الكثرة أحياناً. أوزان جمع القلة:

أفعُل: أنفُس. أذْرُع. أسطُر. أسهُم

مفردها: نفس. ذراع سطر.سهم.

أفعال: أسياف. أعناب. أكواب. أخبار. أعضاد. أرزاق

مفردها: سيف. عنب. كوب. خبر. عضد. رزق

فِعلة: صِبية. فِتية. شِيخة. غِلمة. عِلية

مفردها: صبيّ. فتى. شيخ. غلام. علي

أفْعِلة: أطعمة. أرغفة. أعمدة.

مفردها: طعام. رغيف. عمود.

جمع الكثرة.

للدلالة العددية لجمع الكثرة ما فوق العشرة.

أوزانه كثيرة أوصلها بعضهم إلى ثلاثة وعشرين أهمها:

فُعْل: حُمْر. زُرق. خُضر.

فُعَلة: قضاة. غزاة. رُماة.

فُعّل: رُكّع. صُوّم. سُجّد.

أفعْلاء: أغنياء. أشدّاء. أ نبياء.

فِعال: كِرام. ظِراف. عظام.

فُعول: نمور. قلوب. جنود.

فِعَل: كِسَر. نِقَم. نعم.

يرفع جمع التكسير بالضمة.

رجال الوطن هم حماتُه.

ذُعرت عروشُ الظالمين فزُلزلت وعلت على تيجانهم أصداءُ

وينصب بالفتحة.

أقدر الشرفاء الذين يخدمون الأمة.

يذم الناسُ البخلاءَ، ويحترمون الكرماءَ

ويجربالكسرة.

ثُكل الرجال من البنين وإنما ثكل الممالك فقدها العلماء

في الذاهبين الأولين مِـ نَ القرون لنا بصائر

عليك نفسك فتش عن معايبها وخلّ عن عثرات الناسِ للناسِ

تمرين ١: بيّن جموع التكسير و مفرداتها مع الضبط

- كيف الرجاء من الخطوب تخلُّصا من بعد ما أنشبن فيّ مخالبا

و نصبنني غرض الرماة تصيبني محن أحدّ من السيوف مضاربا

أبدع الأنباط مدينة البتراء التي تخلد أعمالهم الحِسان، فإذا زرت معالم المدينة رأيت عظمة الأَبطال، وعزائم المَهَرة مصورة في أثارهم، وشاهدت نقوش الصناع الأذكياء، وقد تجد بها تماثيل وتوابيت كانت تحفظ بها الذخائر والنفائس.

تمرين ٢ : استخرج جموع التكسير و اذكر مفرد كل منها:

- صحائف عندي للعتاب طويتها ستنشر يوما والعتاب يطول
- فلا هطلت عليّ ولا بأرضي سحائب ليس تنتظم البلادا
- وضع الجاحظ كتابا سماه «البخلاء «.
- تعرف مواهب الرجال بحسن اختيارهم.
- وكم علّمته نظم القوافي فلما قال قافية هجاني
- كم صولةٍ صُلتَ والأرماح مشرعة والنصر يخفق فوق الجحفل اللجب
- وهل نافعي أن ترفع الحجب بيننا ودون الذي أملت منك حجابُ
- ملكت مكان الوُدِّ من كل مهجة كأنك لطفا في النفوس قلوبها
- نهبتَ من الأعمار ما لو حويته لهُنِّئتِ الدنيا بأنك خالدُ
- إذا ساء فعل المرء ساءت ظنونه وصدّق ما يعتاده من توهُّم
- وعادى محبيه بقول عِداته وأصبح في شكٍ من الليل مظلم

الـمنقوص والـممدود والـمقصور

ينقسم الاسم إلى: المنقوص و الممدود والصحيح وشبه الصحيح.

المنقوص والمقصور والممدود هي مدار حديثنا بالتفصيل.

أما الصحيح فهو الذي آخره حرف صحيح غير الهمزة: نهر. سيل،. علم.

والشبيه بالصحيح هو الذي آخره واو أو ياء قبلهما ساكن: دلْو.

المنقوص

اسم معرب آخره ياء لازمة غير مشددة مكسور ما قبلها: الساعي. المحامي.

فلا يعد منقوصا: الاسم المبني الذي في آخره ياء مثل. الذي. التي.

ولا الاسم المنتهي بياء مسبوقة بساكن: جدْي.ظبْي.سعْي. نهْي. رعْي. سقْي. نفْي.

ولا الذي آخره ياء مشددة: عليّ، صبيّ، وفيّ.

ولا ما كانت ياؤه علامة إعراب غير ثابتة كالتي في الأسماء الخمسة. احترم لأخيك جهده.

من الأحكام المتعلقة بالمنقوص:

١ - إذا كان معرفا بأل نحو: القاضي. الوالي.

أو بالإضافة: قاضي المحكمة. محامي الدفاع.

فإنّ الياء تثبت، وتكون ساكنة في حالتي الرفع والجر مثل:

- الساعي بالخير محمود.

مبتدأ مرفوع بالضمة المقدرة للثقل

أصدر القاضي فتوة شرعية.

فاعل مرفوع بالضمة المقدرة للثقل

ومثلها:

أصاب الرامي هدفه.

واصل المحامي دفاعه.

تسلمت رسالة من ساعي البريد.

يتقدم الناس بالشكر للقاضي النزيه.

مجرور بكسرة مقدرة للثقل

يعجب المواطنون بباني النفق.

مجرور بالكسرة مقدرة للثقل

وفيى حالة النصب ثبتت أيضاً وتظهر عليها علامة النصب (الفتحة)

خاصم الناس الباغيَ و الواشيَ.

أسماء منصوبة بالفتحة الظاهرة

إنيّ أقدر المتأنّيَ في طلب الحاجة.

اسم منصوب بالفتحة الظاهرة

٢ - إنْ كان المنقوص نكرة وغير مضاف:

فإنّ الياء تحذف من آخره في حالتي الرفع والجر، ويحل محلها تنوين الكسر ويكون مرفوعاَ بضمة مقدرة على الياء المحذوفة.

ومجروراً بكسرة مقدرة على الياء المحذوفة أيضا.

أحمد قاضٍ أمين.

خبر مرفوع بضمة مقدرة على الياء المحذوفة (الأصل قاضيٌ)

دافع محامٍ عن المتهمين.

فاعل مرفوع بضمة مقدرة على الياء المحذوفة (الأصل محامي)

أقبل الجمهور على مُنادٍ إلى الإصلاح.

مجرور بكسرة مقدرة على الياء المحذوفة (الأصل قاضي)

أخاك أخاك إنّ من لا أخا له كساعٍ إلى الهيجا بغيرِ سلاح

مجرور بكسرة مقدرة على الياء المحذوفة (الأصل ساعي)

أمّا إذا كان الأسم النكرة منصوباً،فإن الياء تثبت ويلحقها التنوين مصحوباً بألف.

اختار الحاكم والياً منصفاً.

مفعول به منصوب وعلامة نصبه تنوين الفتح

يحب الناس داعياً إلى المحبة.

« ربنا إننا سمعنا منادياً ينادي إلى الإيمان «

مفعول به منصوب وعلامة نصبه تنوين الفتح

ملاحظة:

تحذف الياء من آخر المنقوص النكرة في حالتي الرفع والجر لعلة صرفية وهي التقاء ساكنين الأول الياء الساكنة، والثاني التنوين (وهو بمنزلة النون الساكنة)

تثنية الأسم المنقوص:

يثنى من غير تعديل أو تغيير بزيادة ياء ونون في حالتي النصب و الجر وألف ونون في حالة الرفع مع ردّ يائه إنْ كانت محذوفة

القاضي: القاضيان المنادي: المناديان

بإضافة ألف ونون في حالة الرفع

القاضيين المناديين

بإضافة ياء ونون في حالتي النصب والجر

إذا كان المنقوص نكرة محذوف الياء في الرفع والجر، ترد ياؤه ثم يثنى:

هذا محام: هذان محاميان.

التقيتُ بقاضٍ: التقيتُ بقاضيين.

جمع المنقوص جمع مذكرٍ سالماً:

تحذف ياؤه عند الجمع، ثم تزاد علامة الجمع.

أ. في حالة الرفع: تحذف الياء، ويضم الحرف الذي يسبق الواو لمناسبة الواو.

يفوز المتّقُون بجنات عدن.

الراضُون بما قسم الـلـه لهم يرزقهم الـلـه.

المحامُون يتدربون قبل ممارسة المحاماة.

الأصل: المتقيون، الراضيون، المحاميون.

ب. في حالتي النصب والجر:

تحذف الياء، ويكسر الحرف الذي يسبقها للمناسبة.

قابلتُ داعينَ إلى السلام (الأصل داعيينَ)

سمعتُ قوماً هادينَ إلى الرشد (الأصل هاديينَ)

« إن للمتقينَ مفازاً « (الأصل المتقيين)

اً عجبت بالساعينَ إلى الإصلاح (الأصل الساعيين)

جمع الاسم المنقوص جمع مؤنثٍ سالماً.

لا يحدث تغيير.

تشاورت القاضياتُ والمحامياتُ.

شاهدَ الجمهور القاضياتِ يستمعن إلى المحامي.

أفسح الناس للقاضياتِ والهادياتِ.

الاسم الـمقصور

هو الاسم المعرب الذي آخره ألف لازمة، سواء كانت الألف ممدودة نحو:عصا. عُلا. عِدا. أو مقصورة نحو: هُدى. موسى. فتى. هوى. مستشفى. منتدى. مولى. مُنى.

طريقة كتابة الألف في آخر القسم المقصور

إذا كانت ثالثة ينظر إلى أ صلها:

فإن كان أصلها واواً كتبت ألفاً قائمة (ا)

عصا. عُلا. رضا

وإن كان أصلها (ياء) كتبت مقصورة (ى)

فتى. هوى. قِرى (إطعام الضيف). غِنى. قُربى.

وإذا كانت الألف رابعة فأكثر، فإنها تكتب مقصورة مطلقاً.

مولى، ملهى، مصطفى، المجتبى (المختار)، أعشى، مستشفى، منتدى.

يستثنى من ذلك ما كان قبل ألفه الأخيرة (ياء) نحو: الدُنيا، العُليا.العطايا، الرزايا، الحيا.

فإنها تكتب بالألف فِراراَ من التقاء ياءين.

شذ عن هذه القاعدة الأخيرة (المستثناة) كلمتان هما:

يحيى، ريّى فقد كتبتا بالمقصورة.

إن اتصل بالمقصور ضمير كتبت الألف قائمة على كل حال:

غناه، فتاك، مولاها، مصطفانا.

سمي مقصوراَ ؛ لأنه قصرَ عن جميع الإعراب فهو يعرب بحركات مقدرة لسكون الألف.

تثنية المقصور:

معلوم أن تثنية الاسم تكون بزيادة ألف على المفرد (في الرفع) تليها نون مكسورة.

والمقصور آخره ألف لازمة. ولذا يحدث عند تثنية المقصور ما يلي:

إذا كان المقصور ثلاثياَ ترد ألفه إلى أصلها الذي قلبت عنه ثم تزاد علامة التثنية:

فإن كان أصلها واواَ ردت هذ ه الألف إلى أصلها، نحو:

عصا: عصوان في الرفع وعصوين في النصب والجر

قــفـا: قفوان في الرفع وقفوين في النصب والجر

عُــلا: عُلوان في الرفع عُلوين في النصب والجر

رجــا: رجوان في الرفع رجوين في النصب والجر

شــذا: شذوان في الرفع شذوين في النصب والجر

وإذا كان أصلها ياءَ رُدّت إليه:

فتى: فتيان في الرفـع فتيين في النصب والجر

هُدى: هُديان في الرفـع هديين في النصب والجر

مُنى: مُنيان في الرفـع منيين في النصب والجـر

ندى: نديان في الرفع نديين في النصب والجـر

غِنى: غنيان في الرفع غنيين في النصب والجـر

أما إذا كانت ألف المقصور رابعة فأكثر فإنها تقلب عند (التثنية) ياء.

مرعى: مرعيان في الرفع. مرعيين في النصب والجر

مصطفى: مصطفيان في الرفع. مصطفيين في النصب والجر

نُعمى: نُعميان في الرفع نعميين في النصب والجر

ومثلها: ملهى، مولى، مرتضى، منتهى، منتدى، أعشى.

لمعرفة أصل الألف في **الأسماء** (واو، ياء) نلجأ إلى إحدى الطرق التالية

التثنية نحو:

- عصا، عصوان. فتى، فتيان. هُدى. هُديان

- تحويل الجمع إلى مفرد:

- رُبا – ربوة. قُرى –قرية

إرجاعها إلى جمع المؤنث السالم:

خُطا - خُطوات.

- وزنهُ على فَعْلاء:

لمى – لمياء. عمى -عمياء. عشا - عشر

أمّا في **الأفعال** فإننا نلجأ إلى:

تحويل الماضي إلى مضارع:

سما - يسمو. عوى – يعوي. شكا - يشكو. نوى - ينوي

إرجاعه إلى مصدره:

غزا – غزواً. سعى – سعياً. دنا – دنواً.

إسناد الماضي إلى ضمائر الرفع المتحركة

دنا – دنوتُ. سما – سموتُ. بكا – بكينا. لها – لهوتَ. رجا - رجوت

جمع المقصور جمع مذكر سالماً:

يجمع بحذف الألف وجوباً، وتبقى الفتحة على الحرف الذي قبلها، ثم تزاد علامة الجمع الواو والنون أو الياء والنون.

أعلى - أعلَون في الرفع، أعلَين في النصب والجر.

مُعافى - معافَون في الرفع، معافَين في النصب والجر.

مصطفى - مصطفَون في الرفع، مصطفَين في النصب والجر.

مُرتجى - مرتَجَون في الرفع، مرتَجين في النصب والجر.

الأصل مصطفيون، قلبت الياء ألفاً لتحركها وانفتاح ما قبلها، ثم حذفت الألف منعاً لالتقاء الساكنين. وهكذا بقية الجموع المذكورة.

جمع المقصور جمع مؤنث سالماَ

يعامل جمعه كما في تثنيته:

١ - فإن كان ثلاثياَ ردت الألف إلى أصلها (الواو، أو الياء) ثم تزاد الألف والتاء

عصا - عصوات. شذا – شذوات. هُدى - هديات.

٢. وإذا كان رباعياَ فأكثر قلبت الألف ياء ثم تزاد الالف والتاء:

مستشفى – مستشفيات. مَنتدى – منتديات. ذكرى – ذكريات

صغرى - صغريات. فضلى – فضليات.

إعراب الاسم المقصور :

يعرب بالحركات المقدرة في كل حالاته، لتعذّر ظهورها على آخره (الألف):

وصل موسى قبل المحاضرة.

فاعل مرفوع بضمة مقدرة منع من ظهورها التعذر.

زار الوزير المستشفى

مفعول به منصوب بالفتحة المقدّرة للتعذر.

« قل إنّ هدى الـلـه هوالهُدى «

هدى: اسم إن منصوب بفتحة مقدرة للتعذر.

الهُدى: خبر مرفوع بضمة مقدرة للتعذر

« يوم لا يغني مولى عن مولى شيئا «

مولى(الأولى): فاعل مرفوع بضمة مقدرة للتعذر

مولى (الثانية): مجرور بكسرة مقدرة للتعذر.

الاسم الممدود

هو الاسم المعرب الذي آخره همزة قبلها ألف زائدة:

صحراء، غبراء، سماء، بناء، قرّاء، بنّاء، إعطاء، ورقاء، حمراء، عنقاء، إنشاء.

فليس منه ما كانت ألفه غير زائدة نحو: ماء، وراء، شاء.

تثنية الممدود:

إنّ همزة الممدود لها تأثير في كيفية تثنيته أو جمعه، نجملها فيما يأتي:

١. إذا كانت الهمزة أصلية (أي من أصول الكلمة) مثل:

إنشاء، قرّاء (الناسك أو كثير القراءة) وُضّاء (وضيء، مشرق الوجه) جُفاء (الزبد).

فإنه يُثنى بإبقاء الهمزة ثم زيادة الألف والنون، أو الياء والنون (علامة التثنية)

إنشاء تثنى على: إنشاءان رفعاَ، إنشاءين نصباَ وجراَ.

قُرّاء تثنى على: قرّاءان رفعاَ، قراءين نصبا وجراّ.

وُضّاء تثنى على وضّاءان رفعاَ، وضّائين نصباّ وجراَ

الهمزة فيها كلها أصلية، لأنها من بنية الكلمة فهي من: أنشأ، قرأ، وضؤ. ومثلها: رفّاء (من رفأ الثوب)، ابتداء، هُراء (كلم بلا معنى)، مُواء، فهي من: رفأ، ابتدأ، هرأ، ماءَ.

٢- إذا كانت الهمزة زائدة للتأنيث نحو: صفراء، لمياء، صحراء، شقراء، غبراء، حسناء، شهباء، لعساء.

فإنها تقلب واواً، لئلا تقع الهمزة بين ألفين، والهمزة تشبه الألف فتتوالى ثلاث ألفات.

صفراء: صفراوان رفعا، صفراوين في النصب والجر.

لـميـاء: لمياوان رفعا، لمياوين في النصب والجر.

صحراء: صحراوان رفعا، وصحراوين في النصب والجر.

غـبـراء: غبراوان رفعا، وغبراوين في النصب والجر.

أما إذا جاء قبل الألف واو، فقد أجاز بعضهم إبقاءها، نحو: عشواء، لئلا تتكرر الواو في آخر الكلمة، فنقول:

عشواء: عشواءان رفعا، وعشوائين نصبا وجرا.

إنّ همزة التأنيث قلبت واوا دون الياء ؛ لأنّ الياء تشبه الألف. فتركت الياء لئلا تتوالى الأمثال.

٣ - إذا كانت الهمزة منقلبة عن واو أو ياء..فإنه يجوز:

أ - إبقاء الهمزة دون تغيير.

كساء: كساءان - كسائين. الأصل: كسا يكسو.

دعاء: دعاءان - دعائين. الأصل: دعا يدعو.

صفاء: صفاءان - صفائين. الأصل صفا يصفو.

رجاء: رجاءان - رجاءين. الأصل رجا يرجو.

شفاء: شفاءان - شفاء ين. الأصل شفا يشفي.

فداء: فداءان - فداء ين.

سماء: سماءان - سماءين.

ب- ويجوز قلبها واوا.

كساء: كساوان في الرفع، كساوين في النصب والجر.

دعاء: دعاوان في الرفع، د عاوين في النصب والجر.

صفا ء: صفاوان في الرفع، صفاوين في النصب والجر.

سماء: سماوان في الرفع، سماوين في النصب والجر.

جمع الممدود جمع مذكر سالما.

عند جمع الممدود هذا الجمع، يجري على همزته ما يجري عليها في التثنية بمعنى:

أ - إذا كانت الهمزة أصلية بقيت دون تغيير:

قراء: قراؤون في الرفع وقرائين في النصب والجر.

وضّاء: وضّاؤون في الرفع ووضّائين في النصب والجر.

بدّاء: بدّاؤون في الرفع وبدّائين في النصب والجر.

ب. إذا كانت الهمزة زائدة للتأنيث وجب قلبها واوًا.

حمراء (اسم علم) حمراوان - حمراوين.

خضراء (اسم علم) خضراوان - خضراوين.

جمع الممدود جمع مؤنث سالمًا:

عند جمع الممدود جمع مؤنث سالم، فإنه يعامل معاملته في التثنية:

إذا كانت الهمزة للتأنيث تقلب واوًا:

شقراء - شقراوات، صحراء - صحراوات.

وإذا كانت أصلية تبقى:

قرّاء - قرّاءات، بدّاء - بدّاءات.

وإذا كانت منقلبة يجوز فيها الوجهان، ففي (رضاء)

رضاءات أو رضاوات.

تمرين ١: ثنِّ الأسماء الممدودة التالية واجمعها مبينا ما يجوز فيها الوجهان.

ضياء، شيماء، ظلماء، سمراء، إبطاء، زرقاء.

تمرين ٢: اجمع الأسماء التالية جمع مذكر سالما.

داعٍ، بنّاء، نادٍ، المرتجى، السامي.

تمرين ٣: اجمع الكلمات الآتية جمع مذكر سالما، واضبط ما قبل الواو أو الياء بالشكل:

أعلى، أسمى، معافى، منادى، ساعٍ.

تمربن٤: اجمع الأسماء التالية جمع مؤنث سالماً:

فتاة، مها، حصًى، عروة، سعدى، أخرى، ليلى، شقراء، ذكرى، انشاء، حسناء.

تمرين٥: أعرب ما تحته خط:

هل أنت راضٍ عن نتيجتك؟

أخي الأصغر هاوٍ للمطالعة.

أرشدني الناس إلى محامٍ

العدد وأحكامه

* مطابقته للمعدود، وتمييزه.

١ - العددان ١ و٢

يطابقان المعدود في التذكير والتأنيث في الأحوال جميعها.

حلّل المدرس اثنتي عشرة قصيدة وأحد عشر حديثاً.

حضر الندوة واحد وعشرون رجلاً واثنتان وعشرون امرأة.

المعدود فيهما يسبق العدد، ويكون العدد صفةً لمعدوده.

درس الطلاب قصيدةً واحدةً، غاب عنها طالبتان اثنتان.

بقي من المقرر فصلٌ واحدٌ، وسينتهي في محاضرتين اثنتين.

الكلمات: واحد، وواحدة. اثنتان، واثنتين.

تعرب صفاتٍ للمعدود المتقدم عليها.

المعدود فيهما يتضمن العدد، نقول: فاز شاعران وكاتبان، فازت ممرضة وقابلتان.

يمكن أن نستعملهما دون المعدود، كأن نقول: لم يرسب الطلاب بل نجح واحد منهم، لم يرسب الطلاب و نجح اثنان منهم بتفوق.

العدد (اثنان) ملحق بالمثنى ؛ أي يرفع بالألف وينصب ويجر بالياء، كما هو موضح في الأمثلة.

٢ - الأعداد ٣ - ١٠ من حيث المطابقة أو المخالفة للمعدود، ومن حيث تمييزها:

هذه الأعداد تخالف المعدود ؛ فإن كان المعدود مذكراً جاء العدد مؤنثاً، وإن كان المعدود مؤنثاً جاء العدد مذكراً.

"الله الذي خلق سبع سماوات": المعدود مؤنث (سماوات)، والعدد مذكر (سبع).

أشرف على الامتحان ثلاثة مدرسين وأربع مدرسات: المعدود (مدرسين) مذكر، وعدده مؤنث.

المعدود (المدرسات) مؤنث، والعدد (أربع) مذكر.

وهكذا في الأمثلة التالية:

"سخرها عليهم سبع ليالٍ وثمانية أيام حسوماً".

"للمسجد خمسة أبواب وتسع مآذن"

"هو الذي خلق السماوات والأرض في ستة أيام".

"إني أرى سبع بقرات سمانٍ يأكلهن سبع عجاف".

افتتح الوزير عشرة معاهد فيها عشر قاعات.

- يأتي **تمييز** هذه الأعداد جمعاً مجروراً، ويعرب مضافاً إليه، وهو تمييز في المعنى. عد إلى الأمثلة السابقة يتبيّن لك ذلك.

إذا كان المعدود جمعاً، نعود إلى مفرده لنعرف هل هو مفرد أو مذكر:

أيام مفردها يوم (مذكر). ليالٍ   مفردها ليلة (مؤنث).

فالعبرة إذن في التذكير والتأنيث هي حال المفرد، لا الجمع.

كلمة " بضع " تستخدم للدلالة على عدد مبهم (لا يقل عن ٣ ولا يزيد عن ٩)، فهي إذن تخالف المعدود من حيث التذكير والتأنيث.

أشرف على التصحيح بضعة مدرسين وبضع مصحّحات.

"فلبث في السجن بضع سنين".

قد يركّب (بضع) مع العدد (عشرة) تركيباً مزجياً:

وصل بضعةَ عشرَ سائحاً وبضعَ عشرةَ سائحةً.

لاحظ أنها عوملت معاملة ٣ – ٩ من حيث مطابقة العدد أو مخالفته، وأنها تكون مبنية على فتح الجزئين في محل رفع فاعل في صدر الجملة، وفي محل رفع معطوف في عجزالجملة ومثل بضع كلمة (نيّف)

العدد ١٠(عشرة) بفتح الأول والثاني، ويجوز في شينها مع المؤنث التسكين:

إذا كان مفرداً فإنه يخالف المعدود.

حفظ الطلاب عشرَ قصائد للبحتري.

زار الضيوف عشرةَ مساجد.

غاب المعتمرون عشرةَ أيام.

افتتحت عشرُ مدارس ابتدائية.

وإذا كان مركباً فإنه يطابق المعدود في التذكير والتأنيث.

شارك في المسابقات خمسَ عشرةَ فتاة وخمسةَ عشرَ فتىً

ابتعثت وزارة الصحة ثلاثَ عشرةَ طبيبةً وثلاثة عشر طبيباً.

العدد٨: يخالف المعدود (كما عرفت). أمضينا في الرحلة ثمانية أيام وثماني ليالٍ،

وضع المنهاج ثمانية مدرسين وثماني مدرسات.

ونقول:رحّبت (بثمانية إ ذا قصدت المذكر. و(بثمان) إذا قصدت المؤنث.

رأيت ثمانية إذا قصدت المذكر. ورأيت ثمان إذا قصدت المؤنث.

العدد٨ إذا تأخر عن معدوده يعامل معاملة المنقوص، فتحذف تاؤه في الرفع والجر،

وتثبت في النصب عند التنوين.

عُينت ممرضاتُ ثمانٍ.

مررت بنسوةٍ ثمانٍ.

٣ - الأعداد المركبة ١١ - ١٩ تعامل كالتالي:

العدد ١١: يطابق المعدود ويكون تمييزه مفرداً منصوباً.

وصل أحد عـشر خـبـيـراً

عينت الـوزارة إحدى عشرة معلمةً.

« إذ قال يوسف لأبيه يا أبت إني رأيت أحد عشر كوكباً».

يعرب مبنياً على فتح الجزئين في محل رفع أو نصب أو جر:

ففي المثال الأول: أحدَ عشرَ: مبني على فتح الجزئين في محل رفع فاعل.

وفي المثال الثاني: إحدى عشرةَ مبني على فتح الجزئين في محل نصب مفعول.

وفي المثال الثالث: أحدَ عشرَ: مبني على فتح الجزئين في محل نصب مفعول.

العدد ١٢: الجزء الأول والجزء الثاني يطابقان المعدود في التذكير والتأنيث.

"إنّ عدة الشهور عند اللـه اثنا عشرَ شهراً في كتاب اللـه"

"وأوحينا إلى موسى إذ استسقاه قومه أن اضرب بعصاك الحجر فانبجست منه اثنتا عشرةَ عيناً" استخدم الباحث اثني عشرَ قلماً واثنتي عشرةَ ممحاةً.

لاحظ أن التمييز معها يكون مفرداً منصوباً.

إعرابها: يعرب الصدر (اثنا / اثنتا) حسب موقعه (كإعراب المثنى) بالألف رفعاً والياء نصباً وجراً، ويبنى عجزه على الفتح. انظر الأمثلة التالية:

عدة الشهور اثنا عشرَ شهراً: اثنا: خبر مرفوع وعلامة رفعه الألف(مثنى)،عشرَ: مبني على الفتح.

قررت الجامعة اثني عشرَ كتاباً: اثني مفعول به منصوب بالياء(مثنى)،عشرَ: مبني على الفتح.

أضاء الحارس اثنتي عشرةَ شمعةً: اثنتي مفعول به منصوب بالياء(مثنى)،عشرةَ: مبني على الفتح.

٤ - الأعداد ١٣ – ١٩: صدرها يخالف المعدود وعجزها يطابقه، وتمييزها مفرد منصوب.

" لوّاحة للبشر عليها تسعةَ عشرَ(ملكاً)": المعدود مذكر(ملك)، والعدد مؤنث، بينما العجز(عشر)مطابق.

تبرع المحسن بخمسةَ عشرَ ديناراً،وسبعَ عشرةَ روبيةً: المعدود دينار مذكر،الصدر مؤنث(مخالف) / والعجز عشر مذكر(مطابق). سبعَ عشرَةَ روبيةً: المعدود روبية(مؤنث) الصدر مذكرسبع مذكر (مخالف) و العجز عشرة مؤنث(مطابق).

من حيث الإعراب فإنها تكون مبنية على فتح الجزئين في محل رفع أو نصب أو جر.

أشرف ثلاثةَ عشرَ مهندساً على المشروع: مبني على فتح الجزئين في محل رفع فاعل.

تبرع المحسن بخمسةَ عشرَ ديناراً وسبعَ عشرةَ روبية. خمسةَ عشرَ: مبني على فتح الجزئين في محل محل جر بالباء. سبعَ عشرةَ: مبني على فتح الجزئين في محل جر معطوف.

التقى المضيف أربعةَ عشرَ ضيفاً: مبني على فتح الجزئين في محل نصب مفعول به.

٥- ألفاظ العقود ٢٠ – ٩٠:

تلازم صورة واحدة (ثابتة من حيث التذكير والتأنيث) وتمييزها مفرد منصوب دائماً.

اشترك في الدورة عشرون معلماً وثلاثون معلمةً. لاحظ أنّ العددين (عشرون وثلاثون) لم يتغيّرا بتغيّر المعدود، بل لزما صورة واحدة مع المعدود المذكر (معلماً) والمؤنث (معلمةً).

تعرب العقود إعراب جمع المذكر السالم (لأنها ملحقة به).

٦- الأعداد: (مئة، ألف، مليون...):

تعرب بالحركات حسب موقعها، وتلازم صورة واحدة

تصفحت مائةَ كتابٍ وقرأت ألفَ مجلةٍ.

في الكلية مائةُ طالبٍ، استوردت الحكومة ألفَ طنٍّ من الزيت، دخل المعركة ألفُ جنديٍّ تساندهم مائةُ طائرةٍ.

ولو تأملت تمييزها لوجدته مفرداً مجروراً (مضاف إليه).

٧- الأعداد المتعاطفة: أي الأعداد١ - ٩ مع العقود مثل:

٢١، ٤٣، ٧٥(واحد وعشرون، ثلاث وأربعون، خمس وسبعون).

هذه الأعداد تشتمل على معطوف ومعطوف عليه بينهما حرف عطف. العدد الأول معطوف عليه: واحد، ثلاث، خمس. يخالف معدوده (كما كان في حالة الافراد)

العدد الثاني معطوف: عشرون، أربعون، سبعون. وهو ثابت، ويتبع المعطوف عليه في الاعراب. مع ملاحظة أنّ علامة تكون الحروف (الالف والياء) لأنّه ملحق بجمع المذكر.

دخل المعركة خمسةٌ وعشرون مدفعاً وسبعٌ وثلاثون طائرةً

تمييز هذه الأعداد المتعاطفة مفرد منصوب.

المعدود في هذه الأعداد يتبع العدد الأخير

مثال تطبيقي في الإعراب:

في الشعبة تسعةٌ وأربعون طالباً، وسبعٌ وثلاثون طالبةً.

تسعةٌ: مبتدأ، مرفوع وعلامة رفعه تنوين الضم.

أربعون: معطوف، مرفوع وعلامة رفعه الواو.

سبع. معطوف، مرفوع وعلامة رفعه تنوين الضم.

ثلاثون: معطوف، مرفوع وعلامة رفعه الواو.

وعلامة رفعه الواو(ملحق بجمع المذكر السالم).

مرّ الوفد على خمسٍ وستين قريةً

خمسٍ: مجرور بعلى وعلامة جره تنوين الكسر.

ستينٍ: معطوف مجرور وعلامة جره الياء(ملحق بجمع المذكر السالم).

صنع النجار ثلاثةً وتسعين مقعداً:

- ثلاثةً: مفعول به منصوب وعلامة نصبه تنوين الفتح،

- تسعين: معطوف منصوب وعلامة نصبه الياء(ملحق بجمع المذكر السالم).

يلاحظ أنّ المعطوف عليه يعرب حسب موقعه، وأنّ المعطوف يتبع المعطوف عليه في الإعراب لكن علامة إعرابه تكون بالواو أو الياء لأنه ملحق بجمع المذكر السالم.

*** تعريف العدد بِ (أل):**

* إذا كان العدد مضافاً، أدخلنا (ال) على المضاف إليه (المعدود).

حفظ الطلاب تسع القطع النثرية وخمس القصائد، جاء تسعة الطلاب، وجاءت ثلاث البنات، أنجزت الأمانة ستة المشاريع.

* إذا كان العدد مركباً أدخلنا (ال) على صدره (الجزء الأول).

غاب التاجر عن البلاد وكان خلال الأربع عشرة سنة كثير الحنين، استقبل العميد الستّ عشرة مدرّسة والستة عشر مدرّساً.

علّق المراسل الثلاث عشرة صورة.

* وإذا كان معطوفاً أدخلنا (ال) على المعطوف والمعطوف عليه.

أمضى الضيف الأربع والثلاثين ليلةً في الفندق، فقد علي السبعة والثلاثين قلماً والسبع والثلاثين حقيبةً، هل قرأت الخمسة والعشرين كتاباً، تسلّق الرياضيّ الخمسة والأربعين جبلاً.

* إذا كان العدد من ألفاظ العقود أدخلت عليه (ال).

احتفظ بالعشرين كتاباً الجديدة،

أصلح المهندس الثلاثين جهازاً.

صياغة الأعداد على وزن « فاعل «:

- يصاغ من الأعداد المفردة ٢ - ١٠ زنة فاعل ليصف ما قبله ويدل على ترتيبه، وللدلالةعلى الترتيب، وتكون هذه الصيغة وصفاً لما قبلها؛ إذا توافق المعدود «الموصوف» في التذكير والتأنيث. فيقال: الثاني، الثالث، الرابع. الثانية، الثالثة، الرابعة...

حقق أحمد المرتبة الخامسة وكان أخوه نال الترتيب الرابع.

يدل على الترتيب في العدد ١ باستعمال كلمة الأول مع المذكر، والأولى مع المؤنث. انتزعت ليلى المرتبة الأولى، حصل علي على المركز الأول.

* - ويصاغ وزن "فاعل" من صدر الأعداد المركبة (الجزء الأول):

وصل المتسابق السادسَ عشرَ تليه المتسابقة السادسةَ عشرةَ.

أزورك إن شاء الـلـه في اليوم الخامسَ عشرَ من الشهر،

محمّد في العام الثامنَ عشرَ من عمره.

يلاحظ:

١ - أنّ الجزئين يوافقان المعدود من حيث التذكير والتأنيث ؛ لأن العدد صفة للمعدود.

٢. أنّه يكون مبنياً على فتح الجزئين (كالعدد المركب) ويكون في محل رفع أو نصب أو جر.

مثال تطبيقي:

صدرت الصحيفة في أواخر القرنِ التاسعَ عشرَ.

القرنِ:مجرور بالإضافة،التاسعَ عشرَ:مبني على فتح الجزئين في محل جر نعت.

حقق صديقي المرتبةَ الحاديةَ عشرةَ:

المرتبةَ:مفعول به منصوب،الحاديةَ عشرةَ:مبني على فتح الجزئين في محل نصب نعت.

انتهت الحلقةُ الرابعةَ عشرَ من البرنامج:

الحلقةُ: فاعل مرفوع،الرابعةَ عشرَ: مبني على فتح الجزئين في محل رفع نعت.

ومن الأعداد المتعاطفة (المكونة من معطوف ومعطوف عليه) يصاغ العدد الترتيبي على (وزن فاعل) من صدره(المعطوف عليه):

<u>عاد الوفد وقد حقق المرتبةَ الثالثةَ والأربعين:</u>

المرتبةَ: مفعول منصوب، الثالةَ: نعت منصوب، الأربعين:معطوف منصوب،

عاد الوفد وقد حقق المركزَ الثالثَ والأربعين:

المركزَ:مفعول منصوب،الثالثَ:نعت منصوب،الأربعين:معطوف منصوب،

فاز صديقي بالجائزةِ السادسةِ والعشرين:

الجائزةِ: مجرور وعلامة جره الكسرة

السادسةِ: نعت مجرور،

العشرين:معطوف مجرور.

يلاحظ: أنّ الأول (المعطوف عليه) يطابق المعدود في التذكير والتأنيث، بينما الثاني (المعطوف) ثابت، وأنّ الأول يعرب حسب موقعه والثاني يعطف عليه، مع ملاحظة أنّ المعطوف يعرب بالواو والياء لأنه ملحق بجمع المذكر السالم.

* **قراءة الأعداد:**

تقرأ الأعداد من اليسار إلى اليمين أو من اليمين إلى اليسار:

في المكتبة ١٧٢٥ مجلداً:

في المكتبة خمسٌ وعشرون وسبعمائةٍ وألفِ مجلدٍ، أو في المكتبة ألفٌ وسبعمائةٍ وخمسٌ وعشرون مجلداً.

في المكتبة ٢٦٣٤ كتاباً:

في المكتبة أربعٌ وثلاثون وستمائةٍ وألفا كتابٍ، أو في المكتبة ألفان وستمائةٍ وأربعةٌ وثلاثون كتاباً.

ولد محمود سنة ١٩٢٥:

ولد محمود سنة خمسٍ وعشرين وتسعمائة وألف، أو ولد محمود سنة ألفٍ وتسعمائةٍ وخمسٍ وعشرين.

لاحظ أنّ التمييز يأتي تبعاً للعدد الأخير في اللفظ.

ملحوظة: يدل على العدد ١ في العدد المركب ب: (أحد) للمذكر، (إحدى) للمؤنث.

ساعد الوزير أحد عشر طالباً وإحدى عشرة طالبةً.

يتكون القطيع من أحد عشر حصاناً وإحدى عشرة فرساً

ويدل عليه في المعطوف ب: (واحد) للمذكر،(واحدة أو إحدى) للمؤنث.

قرأت واحداً وعشرين كتاباً، سمعت إحدى / أو واحدةً وعشرين قصيدة.

* تمرين ١: أعد كتابة الجمل التالية واكتب الأعداد بالحروف:

تحدى اللـه المشركين أن يأتوا بـ ١٠ سور.

كفارة اليمين إطعام ١٠ مساكين.

قبلت الكلية ١٢ طالباً و ١١ طالبةً في الشعبة الجديدة.

عدد أيام السنة ٣٦٥ وعدد شهورها ١٢ شهراً.

في كل شهر ٣٠ يوماً أو ٣١ يوماً، وفي كل يوم ٢٤ ساعةً.

اخترت من الشعبة ٣٣ طالبةً لإجراء الاختبار يوم الاثنين ٦ / ٥ / ١٩٩١ الموافق ٢٢ من شهر شوّال ١٤١١، وأما الباقون وعددهم ١٧ طالباً فسيكون اختبارهم يوم الاثنين الذي يليه.

توفي الخليل بن أحمد عام١٧٥هـ الموافق ٧٩١م، وتوفي سيبويه سنة ١٨٠هـ الموافق عام ٧٩٦م.

تمرين ٢: أعرب ما تحته خط:

١- أنجز العمل في المشروع <u>أحد عشر</u> مهندساً.

٢- "إن عدة الشهور عند اللـه <u>اثنا عشر</u> شهراً".

٣- تواعدنا أن نلتقي في الليلة <u>الخامسة عشرة</u> من الشهر.

٤- انتهت الجلسة <u>الثالثة عشرة</u> من جلسات مجلس النواب.

٥- حصل أخي على <u>اثنتي عشرة</u> جائزة.

تمرين ٣: بيّن أحوال الأعداد في النص من حيث التذكير والتأنيث:

تنبّأ رجلٌ في زمن المأمون، فلمّا أحضر إلى المأمون قال له: أريد منك بطيخاً في هذه الساعة. قال: أمهلني ثلاث ليالٍ. قال: ما أريد إلّا الساعة. قال: ما أنصفتني يا أمير المؤمنين، إذا كان اللـه تعالى الذي خلق السماوات والأرض في ستةِ أيام، ما يخرجه إلّا في ثلاثة أشهر، فما تصبر عليّ ثلاث ليالٍ. فضحك المأمون.

المـمـنـوع مـن الصـرف

الأصل أن تكون الأسماء قابلة للتنوين (في حالة تنكيرها) فترفع بتنوين الضم، وتنصب بتنوين الفتح، وتجر بتنوين الكسر.

محمدٌ على خلق، أحب محمداً، أرجو لعلي مستقبلاً طيباً.

لكنّ هناك أسماء لا تقبل التنوين، وإنما ترفع بضمة مقدرة، وتنصب بفتحة مقدرة، وتجر بكسرة مقدرة.. بلا تنوين.

عصى فرعونُ ربّه

نادت سعادُ إبراهيمَ

عبد الجاهليون هبلَ

جاءت هذه الأسماء مرفوعة أو منصوبة بلا تنوين، فهي أسماء غير قابلة له بينما الأسماء محمد، عليّ، مستقبلاً، طيباً جاءت منونة.كما رأيت.

نقول عن الكلمات التي لا تنّون إنها ممنوعة من الصرف ؛ لأنّ الصرف من معانيه " التنوين " إذن الممنوع من الصرف هو اسم معرب لا يلحقه التنوين. وهذا الاسم الممنوع من الصرف يجر بالفتحة عوضاً عن الكسرة.

يمنع من الصرف:

١.العلم:

أ. إذا كان أعجمياً زائداً على ثلاثة أحرف، ونعني بالعجمة أنّ العلم غير عربي في أصل وضعه: فرعون، هارون، إبراهيم، إسحاق، يعقوب، فيروز، آزر، آدم، هاروت.

" فلما فصل طالوتُ بالجنود "

حقق نابليونُ انتصاراً على الإنجليز.

أصم فرعونُ أذنيه عن موسى.

طالوت،نابليون،فرعون. أعلام أعجمية مرفوعة غير منونة.

دعا موسى فرعون فعصى.

قاتل العرب المسلمون قيصر.

فرعون،قيصر.

أعلام أعجمية منصوبة غير منونة

عاد الوفد من باريس

دُفن خالد بن الوليد في دمشق

ينتسب العربُ إلى إبراهيمَ

باريس، دمشق، ابراهيم

أعلام أعجمية مجرورة بالفتحة وغير منّونة.

أمّا إذا كان العلم الأعجمي ثلاثيا ساكن الوسط فإنه لا يمنع من الصرف

" فلما جاء آل لوطٍ المرسلون "

" وإنّ لوطا لمن المرسلين "

" وإلى عادٍ أخاهم هوداً "

"أن يصيبكم مثل ما أصاب قوم نوحٍ أو هودٍ "

٢. العلم المؤنث:

سواء أكان تأنيثه معنوياً حقيقيا (ميسون، سحر،سعاد، سوسن، مريم، هديل، دلال)

أو تأنيثاً لفظياً (قتيبة، معاوية، عكرمة، حمزة، طلحة، أسامة)

أو تأنيثاً لفظياً معنوياً: عبلة، عائشة، فاطمة، خديجة، لمياء، هيفاء، ليلى، سلوى)

علامات التأنيث: التاء المربوطة، الألف الممدودة بعدها همزة، الألف المقصورة)

" وبكفرهم وقولهم على مريمَ بهتاناً وإثماً عظيما " النساء ١٥٦

مجرور بالفتحة وغير منون.

يحج المسلمون إلى مكةَ

مجرور بالكسرة وغير منون.

حاربت خولةُ في اليرموك

فاعل مرفوع وغير منون.

بانت سعاد فقلبي اليوم متبول متيمٌ إثرها لم يغد مكبول

فاعل مرفوع وغير منون.

أبلغا خولةَ أنّي أ رق لا أنام الليل من غير سَقَم

مفعول به منصوب وغير منون

أما إذا كان العلم المؤنث ثلاثيا ساكن الوسط، فإنه يجوز صرفه وجره بالكسرة أو منعه من الصرف.

ليت هندًا أنـجـزتـنـا ما تعد وشفت أنفسنا مما تجد

أهيم بدعدٍ ما حييت فإن أمت فلا صلحت دعدٌ لذي خلّةٍ بعدي

تحياتي إلى ميسَ وريمَ ووعدَ

٣. العلم الذي ينتهي بألف ونون زائدتين (تعد الألف والنون زائدتن إذا جاءتا بعد ثلاثة أحرف، وعلامة زيادة الألف والنون سقوطهما في بعض التصاريف).

عثمان، حمدان،سلمان،لقمان،عمران، عدنان، سليمان، قحطان، رمضان، شعبان.

- " إذ قالت امرأةُ عمرانَ ربِّ إني نذرت لك ما في بطني محررًا " آل عمران ٣٥
- " شهر رمضانَ الذي أنزل فيه القرآن هدىً للناس "
- يصوم الناس رمضانَ
- قحطانُ جدُّ العرب.
- ولما قلّت الإبل امتطينا إلى ابن أبي سليمانَ الخطوبا.
- نشبت معارك بين غطفانَ وذبيانَ.
- عثمانُ هو رابع الخلفاء الراشدين.
- ينتسب العرب في شمال الجزيرة إلى عدنانَ وفي اليمن إلى قحطانَ.

* أما إذا كانت النون أصلية كما في حسّان،غسّان،عفّان،فإنه يجوز صرفها وعدمه

٤. **العلم الذي على وزن الفعل مثل:** يزيد، أحمد، أكرم، تغلب، أشرف، شمّر، تعز

هذه أوزان خاصة بالفعل في الأصل..

نقول: شمّر العامل عن ساعد الجد.

أحمد الله على سلامتك.

من المحتمل أن تغلب الأردن إيران في المباراة.

ويصح أن تكون أسماء، نقول:

أحمد وأكرم يخلصان العبادة لله.

تغلب ويشكر قبيلتان معروفتان.

هذه الكلمات جاءت أسماءً وأفعالًا، وهذا ما نعنيه بقولنا " وزن الفعل "

هذه الأعلام ومثيلاتها تمنع من الصرف.

حصل لأحمدَ وأكرمَ صدمة تركت أثرها على دراستهما.

واصل يزيدُ دراسته في الخارج.

إني أحب أشرف وأقدره.

٥. إذا كان العلم على وزن " فُعَل "

مثل: مُضَر، عُمَر، جُمح، قُزَح، أُدَد، زُمَر، هُبَل، جُحا.

مثل هذه الأعلام ممنوعة من الصرف " لا تنون وتجر بالفتحة "

عبد الجاهليون هُبَل.

يشاهد الناس قُزَح شتاء.

مرحبًا بعمرَ.

مُضرُ وجُمَحُ قبيلتان.

٦. العلم المركب تركيبا مزجيًا

وهو المركب من جزئين مُزجا معًا، لا على سبيل الإضافة ولا الإسناد ويقصد به أن تعامل الكلمتان وكأنهما واحدة.

حضرموت، نيويورك، بيت لحم، بيت رأس، بعلبك، طولكرم، معدي كرب.

نقول: زارت بعثة الآثار بعلبكَ وحضرموتَ وبيت رأسَ.

جاءت هذه الأسماء منصوبة ولم تنون.

بحث المؤرخون عن الآثار في بعلبكَ وحضر موتَ وبيت رأسَ.

كما جاءت الأسماء نفسها مجرورة بالفتحة ولم تنون.

تقع حضرموتُ في شرق الجزيرة العربية.

طولكرمُ من المدن الفلسطينية الكبيرة، ومثل بيت لحم.

أسماء مرفوعة بالضمة ولم تنون.

أما إذا كان المركب المزجيّ مختوما ب"ويه " فإنه يبنى على الكسر، نحو:

وضع سيبويهِ أول كتاب في النحو.

مبني على الكسر في محل رفع فاعل.

التقى الخليل بن أحمدسيبويهِ وأخذ عنه.مبني على الكسر في محل نصب مفعول به.

يعجب الباحثون بسيبويهِ. مبني على الكسر في محل جر.

فـائـدة:

تركيب إضافي: يضاف جزؤه الأول إلى الثاني مثل: عبد الـلـه، عبد الرحمن،عبد العزيز. سيف الاِسلام. عزّ الدين.

تركيب إسنادي: بأن يسند الفعل إلى الفاعل أو نائب الفاعل نحو: تأبط شرًا، جاد الحق،، سرّ من رأى.

تركيب مزجي: وهذا النوع هو الذي يمنع من الصرف (مرّ تعريفه)

ثالثاً: صيغة منتهى الجموع:

وهي كل جمع تكسير ثالثه ألف بعدها حرفان أو ثلاثة أوسطها ساكن وتأتي على أوزان أشهرها:

مفاعل. مفاعيل. فعائل. أفاعيل. فواعل، أفاعل.

مفاعل: مساجد. معابد. معاهد. معالم. مكائد.

مفاعيل: مصابيح مناديل. مناديل. مساكين. تماثيل.

فعائل: كنائس. كبائر. قلائد أوائل.

أفاعيل: أقاليم. أكاليل. أهازيج. أناشيد. أضاليل.

فواعل: صواعق. نواجز. فوارس. بواسل.

أفاعل: أماجد. أشاوش. أشاوس. أماكن.

تخرج الطلاب من معاهدَ عليا.

كان القدماء يستنيرون بمصابيحَ وقناديلَ.

استمتع الجمهور بما سمع من أهازيجَ وأناشيدَ.

العلماء يعيشون كمصابيحَ في الدّجى.

« أهش بها على غنمي ولي فيها مآربُ أخرى » جمع مأرب.

لا يمنع من الصرف ما كان وسط الحروف الثلاثة التالية للألف فيه متحركا « غير ساكن »

غساسنة. مناذرة. أباطرة.

رابعاُ: الصفات..

أ- إذا كانت على وزن فعلان الذي مؤنثه على وزن فَعلى:سكران سكرى /غضبان غضبى /عطشان عطشى /ريّان ريّا / يقظان يقظى /لهفان لهفى.

لا تحكم وأنت غضبان.

ما لأبي حمزة لا يأتينا غضبان ألاّ نلد البنينا

اعتاد الرياضي ألا يأكل إلا وهو جوعان.

دخل رجل النار في كلب عطشان سقاه بخفه.

هناك صفات تنتهي بألف ونون لكن مؤنثها بزيادة تاء عليها مثل: جذلان، عريان، نعسان ومؤنثها جذلانة و عريانة ونعسانة

هذه الصفات تصرف " لا تمنع من الصرف " فتنون وتجر بالكسرة على ما هو

الأصل.

ب- إذا كانت الصفة على وزن « أفعل « الذي لا يؤنث بالتاء

أبيض بيضاء، أحمر حمراء، أشعث شعثاء، أغبر غبراء.

رب أشعثَ أغبرَ لو أقسم على الـلـه لأبرّه.

تتعدد ألوان الملابس من أبيضَ إلى أحمرَ إلى أصفرَ.

اقطف من الحديقة وردة حمراءَ.

عثر الحارس على قميص أخضرَ وطاقية سوداءَ.

أما إذا كان المؤنث من أفعل ليس على وزن فعلاء فإنه ينون " يصرف " نحو أرمل أرملة.

ج- إذا كانت الصفة على وزن أفعل الذي مؤنثه فعلى نحو:

أكبر كبرى، أفضل فضلى، أصغر صغرى.

كنا نعيش في شقة صغرى ثم انتقلنا للسكن في شقة كبرى.

هذه امرأة فضلى.

د - إذا كانت على وزن فُعل وهي صيغة قليلة الاستعمال نحو

أُخر وهي جمع أخرى، وهي مؤنث آخر

مررت بقرية في العاصمة وفد أمر على قرىً أُخَر

" فعدة من أيام أخر "

ومثلها: لُكع، فُسق، تُبع

تشاءمت من امرأة لُكع.

هـ- كل صفة جاءت على وزن فُعال أو مَفعَل مصوغة من الأعداد ١-١٠ أُحاد، مَوحد،

ثُناءمثنى ثُلاث مثلث، رُباع مربع....عُشار معشر

جاعل الملائكة رسلًا أولي أجنحة مثنى وثُلاثَ ورُباعَ « النساء ٣.

" فانكحوا ما طاب لكم من النساء مثنى وثُلاثَ ورُباعَ " النساء

اصطف الجنود مُربعَ وخُماسَ

سار الطلاب مَوحدَ ومثنى.

* عرفنا أن الممنوع من الصرف (التنوين) يجر بالفتحة.ولكنه يعود إلى أصل ما كان عليه فيجر بالكسرة في حالتين:

١ - إذا عُرّف بأل:

سعد أهل الحي بالأطباء والشعراء الذين حضروا الندوة.

ذو المروءة يترفع عن الصغائر.

أقيمت صلاة الاستسقاء في كل المساجد.

٢ - إذا أضيف إلى اسم آخر:

أقيمت صلاة الاستسقاء في مساجد العاصمة.

قام الوزير بجولة على أطباء المستشفى.

لمدارس القطاع الخاص دور مهم مؤازر لقطاع الحكومة.

ملاحظات:

١. أسماء الملائكة ممنوعة من الصرف للعلمية والعجمة (كإسرافيل وميكائيل وعزرائيل أو للعلمية وزيادة النون، رضوان إلا مالكًا ومنكرًا ونكيراً، فإنها تصرف.

٢. أسماء الأنبياء ممنوعة من الصرف للعلمية والعجمة كإبراهيم، اسحاق، يعقوب، اسماعيل.إلا محمدًا وصالحًا وشعيبًا وهودًا ولوطًا ونوحًا عليهم السلام.

٣. إعراب المركب المزجي.

يبنى جزؤه الأول على الفتح، ويعرب الجزء الثاني إعراب الممنوع من الصرف

تقع بعلَبكُ في لبنانِ

يصطاف النّاس في بعلَبك

زرت بعلَبكَّ

بُني الصدر (بعلَ) على الفتح في الجمل الثلاث.

أما العجز فجاءمرفوعًا بالضمة منصوبًا بالفتحة، مجرورا بالفتحة أيضا (ممنوع من الصرف)

ومثل ذلك نقول:

لحضرَ موتَ تاريخٌ عريق: الصدر (حضرَ مبني على الفتح، العجز مجرور بالفتحة لمنعه من الصرف.

حضرَ موتُ موغلة في العراقة: الصدر حضر مبني على الفتح والعجز مرفوع بالضمة مبتدأ.

يشاهد الناسُ حضرَ موتَ: الصدر حضرَ مبني على الفتح والعجز منصوب بالفتحة مفعول به.

<u>أمثلة على الأسماء الاعجمية:</u>

«وأوحينا إلى إبراهيم وإسماعيل وإسحاق ويعقوب والاسباط وعيسى وأيوب»

«الى فرعون وهامان وقارون « غافر

«وما أنزل على الملكين ببابل هاروت وماروت» البقرة

«يا اخت هارون ماكان ابوك امرأ سوء «مريم

«وتولى عنهم وقال يا أسفي على يوسف «يوسف

«وإذا قال إبراهيم لأبيه ءازر أتتخذ أصناما آلهة» لانعام

« لايجرمنّكم أن يصيبكم مثل ماأصاب قوم نوح وقوم هود»

«فلما جاء آل لوط المرسلون «الحجر

«وإلى عادٍ اخاهم هوداً»الأعراف

الأعجمي الثلاثي لايمنع من الصرف: نوح،هود،لوط

تمارين على الممنوع من الصرف:

تمرين١: استخرج من الشواهد التالية ما منع من الصرف، وبين سبب منعها، ثم بين ما يجوز صرفه مع بيان العلة:

١. « إذهبا إلى فرعون إنه طغى»

٢. سُئل النبي - صلى اللـه عليه وسلم - عن صوم يوم عرفة فقال « يكفر السنة الماضية والباقية»

٣. « أمّا السفينةُ فكانت لمساكين يعملون في البحر فأردتُ أن أعيبها «

« سيقول المخلفون إذا انطلقتم إلى مغانم لتأخذوها ذرونا نتّبعكم « الفتح -١٥-

٤. « قيل يا نوح اهبط بسلام منا « هود -٤٨-

٥. « ما المسيح بن مريم إلاّ رسولٌ قد خلت من قبله الرسل»

٦. « يحلّون فيها من أساور من ذهبٍ «

٧. « فاذكروا اسم اللـه عليها صوانّ « الحجر

٨. « الذي استهوتهُ الشياطين في الأرض حيران «

٩. « أم اتخذوا من دون اللـه شفعاء «

١٠.

١١. « لقد نصركم الله في مواطن كثيرة » التوبة -٢٥-

١٢. وسوداء منظوم عليها لآلئ   لها صورة البطيخ وهي من الند

١٣. بأروع مضاء على كل أروع   وأغلب مقدام على كل أغلب.

١٤. من تماثيل كالنجوم الدراري يهرم الدهر وهي عنفوان

١٥. ولستُ بأحيى من جميل بن معمر   بمروة إن لم يُشف من جهارلي

١٦. رشح أباك لأخرى مـن صنائعـه واعرف لقوم برأس دونه أشب

١٧. ويوم يشكو أسامة مكنو ن الهوى فاسطار والتهبا

١٨. أنّى اهتديت لمحرمين تصوبوا   لسفوح مكة من ربى عرفات

تمرين ٢. بين سبب صرف الممنوع من الصرف:

١. « ولنعلمه من تأويل الأحاديث » يوسف -٢١-

٢. « متكئين فيها على الأرائك » الإنسان -١٣-.

٣. « قال اجعلني على خزائن الأرض إنّي حفيظ عليم » يوسف -٥٥

تمرين ٣: أُشكل أوآخر الكلمات التي تحتها خط وفسّر ما تذهب إليه

« وإذا حُييتم بتحيّة فحيّوا بأحسن منها »

« لقد خلقنا الإنسان في أحسن تقويم »

كان أبو عُبيدة من علماء اللغة المتفوّقين-

تقام في عمّان معارض شاملة

إنّ الـجرائد في البلاد مدارس   نقّالة فيها المعلـم سائح

للطالبـين بها فوائـد   خمسة ومواعظ مأثورة ونصائح

يستمع الطلاب إلى نصائح إرشاديّة

من المفيد أن يعمل الطالب بنصائح معلميه

« فهل لنا شُفعاء فيشفعوا لنا »

تمرين ٥. بيّن ما جر بالفتحة وما جر بالكسرة ووضح السبب؟

بالفاتح الباني لمصر من العلى   صـرحاً يـزكي شاهد الآثار

ولقد علوت سراهَ أدهم لو جرى   في شأوه بـرق وتعثّر أوككبا

سوف يأتيك فيه فتـح خراسـا   ن فلا يـتـأسنّ من سـنجارا

« فأتى الـلـه بنيانهم من القوائد «

« يجعلون أصابعهم في آذانهم من الصواعق حذر الموت «

ما انفك منتضيا سيقي وغـــىَ   وقرىَ على الكواهل تدمى والعراقيبِ

صليتُ في مساجد الحي كلها

تجاوز قـدر المدح حتى كأنهُ بأحسنِ مـا يثنى عـليه يُعـاب

في عارضٍ يدق الروى ألهبتهُ بصواعـقِ العزمـات والآراء

شَيّدت بيتك في علياءِ مكرمـة   يقصر الـنجم عـن أدنى مراقيها

الأسماء الخمسة

هي: أب، أخ، حمٌ، فو ذو.

يشترط في (أب / أخ / حمٌ) أن تكون مضافة و إضافتها لغير ياء المتكلم.

ويشترط في (فو) أن تكون بغير الميم.

ويشترط في (ذو) أن تكون بمعنى صاحب.

إعراب هذه الأسماء:

ترفع الأسماء الخمسة بالواو

يا أخت هارون ما كان أبوك امرأ سوء.

أبوك: اسم كان مرفوع وعلامة رفعه الواو.

أبوك وأمك جديران بتقديرك.

أبوك: مبتدأ مرفوع وعلامة رفعه الواو.

ألقى حموك محاضرة.

حموك: مبتدأ مرفوع وعلامة رفعه الواو.

حموك رجل فاضل.

حموك: مبتدأ مرفوع وعلامة رفعه الواو.

« إذ قال لهم أخوهم نوحٌ ألا تتقون «

أخوهم: فاعل مرفوع وعلامة رفعه الواو.

يداك أوكتا وفوك نفح.

فوك: مبتدأ مرفوع وعلامة رفعه الواو.

جاء رجل ذو خلق حسن.

ذو: نعت مرفوع وعلامة رفعه الواو.

ذو العقل يعرف ما ينفعه وما يضره.

ذو: مبتدأ مرفوع وعلامه رفعه الواو.

نصب الأسماء الخمسة.

حديث شريف « انصر أخاك ظالماً أو مظلوماً «

أخاك: مفعول به منصوب وعلامه نصبه الألف.

إنّ أباك حريص على ما ينفعك.

أباك: اسم إنّ منصوب وعلامة نصبه الألف.

سلّمتُ حماك رسالة لك

حماك: مفعول به منصوب وعلامه نصبه الألف.

يقدِّر الناسُ ذا الأخلاق والأمانة.

ذا: مفعول به منصوب وعلامه نصبه الألف.

من آداب الطعام أن تغلق فاك خلال الأكل.

فاك: مفعول به منصوب وعلامة نصبه الألف.

نستنتج أن الأسماء الخمسة تنصب بالألف.

جر الأسماء الخمسة

تجر بالياء

« إذ قال يوسف لأبيه يا أبتِ إني رأيت أحد عشر كوكبا «

لأبيه: مجرور باللام، وعلامه جره الياء.

رُوي كثير من الأحاديث عن أبي هريرة.

أبي: مجرور بـِ "عن" وعلامة جره الياء.

وكل أخٍ سيذهب عن أخيه وباقي ما تحبُّ إ لى الذهاب

أخيه: اسم مجرور بـِ عن وعلامه جره الياء.

لأخيك منزلة في نفسي.

لاخيك: اسم مجرور باللام وعلامة حره الياء.

تكنّ سعاد احتراماً لحميها

حميها: اسم مجرور باللام وعلامة جره الياء.

أرجو أن تسلّم على حميك.

حميك: مجرور بعلى وعلامة جرة الياء.

إنّي معجب بذي السلوك الحسن.

ذي: مجرور بالباء وعلامة جره الياء.

"تبارك اسم ربك ذي الجلال والإكرام "

ذي: اسم مجرور (صفه لرب") وعلامة جره الياء.

كيف ينطق من في فيه ماء.

فيه: اسم مجرور بفي وعلامة جره الياء.

واضح من الأمثلة أنّ الأسماء الخمسة تجر بالياء.

إذا جاءت هذه الأسماء: (أب. أخ. حمو. فو. ذو) غير مضافة فإنها تعرب بالحركات الظاهرة.

«إن يسرق فقد سرق أخ له من قبل «

أخ: فاعل مرفوع بتنوين الضم.

رب أخ لك لم تلده أمكز

أخ: مجرور وعلامة جره الكسرة.

وصل أبٌ يسأل عن سلوك ابنه.

أب: مرفوع وعلامة رفعه تنوين الضم.

صافحتُ حماً لعلي.

حماً: منصوب بتنوين الفتح.

وإذا جاءت مثناة فإنّها تعامل معاملة المثنى (ترفع بالألف وتنصب وتجر بالياء):

جاء أبوان إلى الكلية: مرفوع بالألف.

صادفت أخوين عزيزين: منصوب بالياء.

سلّم على أبوين: مجرور بالياء.

وإذا كانت مجموعة فإنها تعامل معاملة ما يشبهها من الجمع تكسيراً أو سالماً

فإن جمعت جمع تكسير كانت علامات إعرابها بالحركات.نحو:

أطيعوا آباءكم: منصوب بالفتحة.

اقتدوا بأحمائكم: مجرورةبالكسرة.

آباؤنا لهم علينا حقُ الطاعة.

وإذا أضيفت إلى ياء المتكلم فإنها تعرب بالحركات المقدرة:

يعزني أبي: فاعل مرفوع بضمة مقدرة على ما قبل الياء.

أحب أخي: مفعول منصوب بفتحة مقدرة على ما قبل الياء.

أقّدر لأبي مساعيه: مجرور بكسرة مقدرة على ما قبل الياء.

فوائـد:

قد تقوم التاء مقام الياء في قولنا: أبتِ. أبت

أصلها يا أبي. قال تعالى « يا أبتِ استأجره إن خير من استأجرت القوي الأمين»

٢ - تجمع « حمو» على أحماء.

وتجمع « فو « على أفوه.

وتجمع « ذو « على ذوو.

٣ - مؤنث « حمو « حماة.

ومؤنث « ذو « ذات وجمعها ذوات.

٤- يجوز قصر الحما.هذا حماها. رأيت حماها. سلمت على حماها.

شواهد:

«وجاؤا أباهم عشاءً يبكون «

إنّ أخاك الحق من كـان معك ومـن كان يـضر نفسـه لينفـعك

تعلم فليس المرءُ يولـد عالماً وليس أخو جهلٍ كمن هـو عالمُ

طـاب فـوهـا ومـا تـرجع فيـه كل شيء لها بـذاك شـهيد

ما في المقام لذي عقل وذي أدب من راحةٍ فدع الأوطـان واغترب

قلبي برحمتك اللـهمّ ذو أَنـسٍ في السر والجهر والإصباح والغلس

لقد مننت على قلبي بمـعرفـة بـأنـك الـلـه ذو الآلاءِ والـقـدس

«فأصبحتم بنعمته إخوانا «.

حين دخل الرسول الكعبة فاتحا قال: ماذا ترون أنّي فاعل بكم؟

فقالوا خيراً أخ كريم وابن اخٍ كريم.

« إنّي لا أملك إلا نفسي وأخي «

« أو إطعام في يوم ذي مسغبة يتيما ذا مقربة «.

ومصر كالكرم ذي الإحسان فاكهةً لحاضرين وأكـواب لـباديـنا

أزال أذينة عن مُلكهِ وأخرج من حصنِه ذا يزن

قد متّ من ظمأ فلو سامحتِـنـي أن أشـتهي ماء الحـياة بفيك

أخوك الذي إن ربته قال إنّما أربْت وإن عاتبته لان جانبُه

« قالوا يا أبانا مالك لا تأمنّا على يوسف «

يـنـافس ساطعٌ فيها أبــاه إذا جـعلتْ بـسؤدده تهيبُ

« ولما دخلوا على يوسف آوى إليه أباه «

« قلنا يا ذا القرنين إمّا أن تعذّب وإما أن تتخذ فيهم حسنا «

وتقول: رأيت حماك اليوم.

أرأيت إن كان الأمير حماك هل في الورى من لا يجيز قضاك؟

«كباسط كفيه إلى الماء ليبلغ فاه »

يرنو لوصلكِ حين شط مزاره وهمٌ أكاد به أُقبِّلُ فاك

أحبّ فاها وعينها وما عهدت إليّ به من عجب ويلي من العجب!

أبا منذرٍ كانت غروراً صحيفتي   ولم أعطكم في الطوع مالي ولا عرضي

لاقى أخاه مسلما محرما بطعنةٍ   في الصبـــــــــح نجلاء

إنَ الكريم إذا ما كان ذا كـذب   شان التـكرم منه ذلك الكـذبُ

أريـد أبا بكرٍ ولـو حـال دونه   أما عـزُ تغـتال المطـي وبـيدُ

إن يفعلا فلقد تركت أباهـمـا   جزر السباع وكل نـسر قـشعم

وتناول المرآة ينظـر وجهـه   فلثمت موضع فيه من مـرآته

« حُرّمت عليكم أمهاتكم وبناتكم وأخواتكم وعماتكم وخالاتكم وبنات الأخ »

« كبرت كلمة تخرج من أفواههم »

بذل أبي كل ما في وسعه من أجلي.

كان مديرنا أباً عطوفا.

آتِ ذا القربى حقه.

الطاووس ذو ريش جميل.

استضفت ذا وفاء ومعروف.

أهذا حموك.؟

أخوك ذو فضل

اتصل بحميك اليوم.

أخرج هذا القرش من فيك.

أسند عضدك بأخيك.

169

الأفعال الخمسة

التعريف:

هي كل فعل مضارع اتصلت به:

واو الجماعة، مثل /يسمعون،يفهون، يطيعون «للغائبين «.

تسمعون، تفهمون، تطيعون « للمخاطبين».

ألف الاثنين في حالتي المخاطبْنِ والغائبيْنِ.

تسمعان، تفهمان، تطيعان « للمخاطبينِ»

يسمعان، يفهمان، يطيعان « للغائبينِ:

ياء المخاطبة:

تسمعينَ، تفهمينَ، تطيعينَ.

أو هي كل فعل مضارع جاء على وزن:

يفعلون، تفعلون، يفعلان، تفعلان، تفعلين.

إعرابها:

- **ترفع الأفعال الخمسة** إذا لم يتقدمها ناصب أو جازم، وتكون علامة رفعها ثبوت النون.

خرج الطلاب يهتفون.

«فيهما عينان تجريان «

« تريدون أن تصدونا عما كان يعبد آباؤنا «

«قضي الأمر الذي فيه تستفتيان «

الوالدان يبذلان الغالي والرخيص في سبيل الأبناء.

وقعت الأفعال المخطوط تحتها مرفوعة، وعلامة هذا الرفع ثبوت النّون في آخرها.

و تنصب إذا سبقتها أداة نصب وتكون علامة نصبها حذف النون.

- **أدواة النصب** هي: أن، لكن، كي، إذن، حتى،لام التعليل.

أرجو ان تستغلوا الوقت خير استغلال لتنجحوا.

« وقضى ربك أن لا تعبدوا إلا أياه »

«قال إنّي ليحزنني أن تذهبوا به »

« إنّ اللـه لا يغير ما بقوم حتى يغيروا ما بأنفسهم »

ادرسا كي تحققا النجاح الذي تريدون

لن تنالا المجد حتى تسعيا إلبه.

و تجزم إذا سبقت بأداة جزم،وعلامة جزمها حذف النون من آخرها.

- **وأدوات الجزم نوعان:**

١. أدوات تجزم فعلا واحدا وهي:

لم، لمّا، لا الناهية، لام الامر.

«أولم يتفكروا ما بصاحبهم من جنّة »

ألم تعلما أنّ الملاحة نفعها قليل وما لومي أخي من شماليا

« ولا تكتموا الشهادة ومن يكتمْها فإنّه آثم قلبه »

«ولا تقربا هذه الشجرة »

«بل لمّا يذوقوا عذاب »

لتسمعا توجيهات الوالدين ففي ذلك مرضاة الخالق

لتبذلوا كلّ الطاقات لتحقيق الآمال والغايات

توقّعنا عودة المسافرين ولمّا يصلوا بعد

أدوات الشرط الجازمة:

إنّ أدوات الشرط الجازمة نوعان:

نوع يجزم: فعل الشرط وجواب الشرط.ونوع لا يجزمهما

أما أدوات الشرط الجازمة فهي:

إنْ، مَنْ، مَهْما، متى، أينما، أيّان، حيثما، أنّى، إذما.

وهذه أمثلة:

إن تهملوا الواجباتِ تندموا.

إن تسمعا النصيحة ترشُدا.

مَنْ يذنبوا يستغفروا

« وما تقدموا لأنفسكم من خير تجدوه »

«فما استقاموا لكم فاستقيموا لهم»

ما تفعلي من خيرٍ تجازى به.

مهما تسمعا من لغو الكلام فلا تلتفتا إليه.

متى تذاكروا تضمنوا النتيجة الطيبة

متى ترعيْ ابناءك تنالي رضى المجتمع

«أينما تكونوا يدرككم الموت ».

أينما تجلسي تسمعي الدرس

خليليّ أنّى تأتياني تأتيا أخاَ غير ما يرضيكما لا يحاول

تضمنت كل جملة فعلين وضع تحتهما خط،وهما مجزومان لأنهما فعل الشرط وجوابه. وعلامة الجزم هي حذف النون.

كما يجزم الفعل المضارع في جواب الطلب:

ادرسوا تصعدوا في سُلّم الحياة

حافظي على الصلاة تُفلحي.

تمرين ١: أخرج الأفعال المضارعة المرفوعة والمنصوبة والمجزومة وبين علامة الاِعراب.

١. المواطنون الشرفاء يدافعون عن أو طانهم ولن يتقاعسوا عن نصرته ولم يكونوا يوما مقصرين.

٢. لا تتمارضوا فتمرضوا فتموتوا.

٣. لا تعجبي يا سلم من رجل ضحك المشيب برأسه فبكى.

٤. لو لم يسودوا بدين فيه منبهة للناس كانت لهم أخلاقهم دينا.

٥. لا تكثري من المزاح.

٦. إن تحترمي والديك يرضيا عنك.

٧. فلا تلوموني ولوموا أنفسكم.

٨. أختي الفاضلة، لا تهملي شؤون بيتك ولا تنسي دورك في الحياة.

٩. لا تهنوا ولا تحزنوا وأنتم الأعلون.

١٠. المهملان لن يحققا غير الفشل.

١١. «ولن تستطيعوا أن تعدلوا بين النساء ولو حرصتم».

١٢. الأمم الواعية تهتم بعلمائها ليؤدوا رسالتهم وهم يشعرون بالإحباط إذا لم يجدوا الرعاية والتقدير.

١٣. « واتقوا يوما ترجعون فيه الى الـلـه «

١٤. « لُعن الذين كفروا من بني اسرائيل على لسان داوود وعيسى بن مريم ذلك بما عصوا وكانوا يعتدون «

١٥. العلماء يصنعون عقل الأمة والأدباء يكوّنون ضميرها.

١٦. «لا تباغضوا ولا تحاسدوا ولا تدابروا «حديث شريف»

١٧ لا تنكري ضربي له من دونه مثلا شرودا في الندى والباس.

١٩. ألم تعلما أنّ الملامة نفعـها وما لومـي أخي من شماليا

إعراب الفعل المعتل الآخر

عرفت أنّ حروف العلة هي الألف والواو والياء. ويكون الفعل معتل الآخر إذا انتهى بواحد من هذه الحروف وبذلك يكون المضارع المعتل الآخر على صور ثلاث:

١- معتل الآخر بالألف.

يرضى. ينهي. يسعى. يخشى.

٢- معتل الآخر بالواو:

يرجو. يسمو. يغزو. يحلو. يلهو.

٣- معتل الآخر بالياء:

يبني. يمشي. يقضي. يهدي. يبكي.

وإليك كيفية إعرابها بالتفصيل.

إعراب المعتل الآخر بالألف.

أوّلا: رفعه.

لمعرفة ذلك تدبر الآتي:

« إنّما يخشى الله من عباده العلماءُ »

« يتوارى من القوم من سوء ما بشر به »

« إنّي أرى مالا ترون إني أخاف الله »

« يرضى المؤمن بما قسم له الله »

حتى بهرتَ فما تخفى على أحد إلاّ على أكمهٍ لا يعرف القمرا

لو تأملت هذه الأفعال لأدركت أنّها مرفوعة. وعلامة رفعها الضمة المقدرة، للتعذر، أي استحالة ظهورها.

174

ثانيا: نصبه

تأمل الأمثلة التاليه:

لن يرضى عنك مجتمعك إذا لم تساهم في بنائه.

يسعدني أن تسعى إلى الفضيلة وأن تنهى عن الرذيلة.

يجتهد الرجل ليرقى في سلّم الحياة.

زار القائد جنوده كي يرى مدى لياقتهم البدنية.

جاء كل فعل مما تحتة خط منصوباً بإحدى حروف النصب، وعلامة نصبها الفتحة المقدرة منع من ظهورها التعذر.

وحروف النصب هي « أن لن كي حتى لام التعليل إذن »

ثالثا: جزمه.

لا ترقَ في حياتك على حساب غيرك.

لم يرضَ الحليم بالدنيّة.

لتسعَ دائماً إلى منفعة الآخرين

لن أنسى وصية والدي

جاءت الأفعال مجزومة لأنها سبقت بإحدى أدوات الجزم وعلامة جزمها حذف الألف

إعراب المعتل الآخر بالواو

أولا: رفعه.

يسمو الإنسان بأخلاقه وسلوكه.

ترجو النجاة ولا تسلك سالكها إن السفينة لا تمشي مع اليبس

قد يحلو العيش بعد المرارة.

المؤمن وثيق الصلة بربّه فهو يدعوه في السر والعلن

أشكو إليك أموراً أنت تعلمها فلمثل ذلك لم أزل أرجوكا

هذه الأفعال مرفوعة، وعلامة رفعها الضمة المقدرة على الواو للثقل.

ثانياً: نصبه.

لن يحلوَ العيش بدون حريّة.

يسرني أن تدعوَ إلى الفضيلة.

كن أميناً في تعاملك حتى تنموَ تجارتك.

الأفعال أعلاه جاءت منصوبة وعلامة نصبها الفتحة الظاهرة على آخر الفعل.

ثالثاً: جزمه.

لاتدعُ إلى الباطل.

لا تلهُ بمجرم ابدا.

لم تحلُ الحياة لذليل قط.

الأفعال أعلاه: مضارعة معتلة الآخر بالواو وهي مجزومة، وعلامة جزمها حذف الواو.

إعراب الفعل المعتل الآخر بالياء

أولاً: رفعه

يمشي الجندي معتدل القامة.

يقضي الحاكم بين المتخاصمين بالعدل.

يبني المهندسون البيوت بإتقان ومهارة.

إن اللـه يهدي من يشاء إلى الصراط المستقيم.

الأفعال أعلاه جاءت مضارعة معتلة الآخر وهي مرفوعة. علامة رفعها الضمة المقدرة للثقل.

ثانياً: نصبه

تفهم القاضي محتوى الشكوى كي يقضيَ بالعدل.

عليك أن تمشيَ بغير اختيال.

لن يبكيَ الطفل إذا تحققت مطالبه.

هذه الأفعال سبقت بأدوات نصب فنصبت.وعلامة نصبها الفتحة الظاهرة. كما ترى.

ثالثا: جزمه.

لا تلقِ بالاً إلى كل حاسد موتور.

لا تعصِ لوالديك أمرًا.

لم يقصى المفتي في القضية لعدم وجود الأدلّه.

لـتـهدِ أصحابك إلى القيم والفضائل.

« كلا لمّا يقض ما أمره «

جاءت هذه الأفعال مسبوقة بأداة جزم،فجزمت بها.أما علامة الجزم فهي حذف الياء.

تمرين ١: عين الأفعال المضارعة المعتلة الأخر، وبين علامة إعرابها

ترجو الأعادي أن ألينَ لها   هذا تخيّلُ صاحب الحلم
فالماء يجلو متونهنّ كَما   يجلو التلاميذ لؤلؤا قشبا
لعل في الإسلام نابتة تجلو   لحاضرها مرآه ماضيها
فليتك تحلو والحياة مريرة   وليتك ترضى والأنام غضاب
تمشي إلى بيت جارتها   واضعةً كفّها على الكبد
موفٍ على مهج في يوم ذي رَ   هجٍ كأنه أجل يسعى إلى أمل
يجري السفينُ وفوقه الملك الذي   صفرتْ يد الأيام من نظرائه
أشقى وأكتم شقوتي و الله بي وبها عليم
وكنّا متى يغز النبي قبيلةً   نصل حافتيه بالقنا والقنابل
لا تؤذِ احدًا
لا تعتدِ على حرية الآخرين
من لم يؤدٍّ واجبه خاسر
من يفشِ سراً فليس أهلاً للثقة
يسعى المصلحون إلى إصلاح ذات البين
هذا الرجل يهوى الفضيلة
يلقى المحسن جزاءه
لا تقضِ بلا دليل
لا يقضي القاضي وهو غضبان
ليقضِ كل ما عليه
لا تدْع مع الله شريكاً
« كلا لما يقضِ ما أمره «
« هل لك إلى أَن تزكّى «
« بُرزّت الجحيم لمن يرى «

تمرين٢:عين الأفعال المضارعة المعتلة الآخر المجزومة , واذكر علامة الجزم؟

يا ظبيةَ البان ترعى في خمائله   ليهنك اليومَ أنّ القلب مرعاك

" من يرد ثواب الدنيا نؤته منها "

" فلا تدعُ مع الله إلهاً آخر "

" قاتلوهم يعذّبْهم الله بأيديكم ويُخزهم "

لا تعذليه فإن العذل يولعه   قد قلت حقاً ولكن ليس يسمعه

فاق النبيين في خَلْقٍ وفي خُلُقٍ   ولم يدانوه في علم ولا كرم

تمرين٣:عين الأفعال المعتلة الآخر المنصوبة واذكر علامة النصب.

لا تمدح إنساناً بالورع حتى تبتليه، ولا بالكرم حتى ترى مشاركته، ولا بالعلم حتى يرى مشكلات المسائل

أحب أن ألقى الضيف مبتسما

اعتاد العربي قديما أن يبعث بولده إلى البادية ليربيه على الفصاحة والفروسية

« يا أيها الناس إنا خلقناكم من ذكر وأنثى وجعلناكم شعوباً وقبائل لتعارفوا «

« لا تَعلّموا العلم لتماروا به السفهاء ولا تَعلّموا العلم لتجادلوا به العلماء «

تمرين ٤: عين الأفعال المعتلة الآخر المرفوعة؟

لئن كان بدءُ الصبر مُرّاً مذاقُه لقد يُجتنى من بعده الثمرُ الحلو

ليت الكواكب تدنو لي فأنظمها   عقود مدحٍ فما أرضى لكم كلمى

قيل في النحو:

صاحبه مُكرّم حيث جلس   من فاته فقد تعمّى وانتكس

عينُ الحسود عليك الدهرَ حارسةً   تبدي مساويك والإحسان يخفيها

لايمتطي المجد من لم يركب الخطرا   ولا ينال العُلا من قدّم الحذرا

الــوحـدة الرابعة

المـستـوى الـدلالي

المعاجم

المعجم:

كتاب يشتمل على مفردات اللغة مرتبةً وفق نظام معين من الترتيب، يلجأ إليه الباحث لـ: شرح الألفاظ وبيان معانيها.

ضبط الألفاظ.

معرفة الاشتقاقات والصيغ الصرفية.

معرفة طريقة كتابة الكلمة والنطق بها.

الكشف عن الأعلام من الأشخاص والقبائل والأماكن.

التسمية:

سُميّ هذا النوع من الكتب « المعجم « لأنّه يزيل عجمة الكلمة (غموضها)

فالمعجم من « أعجم « على وزن أفعل، مزيد بالهمزة على «َفعَل « وهو يأتي أحياناً ليفيد السلب:

أشكلت الكتاب ؛ أي أزلت إشكاله.

أشكى الحاكم الرجل ؛ أي أزال شكواه.

قد أعذر من أنذر ؛ أي أزال عُذره.

المعاجم نوعان:

أولاً: معاجم الألفاظ.

وهي تفيد في الكشف عن معنى لفظة غامضة، فيشرحها أو يبين كيفية ضبطها أو صيغتها الصرفية، قد تمّر بنا كلمة « الرغام « مثلا أو الوسن أو الضّبْح.. وغيرها مما نجهل معانيها. أو كلمات نجهل ضبطها مثل، الحشاشة، هل هي بضم الحاء أو بفتحها. فنُهرع إلى هذا النوع من المعاجم لنجد ضالّتنا فيه

ثانيا: معاجم المعاني.

وهذه تفيد في إيجاد لفظ لمعنىً يدور في ذهن الباحث ولا يجد الألفاظ المناسبة للتعبير بدقة عما في ذهنه. فالمعنى حاضر في الذهن، والمطلوب الوقوع على لفظة تحقّق الدقّة في التعبير ليكون الكلام دقيقاً بعيداً عن التعميم. وسيأتي مزيد من التفصيل لاحقاً.

مرت معاجم الألفاظ بثلاث مراحل زمنيّة:

* المرحلة الأولى.

مرحلة تدوين ألفاظ اللغة وتفسيرها دون ترتيب معين، حيث كان العلماء يخرجون إلى الأعراب فيستمعون إليهم، ويسجلون كل الذي يسمعونه ويشرحونه.

* المرحلة الثانية.

مرحلة تدوين ألفاظ اللغة مرتّبة في رسائل متفرّقة صغيرة، يجمعون فيها ما يدور من ألفاظ حول معنىً من المعاني، مثل: كتاب المطر، كتاب اللبأ و اللبن، كتاب الخيل.

* المرحلة الثالثة.

مرحلة وضع المعاجم الشاملة لمفردات اللغة عامّة (وهي التي تهمنا).

الطرق التي اتبعت في ترتيب هذه المعاجم:

أولاً:الترتيب الصوتي.

رائد هذه الطريقة في الترتيب هو الخليل بن أحمد (ت ١٧٥ هـ) فقد رتّب معجمه وفقاً لمخارج الحروف مبتدئا بأبعدها مخرجا وهو العين، ومنتهياً بما يخرج من الشفتين. (مرّ هذا الترتيب سابقا).

سمّى كل حرف باباً، مراعياً أوائل الأصول، فمثلا: عرف في كتاب العين.

وصُداع في باب الصاد، من «صدع «. ومساجد في باب السين من» سجد» واشتد في باب الشين من»شدّ».

سار على هذه الطريقة المعاجم التالية:

* البارع في اللغة، لأبي علي القالي (ت ٣٥٦ هـ).
* تهذيب اللغة، للأزهري (ت ٣٧٠ هـ).
* المحيط، للصاحب بن عباد (ت ٣٨٥ هـ).
* المحكم والمحيط الأعظم، لابن سيد (ت ٤٥٨ هـ).

لهذا المعجم قيمة كبيرة لدى علماء اللغة ومؤلفي المعاجم الذين جاؤوا بعده، فلم يخل كتاب في اللغة أو معجم من الاِشارة إليه والأخذ عنه. وإن كان وقع فيه بعض التصحيفات والخطأ في الاشتقاق.

ثانيا: ترتيب المفردات ترتيبا هجائياً (الألف بائي) حسب أوائل الحروف الأصول للكلمة.

قسمت هذه المعاجم المفردات إلى (٢٨) باباً بعدد حروف الهجاء (حروف المعجم).

فكلمة « سخر « في باب السين.

وكلمة « صنع « في باب الصاد.

وكلمة « عالم « في باب العين.

وإذا تماثلت الحروف الأولى في باب واحد، رتبت حسب الحرف الثاني، فمثلا:

رقد. رأف. رفد. رسب.

ترتّب في باب ا لراء كالتالي: رأف. رسب. رفد. رقد.

سارعلى هذه الطريقة:

* جمهرة اللغة، لابن دريد الأزذي (ت ٤٢١ هـ)
* مقاييس اللغة والمجمل وهما، لابن فارس المتوفى (ت ٣٩٥ هـ)
* أساس البلاغة، للزمخشري (ت ٥٣٨ هـ)
* المصباح المنير، للفيّومي (القرن الثامن الهجري)
* المعجم الوسيط،، وضعته لجنة تابعة لمجمع اللغة العربية بالقاهرة / ١٩٦٠

المعجم الوسيط:

أصدره مجمع اللغة العربيّة بالقاهرة ١٩٦٠ م، توخّت اللجنة فيه أن يكون واضح الأسلوب، سهل التناول. يجمع بين الألفاظ القديمة والألفاظ الحديثة.

اختارت اللجنة اسم « المعجم الوسيط « للدلالة على توسطه حجماً بين المعجمات الصغيرة والكبيرة.

١ - رتبت فيه المفردات حسب أوائل الأصول وفق النظام الهجائي / كماأشرنا

٢ - تناول عناصر المادة الواحدة مبوّبة: فقدم الأفعال على الأسماء، والمجردعلى المزيد، والمعنى الحقيقي على المعنى المجازي، والفعل اللازم على المتعدي.

٣ - قلّل كثيراً من إيراد الشواهد الشعرية [١٢].

٤ - ذكر كثيراً من الألفاظ المولّدة، مثل: السبورة، الطراز.

والألفاظ المعربة، مثل: البنج، السندس،الطنجرة.

والألفاظ الدخيلة، مثل: الأكسجين. التلفون. الطربوش.

والألفاظ المُحدْثة، مثل، المجهار. تراخوما.

٥ - أكثر من الصور الموضّحة للإنسان والحيوان والنبات والآلة وغيرها.

٦- أهمل كثيراً من الألفاظ الحوشيّة التي هجرها الاستعمال لعدم الحاجة إليها، أو قلّة الفائدة منها: كأسماء الاِبل، وصفاتها، وأدواتها.

٧- استخدم بعض الرموز للاختصار ولكثرة استعمالها، مثل:

(ج) لبيان الجمع.

(ـُـِ) لبيان حركة عين الفعل المضارع (فتحة أو ضمة أو كسرة).

(وِ-) للدلالة على تكرير الكلمة لمعنى جديد.

(مو) للدلالة على الموّلد.

(مع) للدلالة على المعرّب.

١٢ انظر: مستويات اللغة: نايف سليمان وزملاؤه / ص ٨٩.

(مج) للدلالة على اللفظ الذي أقره المجمع اللغوي.

(مُحْدثة) للدلالة على اللفظ الذي استعمله المحدثون في العصر الحديث.

(د) للدلالة على اللفظ الدّخيل.

٨ - توسّع في إيراد مصطلحات العلوم والفنون.

ثالثاً: ترتيب الكلمات حسب الترتيب الهجائي وفقاً لأصولها، مع مراعاة أواخر هذه الأصول (للباب) وأوائلها (للفصل). وتسمى هذه الطريقة بطريقة القافية. فالأصول: هبط عسف سجد رسب.

نجدها على النحو التالي:

هبط: في باب الطاء، فصل الهاء.

عسف: في باب الفاء، فصل العين.

سجد: في باب الدال، فصل السين.

رسب: في باب الباء، فصل الراء.

«عرفت بمدرسة الجوهري». ومن المعاجم التي سارت على هذه الطريقة:

* تاج العروس وصحاح العربية، للجوهري (ت ٣٩٣ هـ)

* مختار الصحاح، لأبي بكر الرازي (ت ٧٦٠ هـ)

* لسان العرب، لابن منظور المصري (ت ٧١١ هـ)

* القاموس المحيط، للفيروزابادي (ت ٨١٦ هـ)

* تاج العروس، للزَّبيدي (ت ١٢٠٥ هـ)

إذا تماثل الحرف الأخير (الباب) لعدة كلمات، وأردنا البحث عنها، فإننا نرتبّها ضمن الباب بحسب الحرف الأول.

فالألفاظ: شهد. رفد. سهد. برد. حمد. جمد.

نجدها مرتّبة في باب الدال: هكذا: برد. جمد. حمد. رفد. سهد.شهد

وإذا تماثل الحرف الأخير والحرف الأول في مجموعة من الألفاظ صار ترتيبها ضمن الفصل بحسب الحرف الثاني، فمثلا:

عسس. عطس. عنس. عبس. عدس

نجدها مرتبة على النحو التالي:

عبس. عدس. عسس. عطس. عنس.

لسان العرب، لابن منظور.

يمثل مدرسة القافية / التي تجعل الحرف الأخير من حروف الهجاء للباب، والأول للفصل. ألفه محمد بن مكرم بن منظور المصري (ت ٧١١ هـ) وجمع مادته من عدة معجمات سبقته[١٣] وضمّنه الكثير من الشواهد القرآنية، والحديث الشريف، والمترادفات والنوادر[١٤] والخطب والأمثال... مما يؤهله أن يحمل اسم « لسان العرب » وهو يعد أضخم المعاجم العربية حجماً.

ذكر ابن منظور في مقدمة المعجم شرف اللغة العربية وارتباطها بالقرآن الكريم، ثم أثبت باباً في تفسير الحروف المقطعة في مطالع بعض السور، وباباً في ألقاب حروف المعجم....

منهجه: يقوم نظامه على الترتيب الأبجدي لأواخر الكلمات، فقسم المعجم إلى ثمانية وعشرين بابا على عدد حروف الهجاء فجاءت هكذا:

باب لما آخره همزة، يليه باب لما آخره باء، فباب لما آخره تاء...

ثم قسم كل باب إلى فصول تبعاً للحرف الأول من اللفظ، فباب يحتوي على فصل الهمزة أي الكلمات المبدوءة بالهمزة، يليه فصل الباء للكلمات المبدوءة بالباء، ففصل التاء...

---

١٣ هي: تهذيب اللغة، للأزهري. المحكم، لابن سيدة، الصحاح، للجوهري.
حواشي ابن برّي وهو كتاب في التبنية عما وقع في الصحاح من أخطاء / والنهاية في غريب الحديث والأثر، لابن الأثير (٦٠٦ هـ).

١٤ ولا سيما النوادر في اللغة، لأبي زيد الأنصاري.

ينتهي المعجم بباب الألف اللينة للألفاظ التي تنتهي بألف غير مهموزة، ولا منقلبة عن واو أو ياء، وقبله باب الواو والياء، جمعهما في باب واحد.

عُني به بعض الدارسين فأعادوا طباعته مرتبا حسب أوائل الكلمات (الجذور).

أخذت عليه بعض الأخطاء اللغوية، وليس غريباً أن يقع الخطأ في مثل هذا الجهد الجبار.

أما من حيث المواد، فيأتي تاج العروس أولاً، إذ أنه يحوي مائة وعشرين ألف مادة.

أما اللسان فقد اشتمل على ثمانين ألف مادة.

باب الخاء المعجمة

قال ابن كيسان: من الحروف المجهور والمهموس، والمهموس عشرة: الهاء والحاء والخاء والكاف والشين والسين والتاء والصاد والثاء والفاء، ومعنى المهموس أنه حرف لان في مخرجه دون المجهور وجرى معه النفس، فكان دون المجهور في رفع الصوت. وقال الخليل بن أحمد: حروف العربية تسعة وعشرون حرفاً، منها خمسة وعشرون صحاح لها أحياز ومدارج، فالهاء والعين في حيز واحد، والخاء من الحروف الحلقية، وقد ذكر ذلك في بابه أول الكتاب.

فصل الهمزة

أبخ: أبخه: لامه وعذله، لغة في وبخه؛ قال ابن سيده: حكاها ابن الأعرابي وأرى همزته إنما هي بدل من واو وبخه، على أنه بدل الهمزة من الواو المفتوحة قليل كوناة وأناة، ووحد وأحد.

أخخ: أخ: كلمة توجع وتأوه من غيظ أو حزن؛ قال ابن دريد: وأحسبها محدثة.

ويقال للبعير: إخ، إذا زجر ليبرك ولا فعل له، ولا يقال: أخخت الجمل ولكن أنخته.

والأخ: القذر؛ قال:

وانثنت الرجل فصارت فخا،
وصار وصل الغانيات أخا

أي قذراً. وأنشده أبو الهيثم: إخا، بالكسر، وهو الزجر.

والأخيخة: دقيق يصب عليه ماء فيبرق بزيت أو سمن فيشرب ولا يكون إلا رقيقاً؛ قال:

تصفر في أقطابه المخيخه،
تجشؤ الشيخ على الأخيخه

شبه صوت مخه العظام التي فيها المخ بجشاء الشيخ لأنه مسترخي الحنك واللهوات، فليس لجشائه صوت؛ قال أبو منصور: هذا الذي قيل في الأخيخة صحيح، سميت أخيخة لحكاية صوت المتجشئ إذا تجشأها لرقتها.

والأخ والأخة: لغة في الأخ والأخت، حكاه ابن الكلبي؛ قال ابن دريد: ولا أدري ما صحة ذلك.

٣

نموذج من لسان العرب

الخطوات: التي تسبق الكشف عن الكلمة في معاجم الألفاظ.

-إذا كانت الكلمة مزيدة، تجرد من حرف لزيادة، التي تضمنّتها كلمة «سألتمونيها «

تغافل – مجردها غفل. استغفر – مجردها غفر. تحطّم – مجردها حطم.

-إذا كانت الكلمة جمعا ردّت إلى مفردها.

عواصم – مفردها عاصمة ومجردها عصم. مساجد-مفردها مسجد، ومجردها سجد

-إذا كانت الكلمة بصيغة المضارع أو الأمر ردّت إلى الماضي المجرد.

يستمع – استمع – سمع.

اقرأ – قَرَأ وهو مجرد.

هبْ – وَهَب وهو مجرد.

والمصدر والمشتقات يؤخذ ماضيها، ثم يجرّد.

اجتماع – اجتمع والمجرد جَمَع.

متسامح – تسامح والمجرد سمح.

المدغم يفك إدغامه.

شقّ – شقَق. مدّ – مدَدَ. استعدّ – عدّ – عَدَد

المعتل يرد إلى أصله:

قام – أصلها « قوَم « بدليل المضارع يقوم.

باع – أصلها بيَع بدليل المضارع يبيع

-الحرف المحذوف من الكلمة يردّ إليها.

أخ – ترد الواو « أخو « لأن تثنيته أخَوان والجمع إخوة

عِدة – ترد الواو « وعدة « والمجرد وعد.

هَب – ترد الواو « وهبة « والمجرد وَهَب.

بِع – ترد الياء. ماضيها المجرد باع.

خُذْ تردّ الهمزة إلى أولها « أخذ « وماضيها المجرد أَخَذ.

معاجم حديثة

نشطت حركة التأليف المعجمي في القرن التاسع عشر فظهر:

« <u>الجاسوس على القاموس</u> » لأحمد فارس الشدياق «

نقد فيه المؤلف المعاجم القديمة ولا سيما « القاموس المحيط » وأبدى إعجابه بطريقة الزمخشري. فحمل بذلك على طريقة القدماء، داعياً إلى مواكبة العصر والعلم والتطور.

« <u>محيط المحيط</u> » لبطرس البستاني (ت ١٨٨٣)

استمد البستاني مادته من « القاموس المحيط » ورتّبه بحسب أوائل الكلمات. استخدم الرموز. يؤخذ عليه أنه استخدم العاميّة.

<u>أقرب الموارد</u> في فصيح اللغة والشوارد، لسعيد الشرتوني (ت١٩١٢)

أخذ مادة المعجم من القاموس المحيط، وحذف الألفاظ الجنسية ؛ لأنها تسيء إلى التهذيب وتخدش العفاف

<u>المنجد</u> – للأب لويس معلوف (ت ١٩٤٦) طبع عدة مرات مع إضافات وتعديلات.

أضاف إليه الأب(فرديناند توتل) ملحقا باسم « المنجد في الأدب والعلوم ». تضمن تراجم لأعلام من الشرق والغرب،مزين باللوحات والصور والخرائط، واستعمال اللون الأحمر للجذور.

عليه مآخذ كثيرة:

- وقوعه في العاميّة عن قصد وتصميم.

- جاء في تعريف الأعلام كثير من التشويه.

- أهمل ما يتصل بالإسلام والمسلمين.

- وقع في أخطاء كثيرة في الضبط.

ثانيا / معاجم المعاني

قلنا إنها تفيد في إيجاد لفظ مناسب لمعنىً من المعاني يدور في ذهن الباحث ولا يجد اللفظ المناسب للتعبير بدقّة عما في ذهنه. فالمعنى حاضر في الذهن والمطلوب الوقوع على لفظة تحقّق الدقّة المتوخاة في التعبير ليكون الكلام دقيقاً بعيداً عن التعميم.

فإذا أراد الباحث أن يتحدث عن جمال الأسنان وصفاتها مثلاً، أو عن السيوف وأسمائها... فعليه الرجوع إلى هذه المعاجم ليقع على اللفظة التي تناسب المعنى الذي في ذهنه.

جاء في فقه اللغة / للثعالبي / تحت عنوان « محاسن الأسنان « ما يلي:

الشنب: رقّة الأسنان واستواؤها وحسنها

الرَّتَل: حسن تنضيدها واتّساقها، التفلِيج: تفرّج ما بينها،

الشتت: تفرقها من غير تباعد، بل في استواء وحسن « يقال فيه: ثغر شتِت « إذا كان مفلّجاً أبيض حسنً.

الأشَر: تحزيز أطراف الثنايا، يدل على حداثة السنّ وقرب المولد. الظَّلَمُ: الماء الذي يجري على الأسنان من البريق، لا من الرّيق «

وعن السيوف وأسمائها يقول في الفصل العشرين:

« إذا كان السيف عريضاً فهو صفيحة، فإذا كان لطيفاً فهو قضيب، فإن كان ضئيلاً فهو خشيب.... فإذا كان قطّاعاً فهو مقصَل و مَخْضَل ومِخْذم، فإن كان يمرّ في العظام فهو مصُمِّم، فإن كان صارماً لا ينثني فهو صمصامة.. فإن كان قصيراً يشتمل عليه الرجل فيغطيه بثوبه فهو مُشْمَل.... «

من معاجم المعاني:

١- فقه اللغة وسر العربية.

المؤلف: عبدالملك بن محمد بن اسماعيل، أبو منصور الثعالبي النيسابوري، اشتهر بلقبه « الثعالبي « لأنّه كان يخيط جلود الثعالب.

كان يعمل مؤدباً ومعلماً للصبيان. وتميّز بقدرة على الحفظ وأوتي حظاً من البيان، حجة في الرواية. موثوق فيما يحدّث، حتى لقب بجاحظ زمانه، وعُدّ رأس المؤلفين في عصره، فقد ترك العشرات من الكتب اشتهر منها:

كتابه: يتيمة الدهر في محاسن أهل العصر، وكتاب « فقه اللغة وسر العربية « وهو الذي ندرسه.

لقد أخذ الثعالبي مادة كتابه من أعلام أئمة اللغة، أمثال: الخليل بن أحمد الفراهيدي، والأصمعي، والكسائي، والفرّاء، وآخرون يقارب عددهم الأربعين لغوياً كلهم من المشاهير الكبار.

جعل الثعالبي كتابه في ثلاثين باباً تناول كل باب معنىً من المعاني الأساسيّة. وكل باب مقسوم إلى عدد من الفصول يحتوي كل منها على فرع من فروع المعنى الأصلي الذي عقد عليه الباب.

أول أبواب الكتاب عنوانه « الكليات « وهي ما أطلق أئمة اللغة في تفسيرهم لفظه كل، وفيه أربعة عشر فصلاً.

- الفصل الأول « فيما نطق به القرآن. من ذلك:

كل ما علاك فأضلك، فهو سماء.

كل شيء من متاع الدنيا، فهو عَرَض.

كل أرض مستوية، فهي صعيد.

كل أمرٍ لا يكون موافقاً للحق فهو فاحشة.

كل شيء دبّ على وجه الأرض، فهو دابّة.

- الفصل الثاني: في ذكر ضروب من الحيوان:

كل دابّة في جوفها روح فهي نسمة.

كل كريمة من النساء والإبل والخيل فهي عقيلة.

كل أخلاطٍ من الناس فهم أوزاع وأعناق.

كل طائر ليس من الجوارح يصاد فهو بُغاث

- الفصل الثالث: في النبات والشجر

كل نبتٍ كانت ساقه أنابيب وكعوبا، فهو قصب.

كل شجرٍ له شوك فهو عِضاة.

كل شجر لا شوك له فهو سرْح.

ومن أبواب الكتاب. الباب الثالث والعشرون:

جعله في اللباس وما يتصل به من السلاح وما انضاف إليه وسائر الآلات والأدوات

الفصل الأول / في تقسيم النسج.

نسج الثوب، رَمَل الحصير، سفّ الخوص. ضَفَر الشعر. فتَل الحبل / جَدَل السير.

الفصل الثاني / في تقسيم الخياطة

خاط الثوب، خرز الخُفّ. خصف النعل. كتب القِربة. كَلَب المزادة. سَرَد الدِّرع.

الفصل الثالث / في تقسيم الخيوط وتفصيلها

النِّصاح للإبرة. السِّلْكُ للخرُز، السِّمط للجواهر.. الرقيمة للاستذكار (وهي عُقدة تشد في الإصبع). المِطْمَر لتقدير البناء. الصِّرار لضرع الشاة.

الفصل الرابع / في ترتيب الإبر.

هي الإبرة، فإذا زادت عليها فهي المِنْصحة، فإذا غلُظت فهي الشفيزة، فإذا زادت فهي المسلة.

في الحقيقة إن الكتاب من قسمين:

الأول يتصل بفقه اللغة. حاول فيه أن يحدد كل لفظة ومواطن استعمالها والفرق الدقيق بينها وبين مرادفاتها.

أما القسم الثاني الذي أطلق عليه « سر العربية « فهوفصول ألحقها بكتابه تساعد على فقه طرائق التعبير في العربية، كالتقديم والتأخير، والتخصيص والتعميم، وإجراء ما لا يعقل مجرى العاقل..

ونحن نرى ما يراه الزميلان. د. عمر الأسعد و د. فاطمة السعدي أن عنوان الكتاب لا يرتبط بما أريد له، فإن الفقه لغة يعني الفهم. وفقه اللغة في الاصطلاح هو العلم الذي يرمي إلى الكشف عن نشأة اللغة وتطورها وتسجيل قوانينها وعوامل ارتقائها ونموها، وهي أمور لم يتطرق إليها الكتاب. إنما هو كتاب تطبيقي احتوى على مجموعة كبيرة من الألفاظ والتراكيب اللغوية مرتّبة حسب موضوعاتها، وكلها لا تمتّ إلى فقه اللغة بصلة.

أهمية كتاب فقه اللغة للثعالبي:

يذكر في بداية كثير من فصول أبوابه من أخذ عنه من العلماء.

يرتب الألفاظ حسب الموضوعات والمعاني.

يوضّح الفروق الدقيقة بين المعاني المتقاربة.

يعد مُلْهِما لابن سيدة الذي ألف " المخصص " محتذياً حذو الثعالبي.

الباب السادس عشر

في صفة الأمراض والأدواء سوى ما مرّ بنا في فصل أدواء العين وذكر الموت والقتل

الفصل الأول

في سياق ما جاء على فُعال

(أكثر الأدواء والأوجاع في كلام العرب على فُعال) كالصُّداع . والسُّعال . والزُّكام . والبُحاح . والقُحاب . والخُناق . والدُّوار . والنُّحاز (١) . والصُّدام . والهُلاس . والسُّلال . والهُيام . والزُّداع . والكُباد . والخُمار . والزُّحار . والصُّفار . والسُّلاق . والكُزاز . والفُواق . والحُاق . (كما أن أكثر أسماء الأدوية على فَعول) . كالوَجور . واللَّدود . والسَّعوط . واللَّعوق . والسَّنون . والبَرود . والذَّرور . والسَّفوف . والغَسول . والنَّطول

١ وفي نسخة والنحاز وهو غلط

(١٣١)

الفصل الثاني

في ترتيب أحوال العليل

عليل * ثم سقيم ومريض * ثم وقيذ * ثم دنف * ثم حرض ومحرض (وهو الذي لا حي فيرجى ولا ميت فيُنسى).

الفصل الثالث

في تفصيل أوجاع الأعضاء وأدوائها على غير استقصاء

إذا كان الوجع في الرأس فهو صداع * فإذا كان في شق الرأس فهو شقيقة * فإذا كان في العين فهو عائر (١) * فإذا كان في اللسان فهو قلاع * فإذا كان في الحلق فهو عذرة وذبحة (٢) * فإذا كان في العنق من قلق وساد أو غيره فهو لَبَن (٣) وإجْل * فإذا كان في الكبد فهو كُباد * فإذا كان في البطن فهو قُداد (عن الأصمعي) * فإذا كان في المفاصل واليدين والرجلين فهو رَثْية * فإذا كان في الجسد كله فهو رُداع (وأنشد:

فوا حزني وعاودني رُداعي وكان فراق لُبنى كالخِداع)

١ وفي نسخة عابر وهو غلط ٢ وفي رواية ذبحة وهو غلط
٣ وفي نسخة لبن

نموذج فقه اللغة للثعالبي

٢ - المعجم الثاني من معاجم المعاني هو:

المخصص، لابن سيد الأندلسي (ت ٤٥٨ هـ)

ضمّنه المؤلف بحوثاً في نشأة اللغة والغريب والمجاز والإبدال. ومعظمها يندرج تحت أبواب مصطلح فقه اللغة

جمع ابن سيدة في هذا المعجم كل ما ألف قبله من موضوعات ظهرت في شكل رسائل أو كتب، ومن ثم فهو أضخم معجم في المعاني.

قسمه صاحبه إلى موضوعات كبيرة، بدأها بالإنسان وغرائزه ولباسه وطعامه، ثم انتقل إلى الحيوان فالنبات، فالظواهر الطبيعية، وجاء كل موضوع تحت عنوان كبير سماه كتاباً، وتحت كل كتاب عدد من الأبواب تتفرع فيها فروع معاني الكتاب الواحد. يمتاز الكتاب بالترتيب الدقيق الشامل واستقصاء المعاني.

وبما أنّ الكتاب مرتّب حسب المعاني والموضوعات، فإن على الباحث أن يعود إلى الفهرس الموضوعي العام للكتاب كله. فإذا وقع على الباب الذي يعتقد أنّ ضالته المنشودة موجودة فيه، أخذ يقرأ مفردات الباب من أولها إلى أن يعثر على الكلمة التي تعوزه.

الـوحـدة الخامسة

قضايا الإملاء والترقيم

الـهــمــزة

الهمزة: هي أول حروف الهجاء، مخرجه من الحلق.

تقع الهمزة في أول الكلمة، أو في وسطها أو في آخرها.

لها في كل موقع قواعد تراعى في النطق أو الكتابة.

أولاً: الهمزة التي في أول الكلمة:

تكتب على الألف.

فإن جاءت مضمومة أومفتوحة كتبت فوق الألف، نحو:

أُذن،أُم،أُخت. أُجاج. أسعد. أَحمد،. أًكرم. أًمانة.أًفْهم.

وإن كانت مكسورة رسمت تحت الألف: إنّ. إثْم.إذاعة. إشاعة.

هذه الهمزة تكون للوصل أو القطع:

<u>همزة الوصل</u>.

ترسم صادا صغيرة (ص) فوق الحرف.

تكون زائدة عن بنية الكلمة، تأتي في أول الكلمة فقط. تظهر في النطق إذا جاءت في بداية الكلام، وتحذف في درْجه(إذا وصلت بما قبلها)يؤتى بها للتوصّل إلى النطق بالساكن.

انظر الأفعال التالية: يسمع، يذهب، يستلهم، فإنّ الأمر منها بحذف حرف المضارعة ليصبح سْمع، ذْهب، سْتلهم. والعربية لا تبدأ النطق بساكن، لذا نأتي بالهمزة كي نستطيع النطق بهذه الأفعال.

مواضعها:

١- في الحروف.

الحرف الوحيد الذي همزته همزة وصل هو»أل التعريف» التي تدخل عادةً على الأسماء نحو: الحمد لـلـه. الناجحون. الذي. التي.

٢- في الأسماء. على النحوالتالي:

- في الأسماء العشرة التالية: اسم. ابن. ابنة. ابنم[١٥]. امرؤ. امرأة. است[١٦].

وفي مثنى هذه الأسماء» اثنان اثنتان. ايمن الـلـه (التي تفيد القسم).

- في مصادر الأفعال الخماسية (سواء أكانت معرفة بأل أو مجرّدة منها) نحو: احترام. انصراف. اكتمال. افتراض. اعتماد.الاعتماد. الاحترام.

وهي من الأفعال: احترم. انصرف. اكتمل. افترض. اعتمد.

- في مصادر الأفعال السداسية (سواء أكانت معرفة بأل أو مجرّدة منها)، نحو

استفهام. استقبال.استهتار.الاستفهام.الاستقبال. من الأفعال: استفهمَ. استقبلَ استهترَ

٣- في الأفعال، وتشمل:

- فعل الأمر الثلاثي: افهمْ.ادرسْ.اكْتبْ. اسكتْ.

- فعل الأمر الخماسي: انصرفْ. انطلقْ. انتبهْ. ارتحلْ.

- فعل الأمر السداسي: استفتحْ. استغفرْ. استكملْ. استرشدْ.

- الفعل الماضي الخماسي: انصرفَ. انطلقَ. انتبهَ. ارتَحَلَ.

- الفعل الماضي السداسي: استكبرَ. استفهمَ. استرشدَ. استمتعَ.

---

١٥ ابنم: لغة في «ابن» وهي من الغريب إذ تظهر حركة الإعراب على الحرف الأخير، ويتبعه الحرف الذي قبله:ابنُمٌ. ابنَماً.ابنمٍ.ومثلها «امرؤ»

١٦ است:دبر

*حركة همزة الوصل في الأفعال:

تكون هذه الهمزة مكسورة أو مضمومة، تبعاً لحركة الفعل الثالث من الفعل فهي:

تكسر:

١- إذا كان ثالث الفعل مفتوحاً: اِقرَأ. اِسأَل. اِذهَب. اِركَع.من قرأ،سأل،ذهب،ركع

مضارعها: يقرأ يسأل. يذهب.يركع

٢ - وإذا كان ثالث الفعل مكسوراً: اِجلس. اِحمل. اِنزل. اِكشف

مضارعها: يجلس. يحمل. ينزل.

وتضم:

إذا كان ثالث الفعل مضموماً(ضماً أصلياً): ادعُ. ادخلوا. اسجدوا.

نسترشد بالمضارع لمعرفة حركة الحرف الثالث. يذهَب.يجِلس.يدخُل.

فوائد:

١- لا تفتح همزة الوصل في الأفعال إذا كان ثالث الفعل مفتوح العين،لأنّها لو فتحت يلتبس الأمر بالمضارع، فيتغيّر المعنى نحو: «اِذهبْ إلى فرعون إنّه طغى».

فلو فتحت الهمزة لتحوّل الفعل إلى المضارع: أَذهبُ إلى فرعون إنه طغى. والمعنى فاسد كما هو واضح.

٢ - لو سُمّي بما همزته همزة وصل فإنّه يجوز أن تكتب بهمزة قطع: السفر يوم الإثنين. إبتسام. إ نتصار.

٣- تسقط (تحذف) همزة الوصل في مواضع كثيرة منها:

أ- تحذف الهمزة من كلمة "اسم" في البسملة الكاملة التي لم يذكر ما تتعلق به من فعل أو شبه الفعل: "بسم الـله الرحمن الرحيم".

ولا تحذف في نحو: باسمك اللهم نبدأ. نفتتح الحفل باسم الـله الرحمن الرحيم

ب- من " أل التعريف"

* إذا دخلت عليها لام جر، نحو: المفاتيح للسيارة. الأمر لله. الأصل ل السيارة. لِ الـله

* إذا دخلت عليها لام الابتداء، نحو: لَلصبر فضيلة. لَـلعلم مفتاح النجاح. الأصل: لَ الصبر. لَ العلم.

مع ملاحظة أن لام الجر مكسورة. ولام الابتداء مفتوحة (تدخل على المبتدأ).

ج- وتحذف همزة الوصل إذا دخلت عليها همزة الاستفهام. نحو:

أسمك علي؟ الأصل أاسمك علي.

أبن أخيك هذا؟ الأصل أابن أخيك.

أثنتان الناجحتان؟ الأصل أاثنتان.

ونحو: أصطفى البنات على البنين؟ الأصل أاصطفى...

أستعان الرجل بجاره؟ - الأصل أاستعان....

أستغفرت بعد الذنب؟ - الأصل أاستغفرت....

أضطراراً كان غيابك؟ - الأصل أاضطراراً....

د- وتحذف من المضارع: استكبر يستكبر. استودع يستودع.

هـ- وتحذف الهمزة من "ابن" وابنة في حالات منها:

* إذا وقعتا بعد حرف نداء.

يابن أخي لا تجادل بغير الحق.

يابن الوطن اسع الى خيره.

يابن الكرام ألا تـدنو فتبصر ما   قد حـدّثوك، فما راءٍ كمن سمعا.

* إذا وقعت إحداهما بين علمين، وفق الشروط التالية:

أن تكونا مفردتين: علي بن الجهم شاعر.

أما إذا كانتا مثنى أو جمعاً فإنّ الألف تثبت:

الحسن والحسين ابنا علي – تزوج عثمان بابنتي النبي(ص).

أن يكون ابن /ابنة نعتاً للعلم الأول،لا خبراً له.

حقق أحمد بن سالم فوزاً عظيماً / شاركت خولة بنت الأزور في اليرموك.

ألاّ يفصل بين العلمين فاصل، فإن فصل بينهما ثبتت الألف.

فاطمة هي ابنة الرسول (ص)، عمر هو ابن الخطاب. علي هو ابن سعيد.

همزة القطع:

هي الهمزة الي تثبت في النطق سواء وقعت في أول الكلمة أو في وسطها أو متطرفة.

أكرم أخاك. اسأل عن الجار. قرأ محمد الصحف

ولكل موقع من هذه المواقع أحكام يجب الالتزام بها حتى يستقيم الأداء الكتابي:

أولاً: الهمزة في أول الكلمة.

ترسم في الكتابة ألفاً مقترنة بهمزة فوق الألف:

- إذا كانت حركتها الفتحة: أداء. أمانة. أقطاب. أخ. أخذ.

- أو إذا كانت حركتها الضمّة: أُسامة. أُم. أُخرى. أُكِل.

وترسم تحت الألف إذا كانت حركتها مكسورة،نحو:

إبرة. إياد. إشاعة. إذاعة. إبانة. إنّ. إذا.

ولا تتغير كُتابة هذه الهمزة إذا سبقها بعض الأحرف (فلا تخرج عن أوليتها). منها:

السين: سأُحافظ على المبدأ. سأَعود غداً

الفاء: دخل محمد فأحمد. أحترمك فإنك أخي وإنك لصديقي.

الواو: غادر علي وأكرم.

الباء: ينظر الناس إلى المدرس بإعجاب.

لام القسم: و اللـه لأسمعن النصيحة.

لام التعليل:أصغي إلى المحاضرة لأفهمُ.

لام الابتداء: لأنت صادق.

أل التعريف: احترم أخي الأكبر.

الكاف: المسلمون يتعاملون كإخوة.

همزة الاستفهام: أأحضر اليوم أو غداً؟ أأنت جاري؟

شذت كتابة: لئِن، لِئلا، هؤلاء،حينِئذ، يومئذ ؛ لكثرةالاستعمال، وكان القياس أن تكتب ألفاً هكذا: لإنْ، لأنْ لا، يوم إذ، حين إذ. وذلكَ لأنهم جعلوا هذه الكلمات كالشيء الواحد،وأعطوا الهمزة فيها حكم المتوسطة وكتبوها متصلة كالكلمة الواحدة.

ثانيا: الهمزة المتوسطة:

عند كتابتها ينظر إلى حركتها وحركة الحرف الذي يسبقها،وتكتب على حسب الحركة الأقوى، وأقوى الحركات هي:الكسرة – يناسبها الياء.الضمّة – ويناسبها الواو.

الفتحة – ويناسبها الألف.السكون.

وعلى ضوء ذلك فإنها:

تكتب على نبرة (كرسي)

أ- إذا كانت محركة بالكسرة نحو:

سُئِم. رُئي. مرئي. جزئي. صائم. وقائي. هيئي. مستهزئين.

ب- إذا كان ما قبلها مكسوراً(مهما كانت حركتها هي):

بئر. ظئر. رئة فئة. ظمئوا.برئوا. مبتدئون. يستهزئون. لاجئون. منشئون.

وتكتب أيضاً على نبرة إن كان قبلها ياء ساكنة،لأن الياء الساكنة بقوة الكسر.

هيئة. رديئة. جريئة.بريئة. خطيئة. دنيئة.جريئان. بريئان. يفيئان.

تكتب على واو.

إن كانت مضمومة أوكان ما قبلها مضموماً أو كانا مضمومين.

- يقرؤه. أصدقاؤه. أعداؤك. مبدؤه. يؤمّ. يكلؤك. تفاؤل. تشاؤم.

- لُؤم. بُؤس. لُؤلؤ. مُؤجل. مُؤخّر. مُؤنث. مُؤاخاه. ذُؤابة. زُؤام. فُؤاد. مُؤذّن. مُؤسّسة. مُؤرّخ. شؤون. كؤوس.

تكتب على ألف.

إذا كانت مفتوحة أو يسبقها فتح:

سأل. ثأر. دأب. زأر. وأد. اكتأب. يتأخّر. التأم. متأمل.

وإن كانت مفتوحة وتلاها حرف الألف: تصبح مداً (إشارة إلى إدغامها في الألف)

مآرب. مآدب.مآكل. مكافآت. شنآن. سآمة.مآقي.منشآ.مبدآن.خطآن.

شذّ عن ذلك: هما يبدأآن. فلم يقبل النحاة أن يحذفوا الألف ؛ لأنها فاعل والفاعل ركن أساسي في الجملة العربية بعكس ألف التثنية لأنها علامة.

تكتب على ألف.

- إذا كانت الهمزة مفتوحة أو مسبوقة بفتح:

سألت. ثأر. زأر. وأد. يتأخر. دأب. اكتأب. متأمّل.

- إذا كانت مفتوحة ومسبوقة بساكن صحيح، نحو:

جرْأة / يسْأل / يثأر. يزأر.

- إذا كانت ساكنة قبلها فتح،نحو:

رَأْي. شَأن. بَأس. فَأر.مأمون. مأمول. مأفون. مأسور.مأسوف.مأخذ.مأمن.

يأسف.يأنف. يألف. يأخذ.يأمن. يأفل.

تكتب منفردة /على سطر.

إذا وقعت مفتوحة بعد ألف ساكنة،تلافيا لالتقاء "ألفين".

قراءة / تفاءل / تشاءم / براءة. تساءل. إضاءة. جزاءين. جراءة. عباءة.

إذا كانت مفتوحة وقبلها واو ساكنة، نحو:

ضوْءان. مقروْءة. سوْءة. لجوْءك.توْءم. السموْءل..

الهمزة المتطرفة (الهمزة في آخر الكلمة).

ترسم على حرف يناسب حركة ما قبلها.

* فإن كان ما قبلها ساكناً كتبت منفردة، نحو:

جزْء. عبْء. ملْء. نشْء. بدْء. كفْء. قُرْء

وقد يكون الساكن قبلها حرف علّة،نحو:

- سماء. علاء.جزاء. بناء. هواء. أصدقاء.
- يجيء. يفيء. يسيء. دنيء. جريء. رديء. وضيء. شيء.
- لجوْء. هدوْء. وضوْء. ضوء. نوْء.

إذا كان الحرف الساكن الذي يسبق هذه الهمزة ألفاً ونوّن تنوين فتح، لا تلحقه ألف: نقول: جزاءً. هواءً. سماءً. صفاءً.

وفي غير ذلك يقلب التنوين ألفاً، نحو:

جزءاً. عبئاً. جريئاً. شيئاً. هدوءاً. وضوءاً. رزءاً. دفئاً. كفئاً.

لاحظ أننا وصلنا عبئاً،وفصلنا جزءاً.

والسبب أن حرف الزاي مفروق لا يوصل. وحرف الباء موصول يوصل بما بعده.

إن كان ما قبل الهمزة متحركاً،فإنها ترسم على حرف يناسب حركة ماقبلها:

أ- فإن كانت حركة ماقبلها الفتح رسمت على ألف، بصرف النظر عن حركة الهمزة،نحو:

ملجأ. مبتدأ. مرفأ. مخبأ.

يبدأ. يلجأ. يقرأ. يصدأ. قرأ. بدأ.

وتظهر الحركات غلى الهمزة المتطرفة هذه دون أن يتغير رسمها.

ب- إن كانت حركة ما قبلها الضمّ، رسمت على واو، دون نظر إلى حركة الهمزة ذاتها

تباطؤ. تكافؤ. تلألؤ. بؤبؤ. جؤجؤ. وضوء. جَرُؤ. بطؤ.

ج- إن كانت حركة ما قبلها الكسر، رسمت على ياء،بلا اعتبار لحركة الهمزة، نحو:

بُدئ. قُرئ. أنشئ. ظمئ. لألئ. مستهزئ. يبدئ. يخطئ. يكافئ. يختبئ. دافئ. خاطئ. شاطئ.

فإن لحق الكلمة تنوين الفتح (في حالة النصب) كتبت على كرسي، وأبدل التنوين ألفاً، نحو:

شاطئاً. سيّئاً. مستهزئاّ. شيئاّ.

فوائد:

١- إذا وقعت بعد الهمزة المفتوحة الواقعة في أول الكلمة همزّة ساكنة تحولت الى مدّة:

أأمل - آمل. أأخذ - آخذ. أأمرك - آمرك.

٢- الواو الساكنة تفعل فعل الألف بشرط ألا تحرك الهمزة التي تليها بكسرٍ أو ضم نحو: ضوْءان. مقروْء ة. سوْءة. لجوْءك. توْءم. سموْء ل.

التاء المربوطة والتاء المبسوطة

١. التاء المربوطة:

لا تقع إلاّ في الأسماء، ويكون ما قبلها مفتوحاً.

هي التي تلفظ «هاء» عند الوقوف عليها، وتكتب «ة» بنقطتين فوقها. ونستغني عن التنقيط

١ - إذا كانت قافية بيت، نحو:

إذ قال نفسي نـفسٌ رفيـعه   لم تهو إلا حـسن الـطبيعه
الشعراء فاعـلمن أربـعـه   فشاعر يجري ولا يجري معه
وشاعر يخوض وسط المعمعه

٢ - إذا كانت نهاية عبارة مسجوعة:

"أعوذ بكلمات الـلـه التامه،من كل شيطان وهامّه، ومن كل عين لامّه "

مواضعها:

في نهاية الاسم المفرد المؤنث،نحو:فاطمة،، وردة، صفة، سنة.

وفي نهاية الصفة المؤنثة: مجتهدة، ناجحة، جميلة، عفيفة، طويلة، نحيلة.

في نهاية أسماء الأعلام المذكرة العربية: طلحة، حمزة، معاوية، عنترة، قتيبة، عُبادة أما الأعلام الأعجميّة فتكتب بالتاء المبسوطة (كما سيأتي).

في نهاية صيغ المبالغة:علاّمة، رحّالة،نابغة، نسّابة،راوية، فهّامة.

في نهاية جمع التكسير الذي لا ينتهي مفرده بالتاء: قُضاة،سُعاة،غّزاة،أباة عُراة، ولاة،حفاة، صيادلة، عباقرة، كتبة،

مفردها: قاض، ساع، أبي، صيدليّ، كاتب.

تاء "ثَمّة" الظرفية التي بمعنى هناك (لتمييزها عن ثمّت العاطفة)

في نهاية المصدر الصناعي،نحو:حرية،عبودية،دولية،ثورية،استعمارية،

في نهاية اسم المرة واسم الهيئة:جَلْسة،وَقفة وجلسة وِقفة.

تكتب التاء المربوطة تاءً مفتوحة عند الإضافة َوالتثنية.

حقيبة، مدرستك، كتابهم، قلمها.

حقيبتان، مدرستان، كتابان، قلمان.

٢. التاء المبسوطة (المفتوحة)

هي التي لا تلفظ "هاء" عند الوقف،بل تظل" تاء " في الدرج والوقف.

مواضعها:

تقع في نهاية الاسم أو الفعل أو الحرف:

١ - في آخر الاسم الثلاثي المفرد الساكن الوسط:

بنْت، أخْت، بيْت، سبْت، بخْت، وقْت، زيت، قوت، حوت، موت، نعْت.

٢- جموع التكسيرالتي ينتهي مفردها بتاء مفتوحة:

بنات. أخوات. بيوت.أقوات. زيوت. أوقات.

٣ - جمع المؤنث السالم وما ألحق به.

طالبات معلمات مرشدات طبيبات/......أولات. عرفات. ذكريات. زرقاوات

٤ - في الأعلام الأعجمية التي تنتهي بالتاء:

شوكت. جانيت. جولييت.أنطوانيت. مدحت. زردشت. بونابرت. رأفت.

٥ - في الأسماء التي تنتهي بتاء مسبوقة بواو،نحو:

ملكوت لاهوت جبروت طالوت جالوت قانوت تابوت عنكبوت

أوياء ساكنة نحو: كبريت. عفريت. خرتيت.

٦ - الضمير المتصل بالأفعال: سمعتُ.قرأت،(للمخاطب)سمعتِ قرأتِ(للمخاطبة)

٧ - التاء الأصلية في الأفعال. حيث تكون التاء حرفاًأصلياً من بنيَة الفعل.

صمتَ. ماتَ. ثبتَ. فاتَ. باتَ

٨ - في اسمي الفعل:هات،هيهات.

٩ - في الحروف التي تنتهي بالتاء:

ليت. لات. رُبّت. ثمّت (بمعنى ثم العاطفة)

* الأسماء: مدحت /عصمت/دولت/حكمت/رأفت.

* جاءت من اللغة التركية فكتبت على أساس أنها أعجمية، ولا تجوز كتابتها بالتاء المربوطة مع أنّ أغلبها يعود إلى مصادر من اللغة العربية مثل: مدح. عصم. دول. حكم. رأف.

الــهــاء

ترسم الهاء على صورة التاء المربوطة غير أنها بلا تنقيط، تثبت هاء في الوقف والوصل تكون:

١. ضميراً للمذكر الغائب المفرد: قلمهُ. كتابه. عليه. منه. عاقبه. أفهمه.

٢. زائدة: ماهيه. حسابيه. سلطانيه. ماليه.

٣. تاتي للسكت: وهي هاء ساكنة يؤتى بها عند الوقف وجوباً أو جوازاً

أ. وجوباً في موضعين:

١. تلحق الأمر من بعض الأفعال المعتلة التي تكون على حرف واحد للتمكن.

رَهْ. عهْ. قِهْ. من الأفعال رأى. وعى. وقى.

٢. مع "ما" الاستفهامية عند حذف ألفها وجرها بالإضافة،نحو:

قلت لمحمد: إني معجب بسعيك،فقال سعيْ مَهْ.

ب.جوازاً في مواضع:

١. مع كل فعل حذف آخره للجزم أو الوقف وبقي على أكثر من حرفين: اعطِهْ،لم يُعطه.

٢. مع"ما" الاستفهامية محذوفة الألف لدخول حرف الجر عليها،نحو: لِمهْ

٣. تلحق الاسم في الندبة: وامحمداه. والاستغاثة. وامعتصماه.

علامات الترقيم

هي علامات اصطلاحية توضع بين أجزاء الكلام المكتوب لمساعدة القارئ على فهم ما يقرأ، فالقارئ في غياب علامات الترقيم قد يقف في غير موضع الوقف، فتصبح الكتابة متصلة متداخلة، وهذا يفسد المعنى. وربما التبس على القارئ الإنشاء من الخبر،وما في الإنشاء من أمر ونهي، وتعجب، واستفهام،ونداء.

إنّ علامات الترقيم في الكتابة تحقق هدفين هما: فهم المعنى وطريقة الأداء.

في الكلام المنطوق يعبّر المتكلم عن مراده بالإشارة أوتغير نبرة الصوت أو الحركة والإيماء وفي الكتابة الصحيحة تعبّر عن ذلك علامات الترقيم. ذلك أنّ وضع علامات الترقيم في موضعها المناسب يجعل المعنى واضحاً، وإنْ حصل اختلال في موضع علامة الترقيم التبس المعنى.

فإذا قيل: تزوج عليٌ وأخوه في السفر. كان المقصود زواجهما معاً خلال السّفر. أما تزوج عليٌ،وأخوه في السفر،فإنها تعني زواج علي بينما كان أخوه مسافراً.

ما أحسن زيد. نفي.

ما أحسن زيد؟ استفهام.

ما أحسن زيدا! تعجب.

ثم انظر إلى الآية الكريمة «ختم الله على قلوبهم وعلى سمعهم وعلى أبصارهم غشاوة». يمكن أن تقرأعلى عدة وجوه وكل وجه يحمل معنًخاصا.

١.» ختم الله على قلوبهم وعلى سمعهم وعلى أبصارهم غشاوة».

٢.» ختم الله على قلوبهم، وعلى سمعهم وعلى أبصارهم غشاوة».

٣.» ختم الله على قلوبهم وعلى سمعهم، وعلى أبصارهم غشاوة».

تفيد قراءة الأية على الوحه الأول أن الله قد ختم على القلوب والسمع والأبصار وتفيد قراءتها على الوجه الثاني أن الختم على القلوب،أمّا السمع والأبصار فعليها غشاوة.

وتفيد قراءتها على الوجه الأخير أن الختم على القلوب والسمع، والغشاوة على الأبصار وحدها.

وإليك أشهر هذه العلامات:

١.النقطة:

توضع في آخر الكلام: خير الكلام ما قل ودل ولم يطل فيمل.

أو في نهاية الجملة التي تم معناها نحو: أدى الطلبة الامتحانات وهم الآن ينتظرون النتيجة.

كما توضع بعد الكلمات الدالة على الاختصار نحو: هـاختصار كلمة هجري م. اختصار كلمة ميلادي ص.ب. اختصار لكلمتي صندوق بريد.

٢.الفاصلة:

هي أكثر علامات الترقيم استعمالاُ في الكتابة الغرض منها أن يسكت القارئ عندها سكته خفيفة توضع بين الجمل المترابطة في المعنى والاِعراب وأشهر استعمالاتها:

أ. بين الجمل التي يتركب من مجموعها كلام تام الفائدة نحو: محمد طالب مهذّب، لا يسيئ الى أحد، ولا يسخر من الناس، ولا يتوانى عن خدمة الأخرين.

الرياضة تقوي الجسد، وتنشط الدورة الدموية، وتهذب الخلق.

ب. بين المتعاطفين: تتكون الجملة الفعلية من:فعل،فاعل، مفعول به.

ج. بعد المنادى، نحو: ياليلى، اسمعي ما يقال.

أيها الشباب، أنتم أمل المستقبل.

د.بين الشرط وجوابه:

إذا احترمت الناس، احترموك.

إذا ارسلت في حاجة، فأرسل فطناً لبيباُ.

هـ. بين القسم وجوابه: و الـلـه، لأقولنّ الحق. تالله، لأخلصنّ لوطني.

و. بين الشئ وأقسامه (أنواعه).

- المرء بأصغريه: قلبه، ولسانه.
- الإيمان: أن تؤمن بالله، وملائكته، وكتبه،ورسله.
- الكلام ثلاثة أقسام: الاسم،والفعل، والحرف.

٣. الفاصلة المنقوطة؛

الغرض منها أن يقف القارئ وقفة متوسطة، أطول بقليل من سكتة الفاصلة توضع:

- بين جملتين تكون الثانية مسببّة عن الأولى نحو:

أحمد مثابر؛ فليس غريبا أن يحقق تفوقا.

لقد درس علي ؛ فنجح، أما زيد فتقاعس عن الدراسة ؛ فلم ينجح.

- وبين جملتين إحداهما تفسير أوتعليل للأخرى،نحو:

ما جزاء الشر إلا الشر ؛ لأن من يزرع الشوك لا يجن العنب.

فصلت الكلية لبنى ؛ لأنها غشّت في الامتحان.

٤. النقطتان الرأسيتان:

توضع:

* بين لفظ القول أو ما في معناه نحو قال.سأل.أجاب.روى. وبين مقول القول (الكلام المحكي).قال علي (كرم الله وجهه): أول عوض الحليم عن حلمه أنّ الناس أنصاره.

قال حكيم:العلم زيْن، والجهل شيْن.

نصيحتي إليكم هي: لا تستمعوا مقال السوء.

سألت أخي: متى تسافر؟

* بين الشئ وأقسامه، نحو:

القضاة الثلاثة: واحد في الجنة، واثنان في النار.

وسائل النقل هي: الطائرة،والسفينة والسيارة.

قال لقمان لابنه: ثلاث لا يعرفون إلاّ في ثلاث مواطن: لا يعرف الحليم إلاعند الغضب، ولا الشجاع إلاّ في الحرب، ولا تعرف أخاك إلا عند الحاجة.

حالات المادة في الطبيعة: أجسام صلبة، وأجسام سائلة، وأجسام غازيّة.

* قبل الأمثلة التي سبقت لتوضيح قاعدة، نحو:

يرفع جمع المذكر السالم بالواو،نحو: الطيبون للطيبات.

يجر الممنوع من الصرف بالفتحة نحو: حصلت على جوائز ذهبيّة.

آية المنافق ثلاث: إذا حدّث كذب، وإذا وعد أخلف، وإذا اؤتم خان.

* **عند إعراب الجمل:-**

أبوك ذو فضل.

أبوك: أبو مبتدأ مرفوع وعلامة رفعه الواو، الكاف: ضمير مبني في محل جر مضاف إليه

ذو: خبر مرفوع وعلامة رفعه الواو، لأنه من الأسماء الخمسة، مضاف.

فضلٍ: مضاف إله مجرور.

* بين الكلمة المفسّرة وتفسيرها.

العيس: الإبل.

الوسمي: أول المطر.

٥. علامة الاستفهام. سواء ذكرت الأداة أو حذفت.

* توضع عقب جملة الاستفهام:

كم عدد الخلفاء الراشدين؟

أين وقعت معركة مؤتة؟

هل عندك معلومات حول المقررات الجديدة؟

عليّ المتأخر؟ والتقدير أعليٌّ المتأخر؟

٦. علامة التعجب أو التأثر أوالانفعال!

* توضع في أخر الجملة التي يُعبّر بها عن الانفعالات النفسيّة كالتعجب و الفرح و الحزن و الدعاء والاستغاثة:

يا للمشهد الرائع! ما أجمل الوطن! أكرم بالعرب لـلـه درُّ خالد / أمثلة التعجب

يابشراي! يافرحتاه!. للفرح.

واسفاه! - الحزن.

ويلٌ للظالم! يارب انصرانا! دعاء-الأولى دعاء على الظالم،والثانية دعاء إلى اللـه ياللناس للمظلوم. ياللمسلمين لفلسطين / استغاثة.

قد تجتمع علامتا الاستفهام والتعجب، وغالباً ما يكون ذلك بعد الاستفهام الإنكاري:

أتقاعساً في نهاية العام؟!

أحشفاً وسوء كيلة؟!

" كيف تكفرون بالله؟!

٧. الشرطتان - -

توضع:

*** بين العدد والمعدود (سواء كان العدد رقما أو لكتابة) نحو:**

<u>المراحل الدراسيّة أربعة:</u>

١- الابتدائية ٢-الأعدادية ٣ -الثانوية ٤-الجامعية

مستويات اللغة هي:

أولا- الصوتي ثانياً – النحوي ثالثاً – الصرفي

رابعاً- الدلالي خامساً- البلاغي سادسا - الكتابي

* - في أول السطر في حال المحاورة بين اثنين استغناءً عن تكرار اسمي المتماورين.

ناصر لولده سامر: هل أعددت دروسك؟

- لقد أعددت الحساب.

- والمواد الأخرى؟

- لم أتمكن من دراستها.-

- ولماذا يابني؟

- لأني كنت مريضاً ليومين متتاليين.-

- وكيف أصبحت اليوم؟-

- بخير، والحمد لـلـه.-

- وفقك الـلـه واعمل ما في وسعك.

* - قبل الجملة المعترضة وبعدها. وهي الجملة التي تفصل بين متلازمين كالفعل وفاعله والمبتدأ وخبره والقسم وجوابه

- تولى أبو بكر-رضي الـلـه عنه – الخلافة بعد النبي (ص)

الأمر- حفظك الـلـه- هينّ

كان عليٌّ- كرم الـلـه وجهه - بليغا.

أنت-عافاك الـلـه- صديقي.

"فلا أقسم بمواقع النجوم، وإنه لقسمٌ- لو تعلمون -عظيم.

*. لحصر الأرقام:

يصوم الناس من ١٣-١٤ ساعة -

- ادرس الصفحات من ٣٠-٥٠

- السرعة محدودة في المدن ٢٠-٣٠

٨. القوسان المنحنيان

* - توضع بينهما عبارات التفسير والإيضاح.

- حوقل الرجل (قال لا حول ولا قوة إلا بالله)

- الجِنّة (بكسر الجيم) هي الجنون، والجَنّة (بفتح الجيم) هي البستان.

والجُنة (بضم الجيم) هي الوقاية والستر.

*. يوضع بينهما « الاحتراس» وهو ما جئ به ليجنب القارئ أو السامع فهماً غير مقصود.

- الفقر(على مرارته) أهون على النفس من مذلّة السؤال.

- صببنا عليها (ظالمين) سياطنا فطارت بها أيدٍ سِراعٌ وأرجُل

- باسل (رغم فقره)لا يتوانى عن الواجب.

الحرْسُ (بسكون الراء) هو الدهر.

محمدٌ (وإن كان شيخاَ) متلهف الى العلم.-

* - لحصر سنوات الولادة أو الوفاة.

- ولد ابن جني (٣٣٤) وتوفي(٣٩٢)

ملاحظة:يجوز وضع القوسين المنحنيين مكان الشرطتين (مرّتا) أو العكس.فلا يلتبس عليك الأمر

٩ - علامة التنصيص،وهي هلالان مزدوجان صغيران « « يوضع بينهما كلام ينقل بنصّه حرفياً، مثل:

- « يُحكى عن الخليل بن أحمد أنّه قال:» إذا خرجت من منزلي لقيت أحد ثلاثة: إما رجلا أعلمَ منيّ بشئ فذاك يوم فائدتي،أو مثلي فذاك يومُ مذاكرتي، أو دوني فذاك يوم ثوابي «

- تحب الفتاة أباها، وتعجب به، وقديما قالوا: « كُلُّ فتاة بأبيها معجبة « -

- قال تعالى: " ألهاكم التكاثر حتى زرتم المقابر " -

- قال عليه السلام:" دع ما يريبك إلى ما يريبك " –

١٠ -علامة المماثلة (=)

* - توضع تحت الألفاظ المكررة بدلاً من إعادة كتابتها، اختصاراً.

شعبة اللغة العربية، الفصل الأول عدد طلابها ثلاثون طالباً وطالبة.

= = = الثاني = = أربعون = =.

= = = الثالث = = عشرون = =.

= = الإنجليزية الأول = = خمسون = =.

= = = الثاني = = ثلاثون = =.

١١. علامة الحذف (....)

توضع مكان المحذوف من الكلام اكتفاء بالمهم منه أو لاستقباح ذكر بعضه أو للدلالة على نص لم يعثر الناقل عليه.

- قلعة الربض أشهر قلاع الأردن.... بناها أسامة بن منقد

- قال عليه السلام: « إنما الأعمال بالنيات....

تمرين ١: قدر علامة الترقيم في الفراغات:

- كتب رجل إلى صديق له أما بعد فإن كان الإخوان كثيراً فأنت أولهم وإن كانوا قليلاً فأنت أوثقهم وإن كانوا واحداً فأنت.

- قال سليمان بن عبد الملك اتخذوا كتاب الـلـه إماما وارضوا به حكما فإنه ناسخٌ لما قبله ولم ينسخه كتاب بعدهـ

ما جزاء الإحسان إلا الإحسان لأن المعروف يجب أن يقابل بمعروف.

- قيل لحكيم أي الأشياء خير للمرء العيّ قال عقل يعيش به قال فإن لم يكن له عقل قال فإخوان يسترون عليه قال فعيّ صامت قال فإن لم يكن له قال فعيٌّ مريح.

- قال ذو الرّمة قاتل الـلـه أمةَ فلان ما كان أفصحها.

- قال إبراهيم النخعي لسليمان الأعمى وأراد أن يماشيه إنّ الناس إذا رأونا معاً قالوا أعمش وأعور قال وما عليك أن يأثموا ونؤجر قال وما علينا أن يسلموا ونسلم

وكان إبراهيم أعور. والأعمش هو: الضعيف البصر.

العلم حفظك الـلـه طريق النجاح.

- ياأيها الذين أمنوا اتقوا ربكم

- الدهر يومان يوم لك ويوم عليك

تمرين٢ : ضع علامة الترقيم في مكانها المناسب.

- سافرعلي غفرالله له وهو مريض

- لله در خالد

- ويلٌ للخائن

- الطاغوت هو الطاغي المعتدي أو كثير الطغيان

- ما أجمل طريق الغور

تمرين ٣: ضع علامات الترقيم المناسبة.

حضر رجل مجلس الشافعي فسأله كيف يعذب الله إبليس بالنار وهو مخلوق من النار فضرب الشافعي السائل يلوح صغير من الطين فتألم الرجل قال له الشافعي هل أوجعتك قال نعم قال كيف يؤذيك قالب الطين وأنت من الطين.

تطبيق

قدم قيس بن عاصم المنقري على النبي (ص) من البادية في وفد بني تميم وأسلم، وقال النبي(ص)في حقه:» هذا سيد أهل الوبر « ويروى أنه قيل للأحنف:» هل رأيت أحلم منك؟»فقال: نعم،تعلمت الحلم من قيس بن عاصم، حضرت يوماً وهو مُحْتبٍ، (جالس علىأَلْيته وضام فخذيه وساقيه) فإذا صيحة هائلة فلم ينزعج منها، وإذا جماعة قد وافوا بابن له قتيلا، وابنٍ عم له كتيفاً،فقالوا:» إنّ هذا قتل ابنك هذا»، فلم يقطع عنّا حديثه، ولم يلتفت حتى فرغ من حديثه، فالتفت ساعتئذ،وقال: «أين ابني فلان؟» فجاءه، فقال:»يابني قم إلى ابن عمك فأطلقه، وإلى أخيك فوارِه، وإلى أم القتيل فأعطها مائةً ناقة، فإنها غريبة، لعلها تسلو عنه. إنّ شمالاً قطعت يمينا.....

ذهب بلال الى أبي بكر يقول له:» ياخليفة رسول الله، إني سمعت رسول الله (صلى الله عليه وسلم) يقول: « أفضل عمل المؤمن الجهاد في سبيل الله «. قال أبو بكر: فما تشاء يابلال؟ أردت أن أرابط في سبيل الله، حتى أموت.

- ومن يؤذّن لنا؟
- إنّي لا أؤذن لأحد بعد رسول الله.
- بل إبق وأذن لنا يابلال.
- إ ن كنت اعتقتني لأكون عبدا لك فلك ما تريد، وإن كنت فعلت لله فدعني وما اعتقتني له.
- بل أعتقتك لله يابلال.

الـوحـدة السادسة

الـمـستوى البـلاغي

البلاغة

عرّفوا البلاغة بأنها مطابقة الكلام لمقتضى الحال أو هي تأدية المعنى المراد واضحاً بعبارة فصحية مؤثرة في النفس، مع ملاءمة كل كلام للموطن (الموقف)الذي يقال فيه.

والفصاحة لغة: الظهور والبيان.

قال تعالى: « وأخي هارون أفصح مني لساناً « أي أبين مني منطقاً.»

واصطلاحاً: وضوح الكلام وخلوه من التعقيد في اللفظ بحيث يخلو:

من تنافر الحروف.

وقبر حرب بمكان فقر وليس قرب قبر حرب قبر.

جنيت جنى وجنات جنات الجميل.

ومن غموض المعنى:

وما مثله في النـاس إلا مملّك   أبو أمـه حي أبـوه يقـاربه

أول باب بلاغي نتناوله هو:

البيـان:

والبيان في اللغه: الكشف والإيضاح. فلان أبين من فلان، أي أوضح منه كلاماً.

واصطلاحاً: علم يستطاع بمعرفته إبراز المعنى الواحد في صور مختلفة، وتراكيب متفاوتة في وضوح الدلالة، مع مطابقة كل منها مقتضى الحال.

من موضوعاته: التشبيه، الاستعارة، والكناية

التشبيه:

هو عقد مماثلة بين شيئين (أو أشياء) اشتركت في صفة أو أكثر مع زيادة أحدها على غيره، بأداة معينة.

أركان التشبيه:

تأمل الأمثله:

أنت كالشمس في الضياء وإن جا وزت كيوان في علو المكان

يتكون البيت من:

المشبه: أنت (المخاطب)

المشبه به: الشمس

أداة التشبيه: الكاف

وجه الشبه: في الضياء

تسمى هذه أركان التشبيه:

ويسمى المشبه، والمشبه به طرفي التشبيه

رب ليلٍ كأنه الصبحُ في الحُسْـ   نِ وإن كان أسود الطيلسان.

أداه التشبيه: كأن

المشبه: الهاء

المشبه به: الصبح

وجه الشبه: في الحسن

وسهيلٌ كوجنة الحب في اللو   نٍ وقلب المحب في الخفقان.

من الشطر الاول:

المشبه: سهيل.

الأداة: الكاف.

المشبه به: الهاء.

وجه الشبه: في اللون

من الشطر الثاني:

المشبه به: قلب.

وجه الشبه: في الخفقان.

إذن أركان التشبيه هي:

مشبه. مشبه به. أداة. وجه الشبه.

قد تحذف الأداة أووجه الشبه. وقد يحذفان معا.

وللتشبيه طرفان هما: المشبه والمشبه به.

أنا كالماء إن رضيتُ صفاء وإذا ما سخطتُ كنتُ لهيبا

المشبه: أنا.

الأداة: الكاف.

المشبه به: الهمزه.

وجه الشبه: صفاء

كأنَ أخلاقك في لطفها ررقةٍ فيها نسيم الصباح

الأداة: كأن.

المشبه: أخلاقك.

وجه الشبه: في لطفها ررقة.

المشبه به: نسيم.

أنت كالليث في الشجاعة والإقدا مِ والسيف في قراع الخطوب

المشبه: انت

الأداة: الكاف

المشبه به: الليث

وجه الشبه: في الشجاعة والإقدام

المشبه به الآخر: السيف

وجه الشبه: في قراع الخطوب

كأنما الماءُ في صفاءٍ وقد جرى ذائبَ اللجينِ

الأداة: كأن

مشبه: الماء

وجه الشبه: في صفاء

المشبه به: اللجينِ

أدوات التشبيه:

حرف: الكاف، كأنّ.

اسم: شبه،مثل

فعل: يشاربه، يضارع، يماثل، يحاكي.

المشبه والمشبه به يسميان طرفي التشبيه ولا يحذفان.

أداة التشبيه: يمكن حذفها.

وجه الشبه: يمكن حذفه.

المراد بوجه الشبه: الصفة التي يشترك فيها المشبه والمشبه به وتكون في المشبه به أقوى وأظهر.

أقسام التشبيه

ذكرنا أنّ الأداه ووجه الشبه قد يحذفان، فيتقرر على ضوء حذفهما أو وجودهما نوع التشبيه.

أقسام التشبيه على ضوء ذلك كالأتي:

١ - إذا ذكرت أداة التشبيه، فالتشبيه مرسل:

قال تعالى:" وله الجوار المنشأت في البحر كالأعلام "

المشبه: الجوار.

الأداة: الكاف

المشبه به: الأعلام

ذكرت الأداة:.التشبيه مرسل

وهكذا في كل الأمثلة التي مرت من قبل.

٢ - إذا حذفت أداة التشبيه، فالتشبيه مؤكد:

المكتبه نادٍ ثقافي في كثرة روادها

حذفت الاداة، التشبيه مؤكد.

الجواد في السرعه برق خاطف.

التشبيه مؤكد، لأن الأداة حذفت.

أنت نجمٌ في في رفعة وضياء تجتـليك العيـون شرقاً وغرباً.

المشبه: أنت.

المشبه به: نجمٌ

وجه الشبه: في رفعة وضياء.

التشبيه مؤكد، لإن الأداة حذفت.

٣- إذا ذكر وجه الشبه فالتشبيه مفصل.

سرنا في ليلٍ بهيمٍ كأنه البحر ظلاماً وإرهابا.

الأداة: كأنّ

المشبه: الهاء

المشبه به: البحر

وجه الشبه: ظلاما وإرهابا

التشبيه مفصل، لأن وجه الشبه مذكور.

رُب ليل كأنه الصبحُ في الحسـ ن وإن كـان اسود الطـيلسان

الأداة: كأن

المشبه: الهاء

المشبه به: الصبح

وجه الشبه: في الحسن

التشبيه مفصل، لأن وجه الشبه مذكور(في الحسن)

وإذا حذف وجه الشبه فالتشبيه مجمل:

وكأن الشـمس المنـيرة دينَـ نارٌ جـلته حـدائد الـضراب

الأداه: كأن

المشبه: الشمس

المشبه به: دينارٌ

التشبيه مجمل، لأن وجه الشبه (وهو البريق) محذوف

تأمل الأبيات ثانية:

رُبّ ليل كأنه الصبحُ في الحس نِ وإن كان اسود الطيلسان

الأداة: كأن

المشبه: الهاء

المشبه به: الصبح

وجه الشبه: في الحسن

ذكرت الأداة فهو مرسل

وذكروجه الشبه فهو مفصل

إذن هو مرسل مفصل

قال الأفوه الأودي:

إنـما متعةُ قـوم متعـة وحيـاة المرء ثـوب مـستعار

يشبه الشاعر حياة المرء بالثوب المستعار، لكنه حذف الأداة فالتشبيه مؤكد.

وحذف وجه الشبه: فهو مجمل.

والتشبيه المؤكد المجمل يسمونه التشبيه البليغ.

قال المتنبي:

فلو خلق الناس من دهرهم لكانوا الظلام وكنت النهارا.

يشبه الشاعر الناس بالظلام ويشبه الممدوح بالنهار.

في الحالتين حذفت الأداه،فهو مؤكد،

وحذف وجه الشبه فهو مجمل.

مؤكد مجمل:" بليغ".

قال المتنبي في مدح كافور:

إذا نلتُ منك الود فالمال هين   وكلُ الذي فوق التراب تُرابُ.

المشبه كل ما هو فوق التراب،المشبه به: تراب

حذفت الأداه وحذف وجه الشبه: مؤكد مجمل."بليغ "

البحتري في المديح:

ودنا العيدُ وهو للناس حتى   ينقضي وأنت للعيد عيد.

شبه الممدوح بالعيد.

حذف الأداه، وحذف وجه الشبه، فالتشبيه مؤكد مجمل " بليغ ".

وكأن الشمس المنيرة دين نارٌ جلته حدائد الضراب.

ذكرت الأداه، فهو مرسل.

لم يذكر وجه الشبه فهو مجمل.

إذن التشبيه هنا مرسل مجمل.

قال تعالى:" وله الجوار المنشأت في البحر كالأعلام ".

المشبه: وله الجوار

الأداه: الكاف.

المشبه به:الأعلام

ذكرت الأداة فهو مرسل

لم يذكر وجه الشبه فهو مجمل

إذن التشبيه هنا مرسل مجمل

أنت نجمٌ في رفعة وضياء تجتليك العيون شرقاً وغرباً.

حذفت الأداة فهو مؤكد

ذكر وجه الشبه فهو مفصل

إذن التشبيه هنا مؤكد مفصل

المال سيفٌ نفعاً وضرا

المشبه: المال

حذفت الأداه، فهو مؤكد

ذكر وجه الشبه فهو مفصل

إذن التشبيه هنا مؤكد مفصل

- التشبيه المرسل: ما ذكرت فيه الأداة

- التشبيه المؤكد: ما حذفت منه الأداة

- التشبيه المفصل: ما ذكر فيه وجه الشبه

- التشبيه المجمل: ما حُذف منه وجه الشبه

- التشبيه البليغ: ما حذف منه الأداة ووجه الشبه أي أنه المؤكد المجمل.

وسبب تسميه الأخير بليغاً، لأنّ ذكر الطرفين فقط يوهم اتحادهما وعدم تفاضلهما، فيعلو المشبه الى مستوى المشبه به وهذه هي المبالغة في قوة التشبيه

هذه الأنواع من التشبيه يطلق عليها التشبيه المفرد،لأن وجه الشبه فيها مفرد،لاصورة فيه، وسيتضح ذلك بعد دراسة التشبيه التمثيلي.

التشبيه التمثيلي

من المفيد أن نعود إلى التشبيه المفرد توطئة لفهم التشبيه التمثيلي.

قال تعالى « إنها ترمي بشرر كالقصر، كأنه جكالات صفر، ويل يومئذ للمكذّبين»

شبه الـلـه سبحانه شرارة جهنم بالقصر. ووجه الشبه الضخامة.

وكذلك شبهها بالجمل الكبير. ووجه الشبه الضخامة والكبر أيضا.وأنت طبعا لاتستطيع أن تضيف شيئا جدبدا على وجه الشبه غيرهذه الصفة « الضخامة « وعلبه فإنّ وجه الشبه «مفرد»، صفة واحدة جمعت بين شيئين.

هذاالنوع من التشبيه الذي يكون فيه وجه الشبه مفردا يشمى التشبيه المفرد

قال البحتري:

هو بحر السماح والجود فازدد   منه قربا تزدد من الفقر بعدا

شبه الشاعر ممدوحه بالجود والسماحة

ثم ينصح الناس أن يقتربوا منه ليأمنوا الفقر.

وإذا تأملت وجه الشبه رأيت أنه صفة اشتركت بين شيئين ليس غير وهي اشتراك الممدوح في صفة الجود، فالتشبيه مفرد

قال الشاعر:

وليل كموج البحرأرخى سدوله   عليّ بأنواع الهموم ليبتلي

شبه الشاعرالليل في ظلامه ورعبه بموج البحر، فالليل أرخى ستائره مصحوبة بالهموم ليختبر صبره. إنّ وجه الشبه هو اشتراك الليل وموج البحر في صفتين هنا الظلمة والرهبة.فالتشبيه مفرد.

يسمى وجه الشبه إذا كان كذاك « مفردا». وكونه مفردا لايمنع من تعدد الصفات المشتركة.ويسمى التشبيه في هذه الحالات مفردا «غير تمثيل».

انظر الأمثلة التالية لتتعرف إلى نوع جديد هو:

التشبيه « التمثيلي».

قال أبو فراس:

والماءُ يفصل بين روض الزهـ ر في الشـطين فـصـلا.

كـبسـاط وشـــي جـرّدت أيدي القـيون عليـه نصلا.

يشبه الشاعر حال ماء النهر وهو يجري بين روضتين على شاطئيه تنتشر حولهما الأزهار بألوان متعددة من أخضر وأصفر وأحمر...إلخ، بحال السيف اللامع وقد أُلقي على بساط من حرير مطرّز بألوان متعددة، ولو تأملت البيت لوجدت الشاعر لا يشبه النهر بالسيف أو الروضة بالبساط المزركش.

وإنما يريد أن يشبه صورة ماثلة أمامه بصورة تخيلّها. إنه يريد أن يشبه حال النهر ممتداً بين الرياض المتعددة الألوان بحال السيف الأبيض اللامع وقد اعترض فوق بساط موشّى متعدد الألوان،فوجه الشبه هنا صورة. وهي صورة مأخوذة أو منتزعة من أشياء عدّة والصورة المشتركة بين الطرفين (المشبه والمشبه به)

هو وجود بياض مستطيل حوله امتداد فيه ألوان مختلفة.

قال المتنبي يمدح سيف الدولة:

يهزّ الـجيش حولك جانبـيه كما نفضت جـناحيها العُقابُ.

يشبه المتنبي جانبي الجيش، الميمنة والميسرة، وسيف الدولة بينهما وما فيهما من حركة واضطراب بصورة عقاب فرد جناحيه وحرَكهما وهما ممتدان حول جسمه وجه الشبه ليس مفرداً، ولكنه منتزع من متعدد، وهو وجود جانبين لشئ في حالة حركة وتموّج.

وقال السري الرفاء:

وكأنّ الـهلال نونُ لُجيـن غرفـت في صحيفة زرقاء.

يشبه الشاعر حال الهلال أبيضَ لامعاً مقوّساً وهو في السماء ذات اللون الأزرق بحال نون من فضة غارقة في صحيفة زرقاء. فوجه الشبه صورة منتزعة من

متعدد وهو وجود شئ أبيض مقوس في شئ أزرق. هذه التشبيهات تسمى «تشبيه التمثيل».

قال ابن المعتز:

قد انقضت دولة الصيام وقد بشّر سقم الهلال بالعيد.

يـتلـو الثـريّـا كـفـاغرٍ شـرهٍ يفـتح فـاه لأكل عُنقـود.

قال المتنبي في الرثاء:

وما الموتُ إلا سارقٌ دقّ شخصه يصول بلا كفٍّ ويسعى بلا رجل.

وتراه في ظُـلَـم الوغى فتخاله قـمراً يكرعلى الرجال بكوكـب.

ابن المعتز يصف السماء بعد انقشاع السحب:

كأن سـاءنـا لما تجلّـت خلال نجـومها عـند الـصباح.

رياضُ بنـفـسج خـضـل نداه تـفـتّحَ بـيـنـه نـور الأقـاحي.

تقلدتني الليـالي وهي مـديـرة كأنـني صارمٌ في كـفّ مـنهزم.

قيل في الشيب:

أولُ بدءِ المشِيـبِ واحــدةٌ تُـشعلُ ما جـاورت من الـشَعَرِ.

مثلُ الحريق العـظيمِ تـبـدؤه أولَ صـولٍ صغيرةُ الشّـررِ.

قاعدة:

يسمى التشبيه تمثيلاً إذا كان وجه الشبه فيه صورة منتزعة من متعدد. وغير تمثيل أي (مفرد) إذا لم يكن وجه الشبه كذلك. والمفرد يشمل: المرسل، والمؤكد، والمفصل، والمجمل، والبليغ

التشبيه الضمني

لا يوضع فيه المشبه والمشبه به في صورة من صور التشبيه المعروفة، بل يفهمان من المعنى.

قال المتنبي:

- ما كل ما يتمنى المرء يدركه تجري الرياح بما لا تشتهي السفُنُ.

وقال:

- ومن الخير بُطء سيبك عنّي أسرعُ السحب في المسير الجهامُ.

قال أبو تمّام:

- لا تنكري عَطَلَ الكريم من الغنى فالسيل حربٌ للمكان العالي.

وقال ابن الرومي:

- قد يشيب الفتىَ وليس عجيباً أن يُرى النّورُ في القضيب الرطيبِ.

وقال المتنبي:

- من يهن يسهل الهوان عليه ما لجرح بميّت إيلامُ.

هذا نوع من التشبيه يتم الربط فيه بين المشبه والمشبه به بصورة غير مباشرة ويحتاج القارئ إلى براعة لإدراك وجه الشبه بينهما.أي أن الشاعر أو الكاتب يوحي بالتشبيه إيحاءً من غير أن يصرح فيه بصورة من صوره المعروفة.

ويأتي المشبه به بمثابة الدليل أو البرهان على الحكم الذي أسنده إلى المشبه،ورغبةً في إخفاء التشبيه، لأن التشبيه كلما دق وخفي كان أبلغ في النفس.

ففي البيت الأول يقرر المتنبي في صدر البيت حقيقة. وهي أن المرء لا يدرك كل ما يتمناه دائماً. وهذه حقيقة تحتاج إلى دليل وبرهان، فجاء بدليل عليها من واقع الحياة، وهو أن الرياح لا تجري دائما على رغبة قائد السفينة.

إذن فقد شبه حالة عقلية تحتاج إلى دليل بحالة واقعية يدركها الإنسان بخبرته ودراسته.

والمرء الذي يقرأ البيت يدرك ضمنا أنّ المشبه هنا هو عدم إدراك الأنسان ما يتمناه، والمشبه به عدم جريان الرياح حسب رغبة قائد السفن فالتشبيه هنا هو حالة تشيبه حالة بحالة، والقارئ يدرك ضمنا وجه الشبه بينهما.وهذا ما يسمى « التشبيه الضمني «.

وفي البيت الثاني يقرر أن بطء عطاء الممدوح خير له،لأنّ سرعة الإعطاء قد يقلّ فيها العطاء. وهنا جاء بمشبه به يثبت هذه الحالة فقال:

إن السحب السريعة لا مطر فيها.

وهذا تشبيه ضمني، لأن المرء يدرك ضمناً الصلة بين المشبه والمشبه به.

وفي البيت الثالث:

يقول أبوتمام لمن يخاطبها:

لا تستنكري خلوّ الرجل الكريم من الغنى، فإن ذلك ليس عجيباً لأنّ قمم الجبال وهي أعلا الأ مكنة لا يستقر فيها ماء المطر، بل ينحدرإلى الأودية ألا ترى في الكلام تشبيهاً؟ بلى، إنه يشبه ضمناً الرجل الكريم المحروم الغني بقمّة الجبل وقد خلت من ماء السيل. ولكنه لم يضع ذلك صريحا، بل أتى بجملة مستقلة وضمّنها هذا المعنى في صورة برهان.

ويقول ابن الرومي في البيت الرابع:

إن الشاب قد يشيب ولم يتقدم به السن، وإنّ ذلك ليس بعجيب فإن الغصن الغضَّ الرطِب قد يظهر فيه الزهر الأبيض فابن الرومي هنا لم يأت بتشبيه صريح فإنه لم يقل: إنّ الفتى وقد ظهر الشيب في رأسه مبكراً كالغصن الرطيب حين إزهارها. ولكنه أتى بذلك ضمناً.

ويقول المتنبي في البيت الخامس:

إن الذي اعتاد الهوان يصبح من السهل عليه أن يتحمل الألم ولا يتألم وليس هذا إدعاء باطلا ؛ لأنّ الميت إذا جُرح لا يتألم. وفي ذلك تلميح بالتشبيه في غير صراحة.

قاعدة:

التشبيه الضمني: تشبيه لا يوضع فيه المشبه والمشبه به في صورة من صور التشبيه المعروفة بل يلمحان في التركيب.وهذا النوع يؤتى به ليفيد أن الحُكم الذي أُسند إلى المشبه ممكن.

أمثله:

تـزدحـم الـقـصـاد فـي بـابـه والمنهـل الـعذب كثيرُ الزحـام
كـرَم تـبـيّـنَ فـي كـلامـك مـاثلا ويبين عتق الخيل مـن أصواتها
ومـا أنـا مـنهـمُ بـالعـيش فيـهـمُ ولكن معدِن الـذهـبِ الرّغـامُ
سيذكرني قـومي إذا جدّ جِـدّهـم وفي الليـلـة الظلماء يُفتقد البدرُ
لا يُـعجبنّ مـضيمـاً حسنُ بِـزّتـه وهـل يروقُ دفينا جـودةُ الكفـنِ
وأصبحَ شـعـري منهـما في مكانـه وفي عُنق الحسناء يستحسنُ العقدُ
ضَحوكٌ إلى الأبطال وهو يـروعــهم وللسيف حدُ حين يسطـو ورونقُ

المـجـاز اللغـوي

نعرض لهذا الموضوع ليكون مدخلك لفهم موضوع الاستعارة، لأنها نوع من أنواع المجاز.

الشمس تمد الكون بالضوء اللازم لكل كائن حي.

البحار على الكرة الأرضية تزيد على اليابسة خمسة أمثالها.

تمر الجبال مر السحاب.

نظرت إلى بعض المنازل فشاهدت شمساً تطل من النافذة.

اشتهر حاتم بالكرم وكان سحابا لمن قصده.

كلمات الشمس والبحر، والسحاب في الأمثله الثلاثة الأولى استخدمت في معانيها الحقيقية التي وضعت لها في أصل اللغة:

فالشمس: تشير الى الكوكب المعروف.

والبحر: يشير إلى البحر بمعنى المياه.

والسحاب: تشير إلى الغيوم المعروفة الحاملة للمطر.

نسمي هذه الكلمات في هذا الاستعمال " الحقيقه".

تأمل الأن" شمس" في المثال الرابع تجد أنها لم تستخدم في كوكبنا المعروف وإنما استخدمت لتدل على فتاة أوامرأة. إذا لا يعقل أن تكون الشمس متواجدة في نافذه البيت. وفي عبارة كان حاتم سحاباً، لا يمكن أن يقصد به الغيوم التي تتلبد بها السماء وإنما المقصود أنه "كريم " لدرجة كبيرة.

تسمى هذه الكلمات في هذا الاستعمال " المجاز اللغوي"

فالمجاز إذن هو:

استخدام اللفظ في غير ما وضع له أصلاً، لعلاقة نعرفها فيما بعد، فإن كانت علاقة مشابهة فهي « الاستعارة ». أو علاقة أخرى غير المشابهة فهو «المجاز المرسل» والعلاقات فيه مختلفة سيتضح ذلك لاحقاً.

أنواع المجاز اللغوي:

قال عليه السلام لغلام اسمه أنجشة كان يقود جمال النساء في بعض الأسفار: يا أنجشة رفقا بالقوارير.المراد بالقوارير هنا النساء.

فالقوارير لم تستخدم في معناها الأصلي، فهي من المجاز.

وقد شبه النبي صلى الله عليه وسلم النساء بالقوارير.انظر هل توجد علاقة بين المشبه (النساء) والمشبه به (القوارير)؟ نعم هناك علاقة هي المشابه في الرقة.

هذا من ناحية، ومن ناحية أخرى لاحظ أن المشبه به محذوف هذا المجاز الذي تربط طرفيه علاقة مشابهة نسميه الاستعارة.

قال الشاعر:

عيبٌ عليك تُرى بسيفٍ في الوغى ما يفعل الصمام بالصمام.

الصمام الثانية استخدمت في معناها الحقيقي (السيف) فهي من الحقيقه.

والصمام الأولى المراد بها الممدوح، فهي استخدمت استخداماً مجازياً.

فالممدوح مشبه، والصمام مشبه به.

وهناك علاقة مشابهة بين المشبه والمشبه به وهي هنا «القوة «

هذا النوع من الاستعمال المجازي للفظة (كما رأيت) توجد فيه علاقة تربط المشبه والمشبه به.. هي علاقة المشابهة.

واعلم أن المجاز الذي علاقته (رابط المشبه بالمشبه به) المشابهة يسمى «الاستعارة «.ولعلك أدركت أن الاستعارة هي في الأصل تشبيه حذف أحد طرفيه لكننا قبل أن نتناول الاستعارة تعريفاً وأنواعاً ودراسة نقول هناك نوع آخر من المجاز لا تكون العلاقة فيه بين المشبه والمشبه به علاقة مشابهة، ويسمى هذا النوع من المجاز بالمجاز المرسل نمرعليه سريعا دون إطالة،لأنه ليس من مفردات المقرر.

تأمل الآتي:

بلادي وإن جارت علي عزيزة وأهلي وإن بخلوا علي كرامُ.

قصد بالبلاد « الأهل « إذن في الكلمة مجاز، لكن العلاقة بين الأهل والبلاد ليست علاقة مشابهة وإنما البلاد محل أو مكان للأهل، أي أنّ العلاقة محليه، يسمى المجاز الذي علاقته غيرالمشابهة بالمجاز المرسل كما أسلفت.

الاستعارة

عرفت أن الاستعارة هي نوع من المجاز،تكون العلاقة فيه قائمة على المشابهة ولعلك أدركت أن الاستعارة هي تشبيه حذف أحد طرفيه (إما المشبه أو المشبه به).

أولا: الاستعارة التصريحية.

قال عليه السلام لغلام له " يأأنجشة رفقاً بالقوارير ".

المراد بالقوارير: النساء، فهي مجاز.

شبه الرسول النساء بالقوارير، ثم حذف المشبه وأبقى المشبه به لعلاقة المشابهة في الرقة، ففيها استعارة.في مثل هذا الموضع الذي يحذف فية المشبه ويذكر المشبه به تسمى الاستعارة " استعارة تصريحية ".

لاحظ أنه توجد قرينة (دليل) يمنع إرادة المعنى الأصلي، أي يمنع أن يكون المراد بالقوارير معناها الأصلي "أواني الزجاج "

ومثل ذلك قول المتنبي: يصف دخول موفد الروم على سيف الدولة.

وأقبل يمشي في البساط فما درى إلى البحر يسعى أم إلى البدر يرتقي.

شبه الشاعر الممدوح (سيف الدولة) بالبحر،بجامع العطاء، على سبيل الاستعارة التصريحية والقرينة " فأقبل يمشي في البساط ".كما شبهه بالبدر بجامع الرفعة، ثم حذف المشبه وذكر المشبه به على سبيل الاستعارة التصريحية.

والقرينة " فأقبل يمشي في البساط " وهي لفظية.

عيب عليك تُرى بسيف في الوغى   ما يفعل الصمام بالصمام.

أراد بالصمام الأولى الممدوح.

وهكذا شبه الممدوح بالسيف، ثم حذف المشبه (الممدوح) وذكر المشبه به السيف والعلاقه بينهما المشابهه، فهي استعارة.

ولما ذكر المشبه به فالاستعارة تصريحية.

قال تعالى " كتاب أنزلناه إليك لتخرج الناس من الظلمات إلى النور ".

القران أخرج الناس من الجهل الى العلم.

المقصود بالظلمات إذن " الجهل " والعلاقة هي المشابهة.إذن المجاز هو استعارة.

والقرينة التي تمنع إرادة المعنى الأصلي هي" الحال ".

وكذلك المقصود بالنور" الإيمان"، والعلاقة بينهما هي المشابهة،والقرينة التي تمنع إرادة المعنى الأصلي مفهومة من السياق " حالية "ولما كان في الحالتين قد حذف المشبه به فإن الاستعارة فيهما تصريحية.

قال السريّ الرّفّاء يصف حلاقاً:

إذا لمع البرق في كفه أفاض على الوجه ماء النعيم.

شبه الشاعر الموسى بالبرق، بجامع اللمعان. ثم حذف المشبه وذكر المشبه به فالاستعارة تصريحية. والقرينة لفظية "في كفه ".

ثانيا:الاستعارة المكنية:

قال التنبي:

المجدُ عوفي إذ عوفيت والكرَم وزال عنك إلى أعدائك الألَمُ.

المراد هنا بالمجد « الممدوح» ففي الكلام مجاز علاقته المشابهة فهو استعارة.

شبه المجد بالإنسان الممدوح، ثم حذف المشبه به، وأبقى شيئاً من لوازمه، وهو عوفي، إذ المجد لا يعافي ولا يمرض فالاستعارة مكنية.

ومثال ذلك:

ولما قلّت الإبل امتطينا إلى ابن ابي سلُيمان الخُطوبا.

شبه الشاعر الخطوب بالإبل،ثم حذف المشبه به « الإبل « ورمز اليه بشئ من لوازمه، فالاستعارة مكنية.

قال تعالى: «قال رب إني وهن العظمُ مني واشتعل الرأس شيباً».

شبه سبحانه وتعالى الرأس بشي ء يشتعل، ثم حذف المشبه به وأبقى بعض لوازمه (يشتعل) فالاستعارة مكينة.

وإذا المنية أنشبت أظفارها ألفيـت كل تمـيمة لا تنفع.

شبه الشاعرالمنيّه بحيوان مفترس له مخالب حادّه لعلاقة المشابهة، مع وجود قرينة مانعة من إرادة المعنى الأصلي وهي إنشاب الأظفار،فليس للمنية أظفار. هذه القرينة لفظية هنا ثم حذف المشبه به وذكر بعض لوازمه وهي الأظافر فالاستعارة مكنية.

مدح أعرابيٌ رجلا فقال:

تطلعت عيون الفضل لك وأصغت آذان المجد إليك.

شبه الفضل بإنسان، ثم حذف المشبه به، وذكر شيئاً من لوازمه وهو «عيون».

فالاستعارة مكنيّة. والقرينة إثبات العيون للفضل (لفظية) كما شبه المجد بإنسان، وحذف المشبه به، ورمز إليه بشئ من لوازمه وهو «آذان» فالاستعارة مكنية، والقرينة إثبات الآذان للمجد.

البديع

هو علم يبحث في تحسين الكلام وتزيينه وزخرفته بمحسنات: لفظية أو معنوية، المحسنات البديعية نوعان:

١.محسنات لفظية، أشهرها: الجناس، الاقتباس، التضمين.

٢. محسنات معنوية، أشهرها: التورية، الطباق، المقابلة.

المحسنات اللفظية.

أولاً: الجناس.

قال تعالى: « يكاد سنا برقه يذهب بالأبصار، يقلّب الله الليل والنهار،إنّ في ذلك لعبرة لأولى الأبصار «.

وقال تعالى:»ويوم تقوم الساعة يقسم المجرمون ما لبثوا غير ساعة «

قال ابن القيسراني:

والسيفُ هامٍ على هامٍ بمعركة لا البيض فيها يغني ولا اليلبُ.

قال صفي الدين الحِليّ:

ورد الربيع فمرحبا بوروده وبنوْرِ مطلعه ونورْ وروده.

في كل مثال من الأمثلة المخطوط تحتها في الأمثلة تجد كلمتين متشابهتين في اللفظ لكنهما تختلفان في معنىً.

ففي المثال الأول " الأبصار " الأولى تعني الأنظار (جمع نظر) والأبصار الثانية بمعنى العقول.

وفي المثال الثاني كلمة الساعة الأولى يراد بها يوم القيامة، والساعة الثانية يراد بها الساعة الزمنية (٦٠ دقيقة)

وفي الثالث "هام" الأولى بمعنى ساقطة أو واقعة " وهام" الثانية بمعنى الرؤؤس "جمع هامة".

وفي الرابع كلمة "ورودهـ " الأولى تعني قدومه، والثانية تعني "الورد" مثل هذه الكلمات التي تتشابه في لفظها و تختلف في معناها يطلق عليها اللغويون " الجناس " بمعنى التشابه.

عد إلى الأمثلة التي سبقت تجد أن التشابه حصل بين كل كلمتين في:

نوع الحروف، وشكلها، وعددها، وترتيب الحروف.

هذا النوع يسمى " الجناس التام "

انظرالآن الأمثلة التالية (لنتعرف الى الجناس الناقص)

١. قالت الخنساء:

إن البكاء هو الشفاء من الجوى بين الجوانح

٢. وقال البهاء زهير:

أشكو وأشكر فعله فاعجب لشاكٍ منه شاكر

طرفْي وطرْفُ النجم في كَ كلاهما ساهٍ وساهر.

٣. وقال البحتري:

فمن مُليحٍ يهوي بعامل رمحٍ ومشُيحٍ من السنان بترس.

٤. حديث شريف " إنّ الرفق لا يكون في شئ إلا زانه ولا ينزع من شئ إلا ّشانه ".

قال تعالى:" وإنّه على ذلك لشهيد، وإنه لحب الخير لشديد ".

قال أبن خفاجة:

ولقد جريت مع الصبّا جريَ الصَّبا وشربتها من كف أحوى أحور.

٥. قيل: لا تُنال الغُرَر إلا ّبركوب الغَرر.

غُرّة الشئ (بضم العين). وغرة الشئ:أوّله. والغَرر(بفتح الغين): الخطر.

٦. قال الحريري يصف تعلّق الجاهل بالدنيا:

ما يستفيق غراما بها وفرط صَبابة

ولـودرى لكفـاه مـما يروم صُبابه

٧. قال أبو تمّام:

بيض الصفائح لا سود الصحائف في متونهنّ جلاء الشك والرّيبِ

٨. قال تعالى على لسان هارون يخاطب أخاه موسى " خشيت أنْ تقول فرّقت بين بني إسرائيل ".

إنّ الأمثلة السابقة اشتملت على كلمات فيها تشابه أو تجانس.. لكنه تجانس اختلفت فيه الشروط السابقة " نوع الحروف أو عددها أو شكلها أو ترتيبها " بحسب البيان الأتي:

في المثال الأول: الجوي، الجوانح. اختلف عدد الحروف

في المثال الثاني: شاك، شاكر. اختلف عدد الحروف.

:ساه، ساهر. اختلف عدد الحروف أيضا.

في المثال الثالث: مُلِح، مُشِح. اختلف نوع الحروف.

في المثال الرابع: زانه، شانه. اختلف نوع الحروف.

في المثال الخامس: شهيد، شديد. اختلف نوع الحروف.

في المثال السادس: الصَّبا، الصِباّ. اختلف شكل الحروف.

في المثال السابع: الغُرر، الغَرَر. اختلف شكل الحروف.

في المثال الثامن: صَبابة، صُبابة. اختلف شكل الحروف.

في المثال التاسع: صفائح، صحائف. اختلف ترتيب الحروف.

في المثال العاشر: بَينْ، بني اختلف ترتيب الحروف.

الخلاصة: الجناس نوعان:

الجناس التام: وهو ما اتفق فيه اللفظان المتجانسان في عدد الحروف، ونوعها، وشكلها وترتيبها.

الجناس الناقص: وهو ما اختلف فيه اللفظان المتجانسان في واحد من الأمور الأربعة.

الجناس من المحسنات البديعية اللفظية.وهو مقبول في العمل الأدبي إذا ورد عفو الخاطر، دون تكلف.

تمرين: بين ما في الأبيات من جناس ونوعه

أبو نواس:

عباسُ عباسُ إذا احتدم الوغى والفضلُ فضلٌ والربيع ربيع

عباسُ الأولى اسم شخص، عباسُ الثانية:متجهم

قال تعالى:»وإذا جاءهم أمرٌ من الأمن أوالخوف أذاعوا به.. وهم ينهون عنه وينأون«.

قال البستي:

سما وحمى بني سامٍ وحامٍ فليس كمثله سامٍ وحامٍ.

وقال:

فهمتُ كتابك ياسيدي فهمتُ ولا عجبٌ أن أهيما

المعّري:

لم نلق غيرك إنسانا يُلاذ به فلا برحت لعينِ الدهرِ إنسانا

قال تعالى:» فأما اليتيم فلا تقهر وأما السائل فلا تنهر «.

وسميته يحيا ليحيا فلم يكن إلى رد أمر الله فيه قضاء

ابن جبير:

فيا راكب الوجناء هل أنتَ عالمٌ فداؤك نفسي كيف تلك المعالم

شوقي:

وسلا مصر هل سلا القلبُ عنها أو أسا جرحها الزمانُ المؤَسي

قال تعالى:"وهم ينهون عنه وينأون عنه، وإن يهلكون إلا أنفسهم وما يشعرون ".

قال ابن الفارض:

هلاّنهاك نُهاك عن لوم امرئٍ لم يُلْف غير مُنعّم بشقاء

المعري:

والحسن يظهر في شيئين رونقه بيت من الشِعر أو بيت من الشَعر

الطباق

هو جمع بين الشيء وضده في التركيب الواحد.

لِفهْم ذلك، تأمل الأمثلة:

١.قال تعالى:" وما يستوي الأعمى ولا البصير، ولا الظلمات ولا النور ولا الظل ولا الحرور "

الحرور: شدة الحر.

٢. قال تعالى:" وما يستوي الأحياء والأموات..... إنا أرسلناك بالحق بشيراً ونذيراً "

٣. قال تعالى:" قل لا يستوي الخبيث ولا الطيب ولو أعجبك كثرةُ الخبيث "

٤. قال البحتري:

فلو فَهِم الناسُ التلاقي وحسنه　　لحُبّبَ من أجل التلاقي التفّرق

كل مثال احتوى على كلمة وضدها (مخالف لها في المعنى).

الأعمى والبصير. الظلمات والنور.

الظل والحرور. الأحياء والأموات.

بشير ونذير. الخبيث والطيب.

التلاقي والتفرّق.

يسمى البلاغيون الجمع بين الشئ وضده في التركيب اللغوي الواحد "طباقا".

ولو أعدت النظر في الأمثلة لوجدت الطباق فيها جاء مباشراً، أي بإيراد الكلمة ثم الكلمة التي هي مضادّة لها.

يسمى هذا النوع من الطباق " طباق الإيجاب ".

انظر الآن الأمثلة التالية (لتتعرف إلى نوع آخر هو طباق السلب)

قال تعالى:"يستخفون من الناس ولا يستخفون من الـلـه "

قال تعالى:" قل هل يستوي الذين يعلمون والذين لا يعلمون "

قال تعالى:" يريد الـلـه بكم اليُسْر ولا يريد بكم العُسْر "

قال تعالى:" اصلوها فاصبروا أولا تصبروا سواء عليكم "

قال تعالى:" فلا تخافوهم وخافونِ إن كنتم مؤمنين "

تضمت الأمثله طباقاً في الكلمات:

يستخفون ولا يستخفون

يريد ولا يريد

يعلمون ولا يعلمون

اصبروا ولا تصبروا

خافون ولا تخافوهم

لم يتم الطباق بإيراد كلمتين تحمل كلٌ منهما معنىً يخالف معنى الكلمة الأخرى مباشرة، كما في أمثلة طباق الإيجاب.

ولكن تم هذا الطباق **بالإتيان بكلمة مثبتة** ثم الكلمة نفسها منفية كما في الأمثلة الثلاث الأولى.

أو الاِتيان **بصيغة الأمر** يعقبه النهي... كما هو في المثالين الأخيرين ٤-٥.

اصبروا (أمر) تلاه نهي(لا تصبروا)

خافون(أمر) تلاه نهي(لا تخافوهم)

هذا النوع من الطباق الذي يتم:

بالإثبات والنفي. أو بالأمر والنهي يسمى « الطباق بالسلب «.

إذن الطباق هو الجمع بين الكلمة وضدها في تركيب واحد، وهو نوعان:

طباق الإيجاب: وهو الطباق المباشر دون أدوات أو وسائط لغوية.

طباق السلب: ويكون بين الفعل المثبت والمنفي أو بين الأمر والنهي.

الطباق من المحسنات المعنوية.

تمرين: بيّن الطباق ونوعه:

قال تعالى:» وتحسبهم أيقاظا وهم رقود «

قال تعالى:» ولكن أكثر الناس لا يعلمون ظاهراً من الحياة الدنيا».

قال تعالى:"ولا تقولوا لمن يقتل في سبيل الـلـه أمواتا بل أحياء عند ربهم يرزقون"

قال صلى الـلـه عليه وسلم:" خير المال عين ساهرة لعين نائمة "

بمعنى خير المال عين ماء لا ينام صاحبها وهي تظل فائضة تسقي الأرض.

قال تعالى ":لها ما كسبت وعليها ما اكتسبت ".

قال الحماسي:

تأخرت أستبقي الحياة فلم أجد   لنفـسي حياة مثل أن أتقدما

٧. قيل: اللئيم يعفو عند العجز ولا يعفو عند المقدرة.

٨. أحب الصدق ولا أحب الكذب.

٩. لايليق بالمحسن أن يُعطي البعيد ويمنع القريب.

١٠. العدو يظهر السيئة ويخفي الحسنة.

١١. سلي إن جهلت الناس عنّا وعنهم فليس سواء عالمٌ وجهولُ

١٢. على أنني راضٍ بأن أحمل الهوى   وأخـرج مـنه لا عليّ ولا لـيا

١٣. يقيّض لي من حيث لا أعلم النوى ويسري إلِيّ الشوق من حيث أعلمُ

١٤. أبو صخر الهذلي:

أما والذي أبكى وأضحك والـذي   أمات وأحـيا والذي أمره الأمر

لقد تركتني أحسد الوحش أن أرى   خليلين منها لا يروعهما الذعر

١٥. قال الفرزدق:

والشيب ينهض في الشباب كأنـه   ليلٌ يـصيـح بجانبيـه نـهارُ

١٦. قال المتنبي:

ولقد عرفت وما عرفت حقيـقـة   ولقد جهـلتَ وما جهلت خمولا

١٧. قال تعالى:" فلا تخشوا الناس واخشون"

١٨. قال تعالى:" ومن رحمته أن جعل لكم الليل والنهار لتسكنوا فيه ولتبتغوا من فضله "

١٩. قال علي بن محمد الإيادي يصف أسطولا:

دهماء قد لبست ثياب تصنــع　　تسبي العـقول عـلى ثياب تزهد

من كل أبيض في الهواء منشر　　منها وأسود في الخـليج مُـغيب

٢٠. قال المتنبي:

ولست مليكا هازماً لنظـيره　　ولـكـنك التوحيد للشرك هادم

٢١. قال الشاعر:

غيري بأكثر هذا الناس ينخـدع　　إن قاتلوا جبنوا أو حدّثوا شجعوا

٢٢. وقال الشاعر:

تنام لديك الرسل أمنا وغبـطة　　وأجـفان ربِّ الرسل ليس تنام

٢٣. ابن خفاجة:

ووراء أستار الدجى متملـمـلٌ　　يُلقـي بـيـميني تـارة ويسار

٢٤. قال أبو تمام:

بيض الصفائح لا سود الصحائف في　　متونهنّ جـلاء الـشك والـريب

٢٥. قال العماد الأصفهاني يرثي صلاح الدين:

شملُ الهدى والملك عم شـتاتـه　　والـدهـر سـاء وأقلعت حسناته

٢٦. دريد بن الصمة:

إذا ملـكٌ لم يكـن ذاهـبـة　　فـدعه فـدولـتـه ذاهــبـة

فيالك من حزمٍ وعزمٍ طواهما جديد الرّدى بين الصفا والصفائح

٢٧. ابن المعتز:

دعي عنك المـطـامع والأما　　ني فـكم أمـنيّة جلبـت منيّة

٢٨. البهاء زهير:

أرى قـوماً بــليت بهم نصيبي مـنهمُ نَصَبــي

٢٩ شوقي:

كُل حُسْنٍ كامـنٍ أو بادي		أودعـه اللـه اللسان البادي

٣٠. قال الشاعر:

إذا رماك الدهرُفي معشر قد		أجمع النـاس على بُغْضهم

فدارِهم مادمتَ في دراهــم		وأرضِهم مادمت في أرضـهم

الكنايـــة

لفظ أوتركيب لايراد معناه اللغوي، بل مايحمله اللفظ أوالتركيب من دلالة اجتماعية أو مايلزم عنه من حقائق تفهم من السياق، ويجوز في بعضها إرادة المعنى اللغوي، والسياق يحدد المقصود.

الكناية لغة: أن تتكلم بشئ وتريد غيره، تقول: كنّيت عن الشئ إذا تركت التصريح به.

واصطلاحا: ذكراللفظ وإرادة لازم معناه مع جواز**إرادة** المعنى الأصلي.

قالت الخنساء ترثي أخاها:

طويل النجاد رفيع العماد كثير الرماد إذا ماشتا

أرادت الشاعرة أن تصف أخاها بالشجاعة، لكنها عدلت عن التصريح بهذه الصفة إلى الإشارة إليها والكناية عنها ؛ قالت طويل النجاد. والنجاد هي حمالة السيف، وإذا كانت هذه طويلة لزم أن يكون حامل السيف طويلا، والغالب أن يكون الطويل شجاعاً. وهكذا كنّت عن الشجاعة بعبارة "طويل النجاد " وتقصد وصفه بالشجاعة إذ يلزم من طول النجاد وطول القامة أن يكون شجاعاً.

كما أرادت أن تقول إنه عظيم وزعيم في قومه. ولم تأت بالصفة مباشرة، إنما عدلت إلى الكناية عن ذلك حيث قالت إنه رفيع العماد، والعماد هي ما يسند بها بيت الشعر. وفي العادة تكون عماد بيت الشيخ هي الأعلى ويلزم من ذلك الزعامة.

فالكناية في التعبيرين هي كناية عن صفة.

وأرادت أن تقول إنه كريم. ولم تقل ذلك صراحة، وإنّما كنّت عن ذلك بأنه كثير الرماد وكثرة الرماد دليل على إيقاد النار لإطعام الضيوف، و يلزم من ذلك أن يكون كريما والكرم صفة، فالكناية هنا عن صفة أيضا.

تقول العرب: فلانة بعيدة مَهْوى القُرط.

مهوى القرط: المسافة من شحمة الأذن إلى الكتف، وإذا كانت هذة المسافة طويلة لزم أن يكون العنق طويلا،أرادوا القول إنّ عنقها طويل ولم يقولوا ذلك صراحة، وإنما نطقوا عبارة يلزم منها طول العنق، فالكناية هنا عن صفة.

قال المتنبي:

فمساهم وبسطُهمُ حريرٌ وصبحهم وبسطهم تراب

أراد أن يقول: إنّهم كانوا في ترف، ثم غدوا في ذل. ولكنه لم يقل ذلك تصريحا، وإنما كنّى عن ذلك ببسط الحرير، وبسط التراب. يلزم من اتخاذ البسط الحرير الترف أو العز ويلزم من اتخاذ البسط من تراب الذل أوالفقر.

الكناية في الحالتين "كناية عن صفة "

قال فوزي المعلوف في الحنين إلى الوطن:

ودّعوها والدمع ملءُ المآقي   لنواها والنار ملءُ الكبود

الدمع ملء المآقي: أراد أن يتحدث عن البكاء في الشطر، ولكنه عدل عن التصريح بالصفة الظاهرة (الحزن،البكاء) إذ يلزم من امتلاء المافي بالدمع شدة الحزن والألم والبكاء. ثم قال في الشطر الثاني: والنار ملء الكبود. يريد أن يتحدث عن ألمهم وشوقهم،لكنه عدل عن الوصف المباشر إلى الكناية "النارملء الكبود"إذيلزم من هذا التركيب صفة لازمة له ؛ فالكناية إذن كناية عن صفة.

- قيل في فضل دار العلوم في إحياء اللغة العربية.

وجدت فيك بنت عدنان دارا   ذكّرتها بداوة الأعراب

أراد الشاعر أن يقول: إن اللغة العربية وجدت في كلية دار العلوم مكاناً يذكرها بعهد البداوة حيث فصاحة اللغة لكنه لم يصرح باسمها، وإنما عدل عن ذلك إلى القول " بنت عدنان" وهذا تركيب يشير به إلى اللغة بنت عدنان، وهي كناية عن موصوف.

- وقال الكميت:

ولم يُلْهني دارٌ ولا رسم منزلٍ   ولم يتطربني بنان مخضّب.

يعبر عن انشغاله عن حب النساء بحب آل البيت، ولم يصرح باسم "النساء " وإنما انصرف عن التعبير إلى ما يشير إلى النساء وهو تخَضيب أطراف الأصابع تزينا" وتجملاً،وهكذا كنّى بالبنان المخَضب عن ذات لازمة لمعناه، لذلك الكناية هي كناية عن "موصوف ".

- قال شوقي في محاسن اللغة:

إنّ الذي ملأ اللغات محاسنا   جعل الجمالَ وسرُه في الضاد

أراد أن يعبر عن سر جمال اللغة ولم يقله تصريحا،وإنّماعدل عن التّصريح باسم اللغة إلى تركيب يشير إليها ويكني عنها هو الضاد. فالكناية عن "موصوف"

- البحتري يصف قتله لذئب:

فأتبعتها أخرى فأفضلت نصلها   بحيث يكون اللب والرعب والحقد

يقول إنه طعن الذئب بطعنة ثم أتبعها طعنةً أخرى أصابت قلبه فهو موضع العقل، وموضع الرعب، وموضع الحقد.ولكنه لم يصرح باسم القلب،وإنما كنّى عن موضع الثلاثة "القلب"فالكناية عن "موصوف ".

- الضاربين بكل أبيض مِخْذم   والطاعنين مجامع الأضغان

أراد الشاعر وصف الممدوحين بأنهم يطعنون القلوب وقت الحرب، فانصرف عن التعبير بالقلوب إلى القول " مجامع الأضغان " فكنى بها عن ذات لازمة لمعناه، لذلك فهي كناية عن موصوف "القلوب"

الكناية عن النسبة

هي أن تنسب الشئ إلى مايتصل بالموصوف، أو شئ له علاقة به.

- قال بعض الأعراب يمدح رجلاً.

المجد بين ثوبيك، والكرم ملء برديك.

أراد أن ينسب إلى الممدوح صفة المجد والكرم، لكنه لم يقل له أنت ماجد،وأنت كريم تصريحا،وإنما عدل عن ذلك فنسب هاتين الصفتين إلى شئ يتصل بالممدوح: الثوب والبُرْد، يسمّى هذا النوع من النسبة: الكناية عن نسبة.

- المتنبي في مدح كافور:

إنّ في ثوبك الذي المجد فيه   لضياءُ يزري بكل ضياء

يريد المتنبي أن يثبت المجد لكافور،لكنه لم يصرح بذلك تصريحاً وإنما أثبته لشئ يتعلق بالممدوح وهو الثوب الذي يعود إلى الممدوح،فهي كناية عن نسبة.

- زياد بن الأعجم في مدح عبد اللـه بن الحشرج وكان أمير نيسابور

إنّ السماحة والمروءة والندى   في قُبّةٍ ضربت على ابن الحشرجِ

أراد زياد أن يمدح ابن الخشرج ويثبت له صفات السماحة والمروءة والكرم... لكنه لم يصرح بإثبات هذه الصفة له وإنما قال إنها جمعت في الخيمة التي يقيمُ فيها ابن الحشرج وبذلك يكون أفاد إثبات الصفات المذكورة عن طريق الكناية وهي كناية عن نسبة.

- قال الشنفرى يصف امرأة بالعفة:

يبيت بمنجاةٍ عن اللوم بيتها   إذا ما بيوت بالملاحة حلّت

أراد الشنفرى أن يبين عفاف المرأة وبراءة ساحتها عن اللوم والتهمة وأنها لا يلحقها ملام بنوع من الفجور،لكنه لم يصرح بوصفها بالعفة، وإنما اكتفى أن ينسب ذلك إلى بيتها الذي تسكنه،فالكناية عن نسبة.

الـوحـدة السابعة

النصوص والتذوق الأدبي

سورة الحجرات

سورة مدنية، وعدد آياتها ثماني عشرة آية. اشتملت على كثير من القيم والمثل والآداب الإنسانية العامة، وبينت الأسس التي يقام عليها المجتمع الإسلامي،انطلاقاً من بناء الفرد فكراً و تعاملاً وسلوكاً.

(يَا أَيُّهَا الَّذِينَ آمَنُوا لَا تُقَدِّمُوا بَيْنَ يَدَيِ اللَّهِ وَرَسُولِهِ وَاتَّقُوا اللَّهَ إِنَّ اللَّهَ سَمِيعٌ عَلِيمٌ (١) يَا أَيُّهَا الَّذِينَ آمَنُوا لَا تَرْفَعُوا
أَصْوَاتَكُمْ فَوْقَ صَوْتِ النَّبِيِّ وَلَا تَجْهَرُوا لَهُ بِالْقَوْلِ كَجَهْرِ بَعْضِكُمْ لِبَعْضٍ أَنْ تَحْبَطَ أَعْمَالُكُمْ وَأَنْتُمْ لَا تَشْعُرُونَ (٢)
إِنَّ الَّذِينَ يَغُضُّونَ أَصْوَاتَهُمْ عِنْدَ رَسُولِ اللَّهِ أُولَئِكَ الَّذِينَ امْتَحَنَ اللَّهُ قُلُوبَهُمْ لِلتَّقْوَى لَهُمْ مَغْفِرَةٌ وَأَجْرٌ عَظِيمٌ (٣) إِنَّ
الَّذِينَ يُنَادُونَكَ مِنْ وَرَاءِ الْحُجُرَاتِ أَكْثَرُهُمْ لَا يَعْقِلُونَ (٤) وَلَوْ أَنَّهُمْ صَبَرُوا حَتَّى تَخْرُجَ إِلَيْهِمْ لَكَانَ خَيْرًا لَهُمْ وَاللَّهُ غَفُورٌ
رَحِيمٌ (٥) يَا أَيُّهَا الَّذِينَ آمَنُوا إِنْ جَاءَكُمْ فَاسِقٌ بِنَبَأٍ فَتَبَيَّنُوا أَنْ تُصِيبُوا قَوْمًا بِجَهَالَةٍ فَتُصْبِحُوا عَلَى مَا فَعَلْتُمْ نَادِمِينَ (٦)
وَاعْلَمُوا أَنَّ فِيكُمْ رَسُولَ اللَّهِ لَوْ يُطِيعُكُمْ فِي كَثِيرٍ مِنَ الْأَمْرِ لَعَنِتُّمْ وَلَكِنَّ اللَّهَ حَبَّبَ إِلَيْكُمُ الْإِيمَانَ وَزَيَّنَهُ فِي قُلُوبِكُمْ وَكَرَّهَ
إِلَيْكُمُ الْكُفْرَ وَالْفُسُوقَ وَالْعِصْيَانَ أُولَئِكَ هُمُ الرَّاشِدُونَ (٧) فَضْلًا مِنَ اللَّهِ وَنِعْمَةً وَاللَّهُ عَلِيمٌ حَكِيمٌ (٨) وَإِنْ طَائِفَتَانِ
مِنَ الْمُؤْمِنِينَ اقْتَتَلُوا فَأَصْلِحُوا بَيْنَهُمَا فَإِنْ بَغَتْ إِحْدَاهُمَا عَلَى الْأُخْرَى فَقَاتِلُوا الَّتِي تَبْغِي حَتَّى تَفِيءَ إِلَى أَمْرِ اللَّهِ فَإِنْ
فَاءَتْ فَأَصْلِحُوا بَيْنَهُمَا بِالْعَدْلِ وَأَقْسِطُوا إِنَّ اللَّهَ يُحِبُّ الْمُقْسِطِينَ (٩) إِنَّمَا الْمُؤْمِنُونَ

إِخْوَةٌ فَأَصْلِحُوا بَيْنَ أَخَوَيْكُمْ وَاتَّقُوا اللَّهَ لَعَلَّكُمْ تُرْحَمُونَ (١٠) يَا أَيُّهَا الَّذِينَ آمَنُوا لَا يَسْخَرْ قَوْمٌ مِنْ قَوْمٍ عَسَى أَنْ يَكُونُوا خَيْرًا مِنْهُمْ وَلَا نِسَاءٌ مِنْ نِسَاءٍ عَسَى أَنْ يَكُنَّ خَيْرًا مِنْهُنَّ وَلَا تَلْمِزُوا أَنْفُسَكُمْ وَلَا تَنَابَزُوا بِالْأَلْقَابِ بِئْسَ الِاسْمُ الْفُسُوقُ بَعْدَ الْإِيمَانِ وَمَنْ لَمْ يَتُبْ فَأُولَئِكَ هُمُ الظَّالِمُونَ (١١) يَا أَيُّهَا الَّذِينَ آمَنُوا اجْتَنِبُوا كَثِيرًا مِنَ الظَّنِّ إِنَّ بَعْضَ الظَّنِّ إِثْمٌ وَلَا تَجَسَّسُوا وَلَا يَغْتَبْ بَعْضُكُمْ بَعْضًا أَيُحِبُّ أَحَدُكُمْ أَنْ يَأْكُلَ لَحْمَ أَخِيهِ مَيْتًا فَكَرِهْتُمُوهُ وَاتَّقُوا اللَّهَ إِنَّ اللَّهَ تَوَّابٌ رَحِيمٌ (١٢) يَا أَيُّهَا النَّاسُ إِنَّا خَلَقْنَاكُمْ مِنْ ذَكَرٍ وَأُنْثَى وَجَعَلْنَاكُمْ شُعُوبًا وَقَبَائِلَ لِتَعَارَفُوا إِنَّ أَكْرَمَكُمْ عِنْدَ اللَّهِ أَتْقَاكُمْ إِنَّ اللَّهَ عَلِيمٌ خَبِيرٌ (١٣) قَالَتِ الْأَعْرَابُ آمَنَّا قُلْ لَمْ تُؤْمِنُوا وَلَكِنْ قُولُوا أَسْلَمْنَا وَلَمَّا يَدْخُلِ الْإِيمَانُ فِي قُلُوبِكُمْ وَإِنْ تُطِيعُوا اللَّهَ وَرَسُولَهُ لَا يَلِتْكُمْ مِنْ أَعْمَالِكُمْ شَيْئًا إِنَّ اللَّهَ غَفُورٌ رَحِيمٌ (١٤) إِنَّمَا الْمُؤْمِنُونَ الَّذِينَ آمَنُوا بِاللَّهِ وَرَسُولِهِ ثُمَّ لَمْ يَرْتَابُوا وَجَاهَدُوا بِأَمْوَالِهِمْ وَأَنْفُسِهِمْ فِي سَبِيلِ اللَّهِ أُولَئِكَ هُمُ الصَّادِقُونَ (١٥) قُلْ أَتُعَلِّمُونَ اللَّهَ بِدِينِكُمْ وَاللَّهُ يَعْلَمُ مَا فِي السَّمَاوَاتِ وَمَا فِي الْأَرْضِ وَاللَّهُ بِكُلِّ شَيْءٍ عَلِيمٌ (١٦) يَمُنُّونَ عَلَيْكَ أَنْ أَسْلَمُوا قُلْ لَا تَمُنُّوا عَلَيَّ إِسْلَامَكُمْ بَلِ اللَّهُ يَمُنُّ عَلَيْكُمْ أَنْ هَدَاكُمْ لِلْإِيمَانِ إِنْ كُنْتُمْ صَادِقِينَ (١٧) إِنَّ اللَّهَ يَعْلَمُ غَيْبَ السَّمَاوَاتِ وَالْأَرْضِ وَاللَّهُ بَصِيرٌ بِمَا تَعْمَلُونَ (١٨)

«يا أيها الذين آمنوا لا تقدموا بين يدي الـلـه و رسوله واتقوا الـلـه، إن الـلـه تواب رحيم «(١)

التقوى: هي العمل بطاعة الـلـه حبا في رضاه،وترك المعاصي خوفا من عقابه.

تبدأ الآية الأولى بخطاب المؤمنين الذين استقر الإيمان في قلوبهم، واقترن ذلك عندهم بالقول والعمل ؛ فتدعوهم إلى أدب الرأي مع الـلـه ومع الرسول ؛ فلا يجوز لهم أن يتسرعوا فيقطعوا في مسألة أو أمر قبل أن يسمعوا حكم الـلـه ورسوله فيها، وإلا يكونوا قد تجاوزوا حدود الأدب.ثم أمرتهم بتقوى الـلـه ؛ أي العمل بطاعته وترك معصيته، ثم أكدت الآية أن الـلـه يسمع ما يقولون،ويعلم ما يخفون، لأنّ علمه وسع كل شيء.

إنّ المتأمّل للآية يلاحظ أنها لم تذكر المفعول به للفعل «تقدّموا» وهو فعلُ متعدٍ، ليكون النهي عاماً يشمل كل ما يمكن أن يقال أو يفعل.

*. قيل في سبب نزولها:

١- إن ّبعض المسلمين ذبحوا أضحياتهم قبل صلاة العيد، دون أن يستأذنوا النبي أو يعلموه، فأمرهم أن يعيدوا ذبحاً آخر، لأن هذه الذبيحة لا تعد أضحية ما دامت سبقت الصلاة.

٢- إنّ وفداً من تميم وفدوا على رسول الـلـه، فاختلف أبو بكر وعمر في اختيار أميرٍ يعين لاستقبالهم، وتجادلا حتى ارتفعت أصواتهم.

٣- وقيل إنها نزلت في النهي عن صيام يوم الشك.

«يا أيها الذين آمنوا لا ترفعوا أصواتكم فوق صوت النبي ولا تجهروا له بالقول كجهر بعضكم لبعض أنْ تَحْبط أعمالكم» (٢)

في الآية توجيه آخر للمؤمنين في أدبهم مع الرسول، فلا يجوز أن يرفعوا أصواتهم إذا تحدثوا في حضرته، ولا يجوز أن يعلو صوتهم صوته إذا خاطبوه، كما يفعلون عادةً في مجالسهم الخاصّة وأحاديثهم التي يتبادلونها بينهم. وإنما الواجب أن يكون صوت أحدهم خفيضاً في حضرته وفي خطابه، و أن لا ينادوه كما يتنادون فيما

بينهم. لأن عدم مراعاة هذا الأدب يؤدي إلى إبطال حسناتهم وثواب أعمالهم الحسنة دون أن يشعروا بذلك.

قيل: نزلت في ثابت بن قيس،فقد كان جهوري الصوت بالفطرة، ولما نزلت اعتزل مجلس النبي،فافتقده ودعاه، فقال: ما بك يا ثابت؟ قال: يا رسول الـلـه: إني رجل جهوري الصوت وأخاف أن أكون ممن شملتهم الآية،فيحبط عملي. فقال النبي عليه السلام:لا، بل أنت من أهل الجنة. وقد استشهد لاحقا في يوم اليمامة.

«إن الذين يغضون من أصواتهم عند رسول الـلـه أولئك الذين امتحن الـلـه قلوبهم للتقوى لهم مغفرةٌ وأجر عظيم»(٣).

امتحن قلوبهم:أخلصها للتقوى.

بعد أن حذرت الآية السابقة المؤمنين من رفع أصواتهم في مجلس الرسول أو في خطابه جاءت هذه الآية مكملة لمعناها، فمن يطبقون هذه القاعدة في أدب الخطاب النبوي استحقوا المغفرة من الـلـه وفازوا بالأجر والثواب، بعد أن امتحن الـلـه قلوبهم فوجدها خالصة من أيّة شائبة حيث تميزوا بطاعة الـلـه وتأدبوا مع رسوله.

«إنّ الذين ينادونك من وراء الحجرات أكثرهم لا يعقلون، ولو أنهم صبروا حتى تخرج إليهم لكان خيراً لهم و الـلـه غفورُ رحيم»(٤-٥)

الحجرات:جمع حجرة. والمراد غرف بيت النبي – صلى الـلـه عليه وسلم -

سبب النزول:

جاء وفد من تميم (وهم أعراب جفاة) إلى النبي وكان يستريح في حجرات نسائه، فلم ينتظروا خروجه، وتوزع عدد منهم حول الحجرات ورفعوا أصواتهم: يا محمد اخرج إلينا، فلم يتأدبوا مع النبي بانتظار خروجه، ولم يربطوا النداء بالنبوة والرسالة فنزلت الآية تذم هذا التصرف ؛ لأنه يتنافى مع الأدب،مبيّنة أن معظم هؤلاء لا يعقلون ؛ لأنهم لم يتصرفوا تصرف العقلاء الراشدين، ولو صبروا فانتظروا خروج

النبي لكان هذا الانتظار خيرا لهم. ومع ذلك فإنّ اللـه شملهم برحمته وغفر لهم، مكتفياً بالنصح والتقريع؛ لأنهم فعلوا ذلك عن جهل بسبب نشأتهم في البادية.

«يا أيها الذين آمنوا إن جاءكم فاسق بنبأ فتبينوا أن تصيبوا قوما بجهالة فتصبحوا على ما فعلتم نادمين»(٦)

الفاسق: من الفسوق وهو الخروج من الشيء. يقال فسقت الرطبة من قشرها.

التبيّن: التثبت والتأكد

جهالة: جهل بحقيقة الأمر.

سبب النزول:

بعث النبي (ص) الوليد بن عقبة إلى بني المصطلق لجمع الصدقات،فلما علموا بقدومه خرجوا لاستقباله، لكن الوليد حسب أنهم خرجوا يريدون قتاله، فعاد إلى النبي وقال: إنهم مرتدون وقد منعوا الزكاة، فأشار بعض المسلمين على الرسول أن يغزوهم، لكنه تريث حتى يتبين الحقيقة...ولما علم بنو المصطلق برجوع الوليد..توجه وفد منهم إلى الرسول، فقالوا:علمنا عودة رسولك، ونحن نخشى غضب اللـه ورسوله. ثم بعث النبي خالد بن الوليد كي يتحقق من الأمر. انطلق خالد بن الوليد فوجدهم على العهد والاِسلام، وتأكد أنهم يرفعون الأذان ويؤدون الصلاة. فعاد خالد وأخبر النبي بذلك.

تدعو الآية إلى التأكد من صحة الخبر المنقول قبل الإقدام على أي عمل يعود على المسلمين بالضّرر، فقد يتبين لاحقا أنه خبر كاذب يترتب عليه الندم، ولات ساعة مندم، بعد أن يكونوا تسببوا بإيذاء الغير دون معرفة، نتيجة للتسرع وهو طريق الندامة. ولابد للمؤمن أن يكون حذراً إزاء خبر الفاسق بحيث يمحّصه ويتثبّت منه.

يلاحظ أنّ الآية لم تخرج الفاسق من الإيمان، فشهادته لا ترد مطلقاً وإنما يجب التثبت من خبره للوقوف على حقيقته صدقاً أو كذباً.

«واعلموا أنّ فيكم رسول اللـه لو يطيعكم في كثير من الأمر لعنتّم،ولكن اللـه حبب إليكم الإيمان وزيّنه في قلوبكم، وكره إليكم الكفر والفسوق والعصيان أولئك هم الراشدون، فضلاً من اللـه ونعمة، و اللـه عليم خبير» (٧-٨)

عنتّم: وقعتم في العنت وهو الهلاك.

العصيان: ترك الانقياد لأوامر اللـه.

الكفر: جحود نعمة اللـه. وهو من التغطية.

تذكّر الآيتان المؤمنين بأهمية وجود الرسول بينهم، بعد أن أشاروا عليه متسرعين بقتال بني المصطلق بناء على خبر الوليد- كما مرّ- مطالبة بالروية وعدم التسرع حتى يتم التأكد من صحة الخبر، إذ لو أطاع الرسول المتسرعين الداعين إلى القتال لوقعوا في العنت والمشقة. لكن وجود النبي بينهم يجنبهم الوقوع في هذا العنت ويجنبهم مزالق الخطأ،وهو بهم رحيم.

ثم ذكرت بعضاً من نعم اللـه وفضله على المؤمنين، فهو الذي يشرح صدورهم للإيمان فيقربها إليه ويحببها فيه ويزينه لقلوبهم فيقبلوا عليه. وهو وحده الذي كرّه إلى هذه القلوب الكفر والفسوق والعصيان، فينفروا منها. ومن منّ اللـه عليه بهذا فقد رشد وصلح أمره فكان من الراشدين.

إنّ هذه النعم من اللـه تستوجب الشكر للـه المنعم المتفضّل.

وجاء الختام « و اللـه عليكم حكيم» للتأكيد على أنّ اللـه يعلم أقوال الناس وأفعالهم ما خفي منها وما ظهر، وهو سبحانه حكيم مدبر لهذا الكون يوزع نعمه على من يراه مستحقاً لها من عباده.

« وإن طائفتان من المؤمنين اقتتلوا فأصلحوا بينهما، فإن بغت إحداهما على الأخرى فقاتلوا التي تبغي حتى تفيء إلى أمر اللـه، فإن فاءت فأصلحوا بينهما بالعدل، وأقسطوا إن اللـه يحب المقسطين» (٩)

طائفة: مجموعة من الناس.

بغت: ظلمت ورفضت الصلح.

تفئ: ترجع إلى حكم الله.

المقسطون: العادلون من الفعل أقسط (عدل). أمّا قسط فتعني ظلم.

قيل: نزلت في قتال بين الأوس والخزرج حصل فيه ضربٌ بالسعف والنعال.

تدعو الآية المسلمين إلى وحدة الكلمة ورصّ الصفوف، لئلا تعصف بهم رياح التفرّق فتمزّق شملهم. والأصل أن تقوم علاقة المسلمين فيما بينهم على المودة والتفاهم. فإذا وقع قتال بين طائفتين من المسلمين، فعلى المؤمنين أن يبادروا حالاً لنزع فتيل القتال وحسم النزاع، وإحلال الصلح محل القتال على أساس من العدل و الإنصاف بإزالة أسباب الخلاف واجتثاثها من جذورها، فإن أصرت إحدى الطائفتين على القتال أصبح واجباً على المجتمع الإسلامي أن يحاربها حتى تعود إلى رشدها، وتقبل حكم الله. فإن قبلت بالتحكيم واستجابت يقوم المؤمنون بإصلاح ذات البين إصلاحاً أساسه العدل والإنصاف بلا انحياز إلى فئة دون أخرى ؛ لأن العدل يقضي على أسباب النزاع، ويؤدي إلى تهدئة الخواطر. ثم وعدت الآية الساعين للإصلاح بالعدل، بالفوز برضى الله ومحبته.

«إنما المؤمنون أخوة فأصلحوا بين أخويكم واتقوا الله لعلكم ترحمون «(١٠)

تحدثت الآية السابقة عن وجوب الإصلاح بين المتقاتلين.. وجاءت هذه الآية مكملة لهذا الاتجاه، وأكدت أنّ رابطة العقيدة والدين هي الرابطة التي تجمع المؤمنين؛ فهم جميعاً إخوة، وهذه الأخوة توجب على المسلم أن ينصر أخاه وأن يتكافل معه، ويهب لنزع فتيل التنازع والاختلاف بين إخوانه بالمبادرة إلى الصلح. وعلى المصلح أن يتقي الله في مسعاه فلا يحابي فريقاً أو يظلم آخر ؛ لأنّ تقوى الله مجلبة لرحمته.

«يا أيها الذين آمنوا لا يسخر قوم من قوم عسى أن يكونوا خيراً منهم ولا نساء من نساء عسى أن يكنّ خيراً منهنّ ولا تلمزوا أنفسكم ولا تنابزوا بالألقاب بئس الاسم الفسوق بعد الإيمان ومن لم يتب فأولئك هم الظالمون (١١)

القوم: الرجال خاصة ؛لأ نهم قوامون.

التنابزبالألقاب: المناداة بألقاب السوء.

اللمز: السخرية باللسان.

يفترض في المجتمع الإسلامي الإيماني أن يكون مترابطاً تسوده المحبّة، تكون فيه كرامة الفرد مصونة لا تمس، وتحقيقاً لذلك نهت الآية عن السخرية من الآخرين، وعن اللمز والتنابز بالألقاب.

- فلا يجوز للمؤمن أن يستهزئ من أخيه فقد يكون المستهزأ به (بها) خيراً من المستهزئ.

- ولا يجوز للمؤمن أن يلمز الآخرين بالإشارة أو الحركة أو العين أو اللسان.

قال تعالى « ويلُ لكل همزة لمزة»

- ولا يجوز للمؤمنين أن يتنابزوا بالألقاب ؛ أي أن ينادي بعضهم الآخرين بما يكرهون من الألقاب التي تؤذيهم ومن يقوم بذلك يستحق اسم الفسق (البعد عن الإيمان والاقتراب من الكفر) فليبادر هؤلاء إلى التوبة وألّا يكونوا ظالمين لإخوانهم مستحقين عذاب الـلـه. واعتبرت الآية التنابز فسوقاً ؛ أي خروجاً عن طاعة الـلـه سبحانه ؛ لأنه يتناقض مع الإيمان وعلى فاعلها أن يتوب إلى الـلـه منها

قيل في سبب نزولها:

-إنّ أبا ذر كان بينه وبين رجل منازعة فعيّره:"يا بن اليهودية"

- وقيل إن كعب بن مالك الأنصاري كان بينه وبين عبد الـلـه الأسلمي كلام، فقال له:يا أعرابي فقال له عبد الـلـه:"يا يهودي"

- وقيل نزلت في وفد من بني تميم سخروا من فقراء المسلمين أمثال: عمار بن ياسر وصهيب و خبّاب وسلمان وبلال حين صعد بلال الكعبة لرفع الأذان.

- وقيل في عكرمة بن أبي جهل بعد أن أسلم. كان بعض الصحابة إذا رأوه قالوا: هذاهو ابن فرعون الأمة،فنزلت.

« يا أيها الذين آمنوا اجتنبوا كثيراً من الظنّ،إن بعض الظنّ إثم، ولا تجسسوا ولا يغتب بعضكم بعضاً، أيحب أحدكم أن يأكل لحم أخيه ميتاً فكرهتموه، واتقوا الـلـه إنّ الـلـه تواب رحيم » (١٢)

هذه الآية الخامسة التي يتكرر فيها نداء المؤمنين، والغرض هو التأكيد على مقتضيات الإيمان وهي فعل الطاعات والكف عن المعاصي. ولذلك جاء النهي عن الظنّ السيّء والتجسس والغيبة، والآية تقيم بذلك سياجاً آخر في المجتمع حول حرمات الناس وكراماتهم.

المسلم مأمور أن يحسن الظنّ بإخوانه، لأنّ بعض هذه الظنون لا أساس لها جاء في الحديث « حسن الظنّ من حسن العبادة»

إنّ تأمل الآية يؤكد أن بعض الظنّ ليس فيه إثم، كالظنّ بالكافر والفاسق والفاجر ثم نهت الآية عن نقيصة أخرى هي «التجسس» على الناس والبحث عن عيوبهم وعوراتهم لكشف أسرارهم وإيذائهم، على عكس ما يفترض من ستر عورات المسلمين: «من ستر مسلماً ستره الـلـه يوم القيامة»؛ لأنّ التجسس إذا فشا في الأمة يبذر بذور الفتنة ويزرع الشك في نفوس الناس تجاه بعضهم بعضا، ويضعف رابطة المودة والأخوة.

وتحذر الآية من اغتياب الآخرين؛ أي ذكرهم بما يكرهون (وإن كان فيهم) من عيوب بخلقهم أو أخلاقهم..والغيبة من أمهات القبائح، تؤدّي إلى إيغار الصدور وتمزيق شمل المجتمع، وتفتك بعلاقات جماعة المسلمين؛ لذلك قدّمها تعالى في أقبح صورة لتعرف النفوس مدى بشاعتها فتبتعد عنها، وتشمئز منها. صورت المغتاب بمن يأكل لحم الميت والإنسان بفطرته يرفض ذلك ويشمئز منه. وجاءت عبارة «لحم أخيه» فأفادت زيادة في التأكيد على المنع والتنفير.قال النبي (ص) رداً على من سأله عن غيبة الآخر فقال» إن كان فيه ما تقول فقد اغتبته وإن لم يكن فيه فقد بهتّه» أي كذبت عليه.

«يا أيها الناس إنا خلقناكم من ذكر وأنثى وجعلناكم شعوبا وقبائل لتعارفوا،إن أكرمكم عند الله أتقاكم إن الله عليمٌ خبير»(١٣)

الشعوب:جمع شعب بفتح الشين هو أعلى طبقات النسب. سميت،«الشعوب» لأن القبائل تشعبت منها وطبقات النسب هي: الشعب، القبيلة، العمارة،البطن، الفخذ، الفصيلة.

توجه الآية الخطاب للناس (عامة) معلنة أن أصل البشر واحد، هو آدم وحواء. و الله يريد أن يسود بينهم التعاون والودّ، في ظل مبادئ الأخوّة اعتماداً على وحدة الأصل والنسب. ومن هنا لاداعي للتكبّر على الناس بالجاه أو المال أو الجنس أو اللون، فهذه كلها مقاييس للتفاضل مرفوضة،لأنها نزعة جاهلية تقوم على التنافر بالقبائل والأنساب حذر منها الإسلام « دعوها فإنها منتنة ».

قيل: إنّ أعرابياً سئل: أتحب أنّ تدخل الجنة وأنت باهلي؟ فأطرق قليلاً، ثم قال: على شرط ألا يعلم أهل الجنة أنّي باهلي»

علامَ إذن يقوم التفاضل بين المسلمسن؟ إنه يقوم على أساس التقوى ؛ فالأكثر تقوى هو الأفضل عند الله.

وختمت الآية بأن الله يعلم أحوال المخاطبين وأقوالهم ويعلم الطائع من العاصي وهو خبيرٌ في حكمه على الناس وخبيرٌ في مصالحهم، من هنا جعل التقوى هي مقياس التفاضل بينهم.

«قالت الأعراب آمنّا قل لم تؤمنوا ولكن قولوا أسلمنا ولما يدخل الإيمان في قلوبكم وإن تطيعواالله ورسوله لا يلتكم من أعمالكم شيئ إنّ لله غفورٌ رحيم إنما المؤمنون الذين آمنوا بالله ورسوله ثم لم يرتابوا وجاهدوا بأموالهم وأنفسهم في سبيل الله أولئك هم الصادقون»١٤-١٥

لا يلتكم: لاينقص شيئاً من ثواب أعمالكم.

سبب النزول: قدم وفدٌ من بني أسد إلى المدينة في سنة مجدبة وكانوا يمّنون على النّبي قائلين: جئناك بعيالنا وأولادنا،ولم نقاتلك كما فعلت القبائل الأخرى. (هم في حقيقة الأمر يريدون المغانم والصدقات).

تحكي الآيتان وما بعدهما حال هؤلاء الأعراب الذين لم يفرقوا بين معنى الإيمان والإسلام. فالإيمان هو تصديق واعتقاد في القلب، والإسلام هو مجرد الدخول في الدين، أي: استسلام وانقياد للعمل ظاهراً.

الإيمان يقوم على أركان هي: الإيمان بالله وملائكته وكتبه ورسله واليوم الآخر والقدر. والإسلام أركانه: الشهادتان، إقامة الصلاة، إيتاء الزكاة، صوم رمضان، حج البيت. فالإيمان إذن تصديق وثبات،يتصل بالفكر وينعكس على سلوك الفرد المؤمن مع الـلـه والناس.أما الإسلام فهو المظهر العملي المسلكي للإيمان الحقيقي.

كشفت الآيتان حقيقة هؤلاء الأعراب وطلبت من النبي أن يقول لهم:لم تؤمنوا إيماناً صحيحاً، وإنما أنتم أسلمتم ولم يتغلغل الإيمان بعد في نفوسكم،وفي ذلك دلالة على أنّ الإيمان أعلى مرتبه من الإسلام.وعندما تتجهون الى الـلـه وتطيعون أوامره، وإلى الرسول وتتبعون سنته تصلون إلى الإيمان ويكون التطابق بين العقيدة و العمل والسلوك عندها تصبحون مؤمنين، ويعطيكم ربكم أجوركم ويثيبكم على الحسنات ولا ينقص منها شيئاً، فتشملكم رحمته ويغفر ما سلف من ذنوبكم. وقد جاءت كلمة "رحيم"،بعد "غفور" ؛لأنّ الرحمة أصل المغفرة.

ثم توضّح الآيتان صفات المؤمنين:

١- التصديق بالله ورسوله تصديقاً لا يداخله شك أو ارتياب ؛ لأنّ الشك يفسد الإيمان.

٢- الجهاد في سبيل الـلـه لإعلاء كلمته، ويكون الجهاد إما بالقتال في ساحات الحرب،أو بالمال بالإنفاق على أُسر المجاهدين حال غيابهم.قال عليه السلام "من جهّز غازياً في أهله بخير فقد غزا" والجهاد أصدق دليل على عمق الإيمان. ومعروف أنّ الجهاد هو ذروة الإسلام وسنامه.ومن اتصف بهذه الصفات فهو المؤمن الصادق وهو يستحق الثواب الجزيل من الـلـه.

«قل أتعلّمون الـلـه بدينكم و الـلـه يعلم ما في السموات والأرض و الـلـه بكل شيء عليم» (١٦)

تعود هذه الآية للأعراب الذين ظنّوا أنّهم قادرون على مخادعة الـلـه ورسوله،فترد ادعاءهم الكاذب،لأنّ الـلـه سبحانه يعلم ما في السموات والأرض،لا تخفى عليه خافية. فهو يعلم المؤمن الصادق من الذي يتظاهر بالإيمان وقلبه خواء منه.

فهو يعلمه كما يعلم كل صغيرة وكبيرة في هذا الكون الواسع.

«يمنّون عليك أن أسلموا قل لا تمنّوا علي إسلامكم بل الـلـه يمنّ عليكم أن هداكم للإيمان إن كنتم صادقين،إنّ الـلـه يعلم غيب السموات والأرض و الـلـه بصير بما تعملون» (١٧-١٨)

المنّة: ذكر النعمة والإحسان من المحسن على المحسن إليه.

ما زالت الآيات تتحدث عن الأعراب من بني أسد الذين منّوا على الرسول،لتبين أنّهم غير صادقين،ولو كان إيمانهم صحيحاً لما منّوا. إنّ الفضل والمنّة لـلـه ولرسوله ؛ لأنّ الـلـه بين لهم طريق الهداية، فله الفضل في هدايتهم وصلاحهم إنْ كانوا صادقين في ما يزعمون ويقولون.

ثم كانت الخاتمة تذّكر هؤلاء وغيرهم أنّ الـلـه يعلم كل صغيرة أو كبيرة في هذا الكون، ولا يخفى عليه ما تسرون وما تعلنون إذ لا تخفى عليه خافية.

السورة مدنيّة، وإليك أبرز ضوابط السوره المدنية:

١- ذكر دقائق التشريع وتفاصيل الأحكام والمعاملات والصِّلات الاجتماعية والجهاد.

٢- الكشف عن سلوك المنافقين وفضح نواياهم حيث كانت لهم بالمرصاد لتعرّف المسلمين بهم وتحذرهم من كيدهم.

٣- تتوجه بالخطاب إلى المؤمنين.

أسئلة للمناقشة.

١- كثير من الآيات وجهت الخطاب للمؤمنين،بينما وجهت الآية الثالثة عشر الخطاب للناس. علّل.

٢- إذا وقع نزاع بين جماعتين من المؤمنين أدى الى قتال بينهما فما دور المجتمع الإسلامي المؤمن؟ وهل يكون هذا القتال مخرجاً للمتقاتلين من الإيمان؟

٣ - لماذا قال تعالى عن الذين نادوا على الرسول من وراء الحجرات..إنّ أكثرهم لايعقلون ولم يقل كلهم؟

٤ - قالت الأعراب آمنّا قل لم تؤمنوا ولكن قولوا أسلمنا"

ما الفرق بين الإيمان والإسلام؟

ما الفرق بين الكفر،والفسوق،والعصيان

٥ - "لا يسخر قوم من قوم عسى أن يكونوا خيراًمنهم"

إلامَ يرجع الضمير في "يكونوا"وفي "منهم"

الأفكار الرئيسة التي تضمنتها السورة:

١- لايجوز للمؤمنين أن يتخذوا حكماً في قضية أو مسألة قبل أن يعرفوا حكم الـلـه ورسوله فيها.

٢- الالتزام بآداب الخطاب في حضرة النّبي،ولا يجوز أنّ يرفعوا أصواتهم فوق صوته.

٣- درس للأعراب لتعليمهم كيفية التعامل مع الرسول (ص) لا يتعجلوا خروجه إليهم إذا كان في وقت راحته.

٤- ضرورة التأكد من الخبر الذي يأتي على لسان مصدر غير موثوق.

٥- ضرورة الإصلاح بين المتخاصمين من المؤمنين إصلاحاً يقوم على العدل.

٦- الابتعاد عن العيوب الاجتماعية التي هي السخرية واللمز والغيبة.

٧- الناس كلهم من أصل واحد، والتفاضل بينهم يكون بدرجة التقوى،لاعلى لون أوجنس...

٨- خطاب الجفاة من الأعراب لتعليمهم قواعد التعامل ضمن فئات المجتمع.

٩- علم الـلـه و معرفته شاملة لكل صغيرة وكبيرة في الكون.

الأسلوب في الآيات:

١- يغلب على الآيات الأسلوب الإنشائي، لأن السورة مدنّية؛ فهي إلى التشريع أقرب ؛ لأنّ مجتمع المدنية المسلم بحاجة إلى توضيح قواعد التعامل ضمن فئات المجتمع المختلفة لتعرف كل طائفة ما لها وما عليها من حقوق وواجبات ؛ لذلك كثر أسلوب الخطاب والأمر والنهي.»الاِنشاء»

"يا أيها الذين لا تقدموا....."

"لا ترفعوا أصواتكم فوق صوت النبي"

"ولا تجهروا له بالقول"

واعلموا أن فيكم رسول الـلـه"

«واتقوا الـلـه»

أما الجمل الخبرية فكانت قليلة منها: «إنّ الـلـه سميع عليم».

«أنّ تحبط أعمالكم وأنتم لا تشعرون».

«إنّ الذين يغضّون من أصواتهم «

٢ - اللجوء إلى أسلوب التقديم والتأخير لغاية بلاغية أو نحوية.

* "الذين امتحن الـلـه قلوبهم للتقوى لهم مغفرةٌ وأجرٌعظيم".

فقد تقدم الجار والمجرور؛ لأنّ قواعد النحو تفرض هذا التقديم.

"واعلموا أنّ فيكم رسول الـلـه "

"ولا يلتكم من أعمالكم شيئاً"

حيث قدم الجار والمجرور (من أعمالكم)على المفعول به الثاني (شيئاً)لبيان أهمية أعمال الإنسان في تقرير مصيره يوم الحساب،فعلى أساسها يكون مصيره في الجنّة إن أحسن، وإلى النار إن أساء.

٣ - وجود بعض المحسنات البديعية:

طباق إيجاب في الفسوق، الإيمان. "بئس الاسم الفسوق بعد الإيمان".

طباق سلب في. آمنّا، لم تؤمنوا.

" أتعلّمون الـلـه بدينكم " استفهام إنكاري للتوبيخ.

الالتفات: وهو الانتقال من المخاطب إلى الغائب،نحو:

"ولكن الـلـه حبب إليكم الإيمان وزيّنه في قلوبكم... أولئك هم الراشدون......"

انتقل الكلام من ضمير المخاطبين في (إليكم، قلوبكم) إلى ضمير الغائبين (أولئك).

تشبه بليغ " إنما المؤمنين اِخوة "،لحذف الأداة ووجه الشبه.

المقابلة في قوله تعالى:

" حبب اليكم الاِيمان وزّنه في قلوبكم"

"كرّه إليكم الكفروافسو والعصيان"

٤- الاِكثار من التكرار.

توجّهت بالنداء إلى المؤمنين خمس مرات.وفي كل مرة إرشاد إلى مكرمة، وفضيلة من آداب الاِسلام.

تكرر في السورة أيضا التركبز على علم الـلـه الشامل في خمس آيات: سميع عليم.عليم حكيم. عليم خبير. إنّ الـلـه يعلم غيب السموات والأرض. وجاءت كل آية متناسبة مع الحديث عن موضوعها الذي تعرضت له.١

كما تكرر الترغيب بالتوبة والغفران خمس مرات.

وقفة مع الآيات

أرشدت سورةالحجرات المسلمين إلى كثير من القيم والآداب الاِنسانية العامة،ولذلك تسمى سورة الأخلاق والآداب.-

بينت علاقة الاِنسان بربه، وعلاقته مع رسوله الكريم (ص)، ثم علاقته مع إخوانه المسلمين،ومع الفا سقين.

أمرتهم بطاعةالله والانقياد لأوامره ؛ فنهت عن التقدم بأي حكم علماحكم به الـلـه أو الأخذ بأي قانون أو تشريع يخا لف شرع الـلـه

وأمرتهم بالتأدب مع الرسول (ص)،فليكن خطابهم للرسول وحوارهم معه لائقا برسالته، فل يجوز أن يرفعوا أصواتهم فوق صوته، ولا أن ينادوه باسمه. كما لابجوزأن ينادوه وقت راحته، وهوفي بيته مع نسائه.

تحديد موقف المؤمنين من الفاسق، بعدم السرع في قبوله أو رفضه، وإنّما عليهم التأكد من مدى صدق الخبرأولا.

أمرت المؤمنين أن يسعوا للاِصلاح إذا وقع خلاف بين جماعتين من المؤمنين، وأن يراعوا العدل في الاِصلاح.

تعرضت إلى عوامل انهيار المجتمع، وإفسادعلاقة الأخوّة بين المؤمنين ؛ فالاِسلام يسعى لبناء مجتمع قوي متماسك... وللحفاظ على هذا التماسك حذّرت السورة من أمراض اجتماعية خطيرة تمزّق كيان المجتمع.

- حرّمت السخرية بالآخرين والاستهزاء بهم أو إعابتهم باللمز،أو نبزهم بما يكرهون من الألقاب التي يكرهونه.
- حرمت التجسس والغيبة
- حرمت سوء الظن، وكل مامن شأنه أن يسيء إلى تماسك المجتمع الاِيماني

بعبارة أخرى فهناك واجبات لابد من إتيانها، وهناك محرمات يجب هجرها والاِقلاع عنها.

وزيادة في التأكيد على صدق الاِيمان،والنهي عن المحرمات ذكرت السورة أنّ الـلـه عالم غيب السموات، خبير بأحوال الناس وأعمالهم...يحصيها عليهم في كتاب لايضل ولا ينسى.

المتنبي

يمدح سيف الدولة،ويصف معركة قلعة الحدث الحمراء

١. على قدر أهل العزم تأتي العزائم وتأتي على قدر الكرام المكارم
٢. وتعظم في عين الصغير صغارها وتصغر في عين العظيم العظائم
٣. يكلّف سيفُ الدولة الجيشَ همَّهُ وقد عجزَت عنه الجيوش الخضارمُ
٤. ويطلب عند الناس ما عند نفسه وذلك مالا تدّ عيه الضراغم
٥. هل الحدث الحمراءُ تعرف لونها وتعلمُ أيُّ الساقيين الغمائم
٦. سقتها الغمامُ الغُر قبل نزوله فلما دنا منها سقتها الجماجم
٧. بناها فأعلى والقنا يقترع القنا وموج المنايا حولها متلاطمُ
٨. وكان بها مثل الجنون فأصبحت ومن جثث القتلى عليها تمائم
٩. أتوك يجرون الحديد كأنّما سروا بجياد مالهنَّ قوائمُ
١٠. خميسٌ بشرق الأرض والغرب زحفه وفي أذن الجوزاء منه زمازم
١١. تجمّع فيه كلُّ لِسنٍ وأمّةٍ فما تُفْهِم الحُداّث إلا التراجمُ
١٢. وقفت -وما في الموت شك لواقف كأنّك في جفن الردى وهو نائم
١٣. تمر بك الأبطال كلمى هزيمةً ووجهك وضّاح وثغرك باسم
١٤. ضممت جناحيهم على القلب ضمّةً تموت الخوافي تحتها والقوادمُ
١٥. نثرتهم فوق الأحيدب نَثْرة كما نُثرت فَوقَ العروسِ الدّراهمُ
١٦. تظن فراخ الفتخ أنك زرتها بأماتها، وهي العتاقُ الصلادم
١٧. إذا زلقت مشّيتها ببطونها كما تتمشى فى الصعيد الأراقمُ
١٨. لك الحمدُ في الدُّرِّ الذي لي لفظه فإنك معطيه وإنّيَ ناظمُ

المتنبي:

هو أبو الطيب أحمد بن الحسين الجُعفيّ، نسبة إلى قبيلة «جُعفى»من اليمن لقب بالمتنبي، لأنه قال في بيت له.

أنا في أمة تدارك ها اللـه كالصالح في ثمود

وقيل إنه ادّعى النبوة، وليست هذه إلا د سيسة عليه.

ولد في الكوفة (٣٠٣ هـ) هجرية كان والده سقّاء للماء في مسجد الكوفة. وكان كثير التردد على البادية مما أكسبه الشجاعة والصلابة والبدانة، وأخذ عن أهلها اللغة. اتّهم بالقرمطية، فهرب إلى بادية الشام.

وشى به بعضهم إلى والي حمص (لؤلؤة) الإخشيدي،بأنه ادعى النبوة، وأنه يشكل خطراً، ويعتزم أن يقود تمرداً على الوالي... فقبض عليه وسجنه.

وبعد خروجه من السجن استقر به المقام عند سيف الدولة الحمداني (والي حلب) وعاش معه تسع سنوات، ووجد عنده حظوة كبيرة، وكان يمدحه خلالها ويرافقه في غزواته ضد الروم، إذ وجد فيه ممثلا للبطولة العربية.

لكن الحساد كثروا حوله.. إلى أن جرت مناظرة بينه وبين ابن خالويه أمام سيف الدولة، فضربه ابن خالويه بمفتاح وشجّ رأسه، فترك المتنبي سيف الدولة متوجها إلى كافور الإخشيدي في مصر، وحل في بلاطه أملاً أن يجد له فرصة في حكم إحدى الولايات. وقد صرحّ بذلك:

وليس غريباً أن يزورك راجلٌ فيرجع ملكاً للعراقين واليا

غير أنّ كافور لم يحقق له رغبته هذه، خوفا من أن يستقل بالولاية عنه.

وعندما يئس من تحقيق هدفه، اعتزم الرحيل عن مصر سرًّا، لأن كافور لا يسمح له بالمغادرة.فهرب ليلاً وترك قصيدة هجاه فيها هجاء مُرّاً

لا تشترِ العبد إلاّ والعصا معـه إنّ العبـيدَ لأنجاسٌ مـناكيـدُ

جودالرجال من الأيدي وجودهـمُ من اللسان فلا كانوا ولا الجودُ

لا يقبضُ الموتُ نفساً من نفوسهم إلاّ وفي يـدهِ مـن نتنهـا عـودُ

توجه بعد مغادرة مصر إلى الكوفة، ولم يطل مقامه فيها، وإنما توجه إلى عضد الدولة في شيراز، ومدحه بعدّة قصائد، كما مدح وزيره ابن العميد، ثم قفل عائداً إلى بغداد. وفي طريق عودته خرج عليه فاتك الأسدي مع فريق من قومه، وكان المتنبي قد هجاهم من قبل هجاء مقذما.

حاول المتنبي أن يهرب، لكنّ غلامه قال: كيف تهرب وأنت القائل:

الخيل والليلُ والبيداء تعرفني والسيف والرمح والقرطاس والقلمُ

فقال للغلام قتلتني قاتلك الـلـه وراح يحارب حتى قُتِل (٣٥٤ هـ)

كان المتنبي ذا نزعة عربية جامحة، وكانت الدولة العباسية تجزّأت، فبغداد تحت نفوذ البويهيين (الفرس). وحلب والموصل يحكمها بنو حمدان. ومصر وجنوب الشام في يد الاِخشيدين. في هذا الوقت الذي ضعفت فيه مكانة الخلافة العباسية كان سيف الدولة، يحكم حلب وكان مشغولاً بحروبه وغزواته ضد الروم.... فوجد المتنبي في نفسه ميلاً للعيش في كنفه، واعتاد أن يرافقه في هذه الغزوات والحروب ويصفها وصفا رائعاً.

كان المتنبي كثير الاعتداد بنفسه وشعره، فقد اشترط على سيف الدولة أن يمدحه وهو جالس وكانت العادة أن ينشد الشعراء واقفين. يقول:

كل ما خلق الـلـه ومالم يخلق محتقر في همتي كشعرةٍ في لمتي

ويقول:

سيعلم الجمع ممن ضم مجلسنا بأنني خيـرُ من تسعـى به قدمُ

ومن افتخاره بشعره، قوله:

أنا الذي نظر الأعمى إلى أدبي وأسمعت كلمـاتي من به صمـم

وقوله:

أنام ملء جفوني عن شواردها ويسهر الخلقُ جرّاها ويختصموا

وكان شديد الطموح:

إذا غامرت في شرفٍ مـرومِ فـلا تقـنع بما دون الـنجومِ

ثقافة المتنبي:

أتيح للمتنبي ثقافة واسعة هّيأت لها عدة أمور:

- نشأته في الكوفة حيث تعلّم في سن مبكرة في كُتاّب لأبناء العلوين (الشيعة) ثم تتلمذ على كبار اللغوين والنحوين وأكبّ على مصنفاتهم يدرسها ويستوعبها.

- ووسّع ثقافته اللغوية وعمّقها مصاحبتة الأعراب في البادية، فقد عاش في بادية السماوة الممتدة بين الكوفة وتدمر، وأفاد منها الفصاحة والسلامة اللغوية.

- تردده على حلقات العلم في المساجد واستماعه إلى دروس العلماء.

- ملازمته للكثير من اللغويين، التقى لغويين كباراً مثل ابن جني،والزجاجي،و ابن خالويه.

- تردده على دور الورّاقين (المكتبات) يقرأعندهم من كتب اللغة والشعر قراءة واعية، وكان يتمتع بذاكرة قويّة وشدة الحافظة.

- الاطلاع الشخصي، فقد كان يحرص على القراءة في دواوين فحول الشعراء لا سيما الجاهلين مثل:امرئ القيس، وذي الرمة، وزهير. كأنه يريد أن يقع على منبع اللغة الأصلي.

ولا يخفى أن قراءة هذه الدواوين زودته بثقافة أدبية جيدة.

هذه الثقافة اللغوية العالية مكنته أن يحاور كبار العلماء في دقائق اللغة وأساليبها الغريبة.

سأله أبو علي الفارسي يوما كم لنا من الجموع على وزن "فعلى " فقال: حجْلي وضرْبي فقال الفارسي (وهومن أعلام اللغة): طالعت كتب اللغة ثلاث ليالٍ أبحث عن جمع ثالث فلم أجد.

وبلغ من معرقته الدقيقه أن ناظره مشاهير اللغويين في زمانه كابن خالويه، وابن جني. وشهد له أبو العلاء المعري بسعة العلم. وكان ابن سيد ه يستشهد بشعره وجعله من مصادره في معجمه " المخصص ".

اعترض عليه ابن خالويه حين قال:

وفاؤكما كالربع أشجاه طاسمه بأن تسعدا والدمع أشفاه ساجمه

فأخذ عليه "أشجاه" فقال: اسكت أنت أعجمي، لا تفقه أسرار العربية، إنما هي اسم لا فعل.

كما أتيح له أن يطلع على الفلسفة بعد أن نُقلت علوم الأمم الأخرى ومعارفهم ضمن حركةالترجمة الواسعة في العصر العباسي مما مهد لظهور فلسفة عربية.

اطلع المتنبي على الفلسفة اليونانية والفارسية،وعرف عقائدهم ودياناتهم،واستخدم مصطلحاتهم: المانوية، وتناسخ الأرواح...

كما أنّ المتني التقى في بلاط سيف الدولة بالفيلسوف العربي الفارابي، واستمع إلى كثير من دروسه ومحاضراته وكان يزاوج بين الشعر والفلسفة يأخذ الفكرة المجردة ويكسوها ثيابا من صيغته الناصعة ويعرضها عرضاً ذهنياً فيه البراهين والأدلة

إذا غامرت في شرف مـروم فـلا تقـنع بمـا دون النجـوم

فـطعم الموت في أمـر حقير كـطعم المـوت في أمر عظيم

شرح الأبيات:

١. عـلى قـدر أهـل العـزم تأتي العزائم وتأتي على قدر الكـرام المكـارم

العزم: الجد في الأمور. المكارم: جمع مكرمة، وهي الأفعال الحميدة

العزائم: جمع عزيمة، وهي ما يُعزم عليه من الأمر.

العزائم والمكارم تأتي على قدر همة أصحابها، فمن كان كبير الهمّة قويّ العزم كان الأمر الذي يعزم عليه عظيماً، وكذلك المكارم إنما تكون على قدر أهلها فمن كان أكرم كان ما يأتيه من المكرمات أعظم.

أي أنّ الرجال قوالب الأحوال، فإذا صغروا صغرت، وإذا كبروا كبرت.

٢. وتـعـظـم في عين الصغير صغارهـا   وتصغر في عين العظيم العظائم

الضمير في «صغارها « يعود إلى العزائم والمكارم في البيت السابق. إنّ الرجل الصغير القدر يستكبر الصغير من العزائم والمكارم. أما الرجل العظيم القدر فإنّه يرى الأمور العظيمة تبدو صغيرة في عينه (قياساعلى همته وعظم نفسه) يشير بذلك إلى شرف سيف الدولة وما اتصف به في المعركة من نفاذ العزم وجلال القدر

٣. يـكـلّف سيـفُ الدولة الجـيـشَ همَّـهه   وقد عجزَت عنه الجيوش الخضارمُ

الهمّ: الهِمّة،وهو ما هممت به من أمر لتفعله.

الخضارم: جمع خِضرم وهو العظيم من كل شئ.

يكلف سيف الدولة جيشه أن يقوم بما تقتضيه همته العالية من الغزوات والفتوحات وهو أمر تعجز عنه الجيوش الكثيرة.

٤. ويطـلب عنـد النـاس ما عـنـد نفسـه   وذلك مالا تدّ عيه الـضراغـم

الضراغم: الأسود، ومفردها ضرغام.

يقول: إن سيف الدولة يريد أن يكون الناس مثله في الشجاعة والإقدام، وذلك أمرلا تستطيعه الأسود وبالتالي لا يقدر عليه البشر.

٥. هـل الحـدث الحـمراءُ تعـرف لونـها وتعلمُ أيُّ السـاقيين الـغـمـائم

الغمائم: جمع غمامة وهي السحابة

الحدث: قلعة بناها سيف الدولة، وصفها الشاعر بالحمراء ؛ لأنها احمرت بدماء الروم الذين تحصنوا بها فقتلهم سيف الدولة فتلطخت بدمائهم.

اجتاح سيف الدولة قلعة الحدث فقتل أعداداً من جنود الروم وسالت دماؤهم غزيرة وكانت قبل المعركة تعرضت لأمطار غزيرة. والشاعر يتساءل: هل تذكر القلعة لونها الأول قبل أن تصطبغ بدماء القتلى ليصبح لونها أحمر؟ وهل تستطيع أن تفرق بين السحاب الذي سقاها بالماء وسيف الدولة الذي سقاها بدماء القتلى بعد أن تساوى الساقيان في الغزارة وأيهما أحق أن يسمى «الغمائم».

٦. سقتها الغمامُ الغرُ قبل نزوله		فلما دنا منها سقتها الجماجم

الغمائم: جمع غمامة وهي السُّحابة.

الغُر: البيض وكل ما بدا من ضوء أو صبح فقد بدت غرته، فيكون الغُر في هذا السياق «ذوات البرق من السحب».

والغُرجمع أغرّ، ومؤنثه غرّاء.

هذا البيت توضيح لسابقه، فالسحائب قد سقت قلعة الحدث بالمطر قبل وصول سيف الدولة إليها وعندما جاءها سيف الدولة قتل جنود الروم، فسالت دماؤهم بغزارة كغزارة المطر فقد وقعت عليها نوبتان من السقيا: سُقيا من المطر وسقيا من الدماء.

٧. بناها فأعلى والقنا يقترع القنا		وموج المنايا حولها متلاطمُ

القنا: الرماح.

بنى سيف الدولة قلعة الحدث وأعلى بناءها والحرب دائرة ورماحه تقارع رماح الأعداء وقد كثر القتلى حتى كانت المنايا كأنّها بحر تتلاطم أمواجه. استعار للمنايا موجاً متلاطما لكثرتها أي لكثرة القتلى.

٨. وكان بها مثل الجنون فأصبحت		ومن جثث القتلى عليها تمائم

التمائم: العُوَذ (مفردها عُوذة) وهي تناط بمن كان به مرض أو جنون أو سحر.

ما كان يجري في الحدث من اضطراب وترويع للمسلمين فيها يشبه الجنون حيث كان الروم يخيفون الأهالي فلا تستقر أحوالهم، فلما جاء سيف الدولة وقتل منهم الآلاف استقرتّ واطمانّ أهلها ؛ فكأن جثث القتلى عليها تمائم أوجبت لهم الاستقرار والاطمئنان، كما هو حال المجنون الذي تعلق عليه التمائم فيهدأ.

٩. أتوك يجرون الحديد كأنّما		سروا بجياد مالهنَّ قوائمُ

السُّرى: السير في الليل، الجياد: الخيل.

أتوا مدججين بالأسلحة، ولكثرة الحديد (السلاح) عليهم وعلى جوانب خيولهم حتى غابت قوائمها... وكأنها تسير بلا قوائم.

١٠. خميسٌ بشرق الأرض والغرب زحفه وفـي   أذن الـجوزاء منـه زمـازم

الخميس: الجيش العظيم.سُمي بذلك ؛ لأن له ميمنة وميسرة وقلبا وجناحان

الزحف: المشي مع تثاقل.

الجوزاء: نجمان في وسط السماء / وخص الجوزاء لأنها على صورة إنسان.

الزمام: جمع زمزمة، وهو الأصوات المختلطة المتداخلة، وأصل الزمزمة صوت الرعد.

إنّ الجيش لكثرته امتد شرقا وغربا، واختلطت أصواته بصوت السلاح وصهيل الخيل وارتفعت هذه الأصوات حتى كادت ؛ لشدّتها تبلغ السماء ويسمعها نجم الجوزاء.

١١. تـجمّع فـيه كـلُّ لِسـنٍ وأمّـةٍ   فما تُـفْهِم الـحُدّاث إلا الـتراجمُ

اللسن: اللغة، واللسان أيضاً.

الحُدّاث: المتحدثون. والحداث القوم المتحدثون جمع بلا واحد.

التراجم: جمع ترجمان، بفتح التاء وضمها إتباعاً لضم الجيم.

إنّ جيش العدو تجمّع أفرادهـ من أمم وأجناس متخلفة يتكلمون بلغات متعددة، فلا يفهم بعضهم بعضاً إلا بالترجمان.

١٢. وقفت وما في الموت شك لـواقـف   كأنّك في جفن الردى وهـو نـائـم

الردى: الموت.

وقفت في ساحة المعركة (وهو موقف خطير منْ يقف فيه معرّض للقتل لأن الموت محيط به من كل جانب....) لكن سلامتك متحّققة بكون الرّدى نائم عنك فلم يبصرك وغفل عنك، وأنت نائم في جفنه فسلمت.

١٣. تمـر بـك الأبطال كـلمى هـزيـمةً   ووجهك وضّاح وثغرك بـاسـم

كلمى: جمع كليم، بمعنى جريح. هزيمةً: منهزمة

الثغر: مقدّم الفم. وضّاح: مشرق.

كنت تقف في المعركة شجاعاً، وكنت مشرق الوجه مبتسما والأبطال يمرون بك جرحى منهزمين فلا تخاف ولا تبالي

١٤. ضممت جـناحيهم على القلب ضمّـةً   تموت الخوافي تحتها والـقـوادمُ

جناحا الجيش: ميمنتة وميسرته، ولما سماهما جناحين ؛ جعل رجالهما خوافي وقوادم.

القوادم: عشر ريشات قويّة في مقدم جناح الطائر، عليها يعتمد في طيرانه

الخوافي: ريش ناعم يكون تحت القوادم.

ضممت جناحي جيش الروم (الميمنة والميسرة) على وسطه فأهلكت الجميع.

قوله: تموت الخوافي تحتها والقوادم: أي تموت تحت هذه الضمّة، ولذلك عبر بالمضارع

١٥. نـثـرتـهم فـوق الأُحيدب نـثـْرة   كما نُثِرت فَوقَ العروسِ الدّراهـمُ

الأحيدب: الجبل الذي تقع عليه قلعة الحدث.

لقد نثرت جثث القتلى من الروم على جبل الأحيدب كما تنثر الدراهم فوق ملابس العروس.

١٦. تـظـن فراخ الـفـتخ أنـك زرتــها   بأماتها، وهي العـتـاقُ الصلادم

الفتح: جمع فتخاء: إناث العقبان. سميت بذلك لطول جناحها ولينه في الطيران، والفتخ لين المفاصل.

الأمّات: جمع أم فيما لا يعقل

العتاق: كرام الخيل. الصلادم: جمع صلدم، وهي الفرس الشديدة الصلبة

تظن فراخ العقبان وهي تسمع صهيل خيولك حين صعدت الجبال وبلغت أوكارها أنّها أمهاتها ؛ يعني أن خيلك كالعقبان في شدّتها وسرعتها.

١٧. إذا زلـقـت مشّـيِتهـا بـبطـونها   كما تتمشى فى الـصعيد الأراقـمُ

الصعيد: وجه الأرض.

الأراقم: جمع أرقم وهي الحيات فيها سواد وبياض

إذا زلقت الخيل في صعودها الجبال جعلتها تمشي على بطونها في تلك المزالق مشي الحيات على بطونها في الصعيد، (يصف صعوبة صعودها في الجبال).

١٨. لـك الـحمدُ في الـدُّرِّ الذي لي لـفظه فـإنك معطيه وإنّـيَ نـاظـمُ

الدُّرّ: جمع دُرّة وهي اللؤلؤة العظيمة، يشير بها إلى شعره لنفاسته.

إنّ هذه الدرر الشعرية أنت مصدرها وملهمها، فأنت ببطولاتك ومكارمك أعطيتني المعاني، وأنا قمت بنظمها وصياغتها شعراً.

الأفكار:

- عزائم الرجال ومكارمهم تتناسب مع أقدارهم وهممهم.
- همّة سيف الدولة العالية الخارقة للمألوف تفوق طاقة البشر.
- تصميم سيف الدولة على بناء قلعة الحدث الحمراء وإصرارهِ أن يكون بناؤها أثناء
- احتدام المعارك لتهدأ نفوس المسلمين فيها بعد أن جعل أشلاء جيش الروم تمائم أسكنت الفتنة التي عانى منها المسلمون في الحدث.
- ضخامة جيش الروم عدداً وعُدة، كثرةً وتسليحا فهو من أجناس مختلفة مدمّج بالأسلحة الضخمة، وجلبة الجيش تشق عنان السماء.
- وصف لكيفية، سير المعركة ونتاجاتها وبطولات سيف الدولة.
- بطولات سيف الدولة وشجاعته تلهم المتنبي، فالمعاني لسيف الدولة والصياغة الشعرية للمتنبي.

نظرة عامة:

اختلف الناس في الحكم على شعر المتنبي، فبعضهم رفع لهم راية التفوق وآخرون تعصّبوا ضده وأكثروا من تعقبّه والحملة عليه ووظفوا كل السهام في كنائنهم للنيل منه والحط من مكانته. وأما سبب الطعن عليه فيعود للأسباب التالية:

- كان مغروراً معتداً بنفسه ميّالاً إلى الاستعلاء والتعالي المقرون أحيانا بالازدراء

وكل ما قد خلق الـلـه ومالم يخلق محتقرفي همتي كشعرةٍ في لمتي

- لم يكن يقيم وزناً لمن ضم بلاط سيف الدولة من حاشية ومن أدباء وشعراء

- الشهرة الواسعة التي نالها... والمكانة العالية التي أحله فيها سيف الدولة.

كل ذلك ألّب عليه الأعداء والمنافسين يتزعمهم أبو فراس الحمداني.

- تعمده لاستعمال الغريب من اللغة: الألفاظ النافرة والكلمات الشاذّة... تحديا للشعراء الأخرين ليثبت تفوّقه عليهم.

إذا سارت الأحداج فوق بنانه تفاوح مسك الغانيات ورائده

مستخدما (تفاوح) وهي لفظة فصيحة...ولكنها غريبة

- ترفّعه على الأعاجم.

لم يقبل أن يعيش في بلاط الخلفاء العباسين: المقتدر، والقاهر والراضي ؛ لأنه رأى أنّ الموالي والأعاجم يسيطرون على السلطة في بلاطهم.

ولم يقبل أن يمدح معز الدولة ووزيره المهلبي، وهو في طريقه إلى عضد الدولة في شيراز ترفعاً عنهما يقول:

وإنّما الناس بالملوك وما تفلح عُرْبٌ ملوكها عجمُ

التحليل:

الأبيات من قصيدة طويلة بلغت خمسة وأربعين بيتا، وهي من قصائده الكثيرة في مدح سيف الدولة (تسمى السيفيات) القصيدة في وصف معركة الحدث التي وقعت (٣٣٧هـ). وهي أول معركة يحضرها المتنبي مع سيف الدولة (أمير حلب).

مناسبة القصيدة:

كان الروم استولوا على حصن « الحدث» فأساؤوا معاملة المسلمين وضيّقوا عليهم فقرر سيف الدولة أن يغزو هذا الحصن. وسيّر جيشاً قوامه خمسمائة مقاتل ليلقى جيشاً مكوناً من خمسين ألف محارب من الروم والأرمن والبلغار والصقالية. التقى الجيشان في معركة حامية الوطيس، ألحق سيف الدولة بعدوّه هزيمة ماحقة فسقط منهم ثلاثة ألاف قتيل وعشرات الأسرى ثم باشر سيف الدولة بناء قلعة الحدث خلال القتال.

وصف المتنبي هذه المعركة بقصيدته.

استهل القصيدة بحكمة سائرة يؤكد فيها أن عزائم الرجال ومكارمهم تتناسب مع أقدارهم، فمن كان عالي الهمة سعى إلى المجد والعلياء.

هذه المقدمة يومئ فيها بأن سيف الدولة كان معنًيا بأمجاد المسلمين والدفاع عن أرضهم، فهو يقف في وجه الروم ليحمي الثغور بقوة لاتلين. يقوده هذا التقديم إلى وصف همّة سيف الدولة فهي همة وثابه تفوق طاقة البشر والجيوش الجرارة، بل هي همّة تضيق بها الأسود وتعجز عنها وبيّن ما حلّ «بالحدث» التي كسيت باللون الأحمر؛ لكثرة دماء جماجم الأعداء حيث كانت غزيرة كأنها المطر. وبذلك شعر المسلمون بالأمان، إذ هدأت الأزمة وكأن كثرة القتلى من الروم تمائم تشفي من الجنون.

ويصف مجريات الحرب مبرزاً بسالة سيف الدولة مع ضخامة جيش الروم، فالجيش جرّار جمعوا أفراده من أجناس متعددة، مدججين بالأسلحة الضخمة التي تكاد تخفي قوائم الخيول التي تحملها. جيش امتد إلى مسافات بعيدة واختلطت أصواتهم بأصوات الخيل والسلاح وأحدثت جلبة تشق عنان السماء وتكاد تصل كوكب الجوزاء. أما سيف الدولة فكان رابط الجأش ثابت الجنان لا يخيفه تطاير الروؤس وتناثر الأشلاء، والأبطال يفرّون في كل صوب والموت يحدق من كل جانب، وكأنه في جفن الردى وهو نائم عنه لا يراه، كل ذلك لا يثني عزيمته ولايضعف نفسه بل كان وضّاحاً غير متخوف باسما غيروجل. ويحكم سيف الدولة خطته العسكرية الصاعقة فيضمّ جناحي الجيش إلى قلبه (وسطه) ضمّه سريعة خاطفة، وراح يعمل فيهم سيوفه فولوا الأدبار مندحرين ومضى سيف الدولة وجيشه يتعقبون فلولهم بجياد قوّية إذا عجزت عن المسيرعلى الصخور تسلقتها زحفاً على بطونها كما تمشي الحيات.

ويختم قصيدته بالإعجاب بانتصارات سيف الدولة التي فجرّت الموهبة الشعرية، مؤكّداً أنّه شاعر كبير لبطل كبير؛ فالبطل متميّز في حروبه، والشاعر مبدع ملهم في شعره

الدارس للقصيدة يدرك أن الشاعر مجيد في وصفه لمعارك سيف الدولة، ويردون ذلك إلى حبه لسيف الدولة كونه زعيماً عربيا مدافعا عن حدود العرب في

وجه غارات الروم، والشاعر معجب كذلك بممدوحه، لأنه كان واسع الثقافة متضلعا في اللغة والشعر، وهذه عامل مشترك جمع بينهما كما جمع بينهما الإيمان بالعروبة نسباً وثقافة. لذلك تميّزت مدائحة لسيف الدولة بالإعجاب الشديد والصدق والوفاء

لقد مدح المتنبي سيف الدولة بأربعين قصيدة وعدد كبير من المقطوعات، خلال مدة إقامته في بلاطه على مدار تسع سنوات.

ودفعته عروبته بالمقابل إلى مهاجمة الأعداء الأعاجم الذين غلبوا العرب على أمرهم.

الخصائص:

- عمق المعاني:

تمكن الشاعر من النفاذ إلى صميم النفس الإنسانية حين جعل إحساس المرء بصغر أو عظمة الإنجازإحساساً نسبياً، يتوقف على همته ومدى رفعته، مع دقّة في بيان المعاني.

- يكثر من الحكمة في شعره، مثل قوله:

وتعظم في عين الصغير صغارها وتصغر في عين العظيم العظائم

والحكمة عنده محّصلة تجربة في الحياه وتأمّل في الأحداث والناس، وأسهمت ثقافته الواسعة وعمق اطلاعه في إغناء حكمته. مما جعلها ذات أبعاد واسعة وكثيرة وقد أحصيت له أكثر من ثلاث مئة وسبعون بيتاً تجري مجرى الأمثال.

- الزخارف اللفظية

عزم، عزائم، كرام، مكارم، عظيم، عظائم، صغير صغائر، شرق، غرب

- يميل إلى استخدام الصور البيانية، وهي تأتي عنده بسيطة من غير تكلف أواصطناع، وإنما تأتي عفوية ضرورية لتجسيد المعاني والأمثلة كثيرة:

أ. الكناية « موج البحر متلاطم « كناية عن شدة الحرب

«إذا زلقت مشيتها ببطونها « كناية عن الأرادة والتصميم

ب. التشبيهات ومنها

" كأنما سروا عباد مالهن قوائم كأنك في جفن الرّدى وهو نائم "

ج. استعارة تصريحية، مثل:

نثرتهم فوق الأحيدب نثرة كما نُثرت فوث العروس الدراهم

إذ الأصل فرقتهم "ولكن الشاعر عدل عنها إلى "نثرتهم" لأن النثر فيه قوة القبض والتملكّ: حيث حذف المشبه وذكر المشبه به على سبيل الاستعارة التصريحية.

- يجيد وصف المعركة، ويصورها تصويراً جامعاً، مستقىً من جو المعركة والسيوف المتشابكة والجيوش الزاحفة حتى غدت القصيدة تموج بالحياة...

أ. الحركة، فقد نقل إلينا حركة نكاد نراها بالعين.

ب. اللون، فقد صور قلعة الحدث وقد صبغت بلون الدماء الحمراء.

ج. الصوت، حيث سجل أصواتا تكاد أن تسمع بالأذن

القنا يقرع القنا

موج المنايا متلاطم

في أذن الجوزاء منه زمازم

وهكذا استقى الشاعر عناصر تصويره ؛ المتمثلة في الحركة والصوت واللون، من جو المعركة والسيوف المتضاربة والجيوش الزاحفة...فامتلات القصيدة بالحركة والحياة.

- المبالغة:

في مثل قوله « وقفت وما في الموت شك لواقف كأنك في جفن الردى وهو نائم فقد بالغ حين أراد وصف الممدوح بالشجاعة، فجعله يتسلل إلى عيون الموت ليختفي فيها وينام تحت جفنه، ولم يتمكن الموت من رؤيته... مما جعله يقف في المعركة دون خوف أو وجل بعد أن ضمن أن الموت لا يراه. ولو تصفحت شعره لوجدت مبالغة كبيرة مثل:

فلست مليكا هازماً لنظره ولكنك التوحيد للشرك هادم

- <u>براعة الاستهلال:</u>

استهل قصيدته بحكمة مستوحاة من واقع المعركة، فتحدث عن العزائم والمكارم التي يمثلها سيف الدولة في الأبيات، وبذلك يهيئ المطلع لجوّ القصيدة ويلخص مضمونها. وبذلك ابتعد الشاعر عن المقدمة الغزلية التي كانت مألوفة عند القدماء.

- <u>وحدة القصيدة:</u>

تبدأ بحكمة عامّة، ثم تتجسد معاني هذه الحكمة في شخص سيف الدولة وجيشه وانتصاره في وقعة الحدث على جيش ضخم، ووقفة سيف الدولة الانتحارية المطمئنّة إلى النصر.

- <u>البعد عن الإخلال والحشو:</u>

لم يكن المتنبي مضطراً إلى حذف لفظ به يتم المعنى، ولو فعل ذلك لكان إخلالاً معيبا ولم، يضطره الوزن أن يزيد في اللفظ ما لا يحتاج إليه المعنى، وهو ما يسمى الحشو فكل بيت في القصيدة جاء تامًّا مستوفى، لم يضطر الشاعر بسبب الوزن إلى نقصه أو الزيادة فيه.

- <u>دلالة القصيدة على عصر الشاعر:</u>

* تذكّر القصيدة بالحروب المستمرة بين العرب والبيزنطين.

* تطلعنا على تكوين الجيش (خميس) وأنواع الأسلحة: القنا، السيوف، وخطط الهجوم: ضمنت جناحيهم إلى القلب وإلى بعض طرق الدفاع (الحصون)

* مستوى القصيدة الفنّي الرائع يشير إلى رقي الأدب في ذلك العصر الذي قيلت فيه

* كما يشير النص إلى الروح الدينيّة السائدة

- <u>صدق العاطفة:</u>

المتنبي معجب بسيف الدولة، يرى فيه بطلاً يمثل القيم العربية حامياً لحدودها مدافعاً عن المسلمين

- التناسب الرائع بين الألفاظ والمعاني فأنت لا تستطيع أن تنبذ كلمة أو بيتاً من القصيدة، لأنك حينئذ تخل بالمعنى إخلالاً واضحا.

- الجرس الموسيقي:

تلعب الموسيقى في شعره مداها الأكمل فالحرف والكلمة والبيت تأتي مترابطة ومرتبطه بالنغم الموسيقي العام. وأنت إن تعودت قراءة شعر المتنبي ثم سمعت بيتاً له قد غيرت فيه كلمة شعرت بنشاز يخدش الأذن.

- يرد في شعره الألفاظ الحربية الموحية بالقوة:

القنا. العوالي. الرماح. الزّجاج. اللهذم

- استعمال الشذوذ اللغوي والنحوي، ومرد ذلك إلى:

- الاقتداء بالنماذج القديمة، فأراد أن يحيي الصياغة الشعرية التقليدية بكل ما فيها من فخامة وجزالة، وشذوذ، غايته من ذلك أن يؤكد اطلاعه على فحول القدامى ليلفت الأنظار إليه. وقد عرفت أنّه كان واسع الاطلاع على التراث الشعري للفحول من المتقدّمين عليه.

اتباعه المذهب الكوفي وهو مذهب يأخذ بالتوسع والترخّص.

قدرته اللامحدودة على حفظ غريب اللغة وشوارها.

أسئلة:

١- ما البيت الذي يدل على أن المتنبي يشارك ممدوحه؟

٢ - لماذا اختار» الجوزاء « دون سائر النجوم؟

٣ - ثقافة المتنبي كانت واسعة....ما هي أسباب ذلك؟

٤ - حِكم المتنبي إنسانية وتجري مجرى الأمثال. ما سبب ذلك؟

٥ - قالوا. إن المتنبي حين يمدح سيف الدولة فإنه صادق العاطفة. ما سر ذلك؟

٦ - اقرأ البيت الذي يدل على أنّ الروم كانوا يقلقون سكان قلعة الحدث من العرب المسلمين

٧ - ورد في القصيدة ما يدل على أنّ سيف الدولة لا يهاب خصومه في المعركة سمِّ البيتين اللذين تضمنا ذلك؟

٨ - حدد البيت الذي يدل على ضخامة جيش الروم؟

٩ - هناك بيت في القصيدة يدل على خطة عسكرية ناجحة. اذكره؟

١٠ - هناك بيت يشير إلى عادة كان العرب يستعملونها للحماية من الموت... ماهي هذه العادة؟

١١ - وصفت قلعة الحث بـ"الحدث الحمراء" ما الذي غيّرها إلى اللون الأحمر؟

١٢ - اجتمعت في القصيدة عدّة عوامل ساعدت على نجاحها. اذكرها؟

١٣ - أشر إلى البيت الذي يدل على أنّ جيش الروم تشكل من جنسيات وأعراق مختلفه.

١٤ - ما البيت الذي تضمّن مبالغة؟

١٥ - ما البيت الذي يدل على شعور واضح بالثقة بالنفس؟

١٦ - بين البيت الذي يتناسب معناه مع قول الشاعر:
يفترّ عند اقتراب الحرب مبتسماً إذا تغيّر وجه الفارس البطلِ

أبيات في الحكمة من معلقة زهير بن أبي سلمى

مطلع المعلقة:

أمن أم أوفى دِمنةٌ لم تَكلّم بحومانة الدراج فا لمتّم

الأبيات المقررة:

١. فَلاَ تَكْتُمُنَّ اللهَ مَا فِي نُفُوسِكُمْ لِيَخْفَى وَمَهْما يُكتم الله يعلم
٢. يؤخر فيوضع في كتاب فيدخر ليوم الحساب أو يعجّل فينقم
٣. وما الحرب إلا ماعلمتم وذقتتم وما هو عنها بالحديث المرجم
٤. مَتَى تبعثوا تبعثوها ذميمة وتضر إذا ضريتموها فتضرم
٥. سئمت تكاليف الحياة ومن يعش ثمانين حولا لا أبا لك يسأم
٦. وأعلم ما في اليوم والأمس قبله ولكنني عن علم ما في غد عم
٧. رأيت المنايا خبط عشواء من تصب تمته ومن تخطئ يُعمّر فيهرم
٨. ومن لم يصانع في أمور كثيرة يضرّس بأنياب ويوطأ بمنسم
٩. ومن يجعل المعروف من دون عرضه يفره ومن لا يتق الشتم يشتم
١٠. ومن يكُ ذا فضل فيبخل بفضله على قومه يستغن عنه ويذمم
١١. ومن هاب أسباب المنايا ينلنه وإن يرق أسباب السماء بسلم
١٢. ومن يجعل المعروف في غير أهله يكن حمده ذماً عليه ويندم
١٣. ومن يعص أطراف الزجاج فإنّه يطيع العوالي رُكّبت كل لهذم
١٤. ومن لم يذد عن حوضه بسلاحه يهدم ومن لا يظلم الناس يظلم
١٥. ومن يغترب يحسب عدوّا صديقه ومن لم يكرم نفسه لم يكرم
١٦. ومهما تكن عند امرئ من خليقة وإن خالها تخفى على الناس تعلم
١٧. وكائن ترى من صامت لك معجب زيادته أو نقصه في التكلم
١٨. لسان الفتى نصف ونصف فؤاده فلم يبق إلا صورة اللحم والدم

زهير بن أبي سُلمى.

حياته: زهير بن أبي سُلمى (بضم السين) ينتهي نسبه إلى مُزيْنة،وهي قبيلة معروفة فقيل:المُزنيّ.ومُزنية امرأة نُسب إليها أولادها. وكان العرب ينسبون أحياناً إلى المرأة، مثل: قبيلة خندف قبيلة، وقبيلة بُجيلة.

ولد حوالي ٥٢٠م بنجد. مات والده وهو صغير فعاش يتيماً في رعاية زوج أمه (أوس ابن حجر) وكان هذا شاعراً. توفي سنة ٦٠٩ م فلم يدرك الإسلام، إذ توفي قبل بعثة النبي (ص) بسنة واحدة.

عاش في بيئة شعرية، إذ كان خاله بشامة بن الغدير شاعراً، وأوس بن حجر شاعراً.كما وعرف ولداه بالشعر،وهما بجير وكعب،والأخير هوصاحب قصيدة البردة التي مدح بها رسول اللـه (ص) وله أختان شاعرتان هما: سلمى والخنساء.عرف عن زهير أنه كان ينقح شعره ويراجعه حتى يمر عام كامل قبل أن ينشر قصيدته ؛ فسميت قصائده"الحوليات"وقيل:"زهير والحطيئة وأشباهها عبيد الشعر ".

كان زهير خارجاً على مقاييس الجاهلية، فدعا إلى الإصلاح والسلم وكان الآخرون من الشعراء يدقون طبول الحرب داعين إلى الأخذ بالثأروالانتقام

أُعجب عمر بشخصه وشعره من مثل قوله:

فإنّ الحق مقطعه ثلاثٌ يمينٌ أو لقاء أوجلاء

وصفه فقال:" كان زهير لايعاظل بين الكلام ولايتتبّع حوشيه ولا يمدح الرجل إلا بما فيه"

ويروى أنه قال:"لو أدركته لوليته القضاء لحسن معرفته ودقّة حكمه"

و زهير من أصحاب المعلقات.

المعلقات: مجموعة من القصائد الجاهلية.اختارها العرب وأعجبوا بها وعلقوها على أستار الكعبة فسميت «المعلقات» أما عددها فقد اختلفوا فيه (٧-١٠)

مطلع معلقة زهير (التي منها الأبيات التي ندرسها)

أمن أمّ أوفى دمنة لم تكلّم بحومانة الدراج لم تتكلم

تحليل القصيدة:

بدأها بالغزل والوقوف على الأطلال، فذكر الأماكن التي كانت تقيم فيها:

الدراج والمتثلّم وغيرها، وهذه كانت عادة الشعراء، يبدؤون قصائدهم بالغزل والوقوف على الأطلال، قبل الوصول إلى الغرض الأساسي من القصيدة.وهي عنده بمثابة التمهيد أو المقدمة يدخل من خلالها إلى الغرض الرئيسي وهو مدح هرم بن سنان والحارث بن عوف.

ثم وصف حرباً دارت بين قبيلتين من غطفان هما:عبس وذبيان استمرت زهاء أربعين سنة

وانتقل إلى مدح هرم بن سنان والحارث بن عوف حين سعيا بالصلح بين القبيلتين في هذه الحرب.حرب داحس والغبراء. حيث دفعا ديات القتلى من الطرفين من أموالهما الخاصة وتحدث عن مرارة الحرب وويلاتها ومآسيها.ولابأس من ذكر المناسبة التاريخية فسبب هذه الحرب الضروس أنّ سباقاً جرى بين جوادين: الحصان داحس، لزعيم عبس، والفرس الغبراء لزعيم ذبيان. وكان أوشك داحس أن يسبق الغبراء. فتصدى له بعض فتيان ذبيان عن طريق كمين أدى إلى وقوع الحصان وسقوط فارسه عنه ثم ارتفع اللغط والجدال والشجار...فنشبت هذه الحرب الطاحنة، إلى أن تطوع المصلحان إلى دفع الديات، فتم رأب الصدع وحل الإصلاح بين المتخاصمين،فهدأت النفوس بعد طول معاناة وهمدت نيران الحرب بعد طول توقّد واشتعال.

خلد الشاعر اسم الرجلين في هذه المعلقة إذ قال فيهما:

يـمـيـنـاً لنعـم السيـدان وُجدتمـا على كل حال من سحيل وجرم

تداركتما عبساً وذبيان بعد ما تفانوا ودقوا بينهم عـطر منشم

وأخيراً نثر مجموعة من الحكم الرائعة مازالت تجري على الألسنة.

و الحكمة: قول موجز بليغ يعكس خلاصة التجارب التي يمر بها الإنسان

شرح أبيات القصيدة

أ- المقدمة:

أمن أم أوفى دمنةٌ لم تكلّم بحومانة الدرّاج فالمتثلّم

الهمزة للاستفهام. من: حرف جر للتبعيض.

أم أوفى: زوجته الأولى أو هي حبيبته.

الدمنة: ما اسودَ من آثار الدار (بالبعر والرماد وغيرها)وجمعها دِمَن.

قال النبي (ص): إياكم وخضراء الدمن.

تكلّم:تتكلم، وهي مضارع مجزوم بلم ثم حرك بالكسر لالتقاء الساكنين.

الحومانة: الأرض الغليظة.

الدّراج (بفتح الدال وضمها) والمتثلم:موضعان.

يتساءل هل صمتت ولم تجبني أطلال أم أوفى في الدراج والمتثلم بسبب غياب أم أوفى عنها.

الأبيات المقررة:

١- فلا تكتمن اللـه ما في نفوسكم ليخفى ومهما يكتم اللـه يعلم

الخطاب موجّه إلى قبيلتي عبس وذبيان إثر محاولات الصلح التي قادها هرم بن سنان والحارث ابن عوف.

وهو يطلب منهم أن يكونوا صادقين في الاستجابه لنداء الصلح. يقول: « فلا تخفوا عن اللـه ما تضمرون من الغدر ونقض العهد ولا تظهروا الصلح وأنتم تضمرون في نفوسكم الغدر،فإن اللـه يعلم ما تضمرون وتكتمون فهو يعلم السرائر».

٢- يؤخّر فيوضع في كتاب فيدخر ليوم حساب أويعجل فيُنقم

إنْ أضمرتم الغدر ونقض العهد فإنّ اللـه سيحاسبكم عاجلاً في الدنيا، أو يؤجل الحساب إلى يوم الآخرة (يوم الحساب).

٣- وما الحرب إلا ما علمتم وذقتم وما هو عنها بالحديث المرجم

ذقتم:جرّبتم. الحديث المرجم:الذي يقوم على الظنّ.

ما الحرب إلاماجربتم وذقتم، وعانيتم من ويلاتها، فإياكم أن تعودوا إلى إشعالها.

٤- متى تبعثوها تبعثوها ذميمة وتضر إذا ضريتموها فتضرم

تبعثوها: تثيرونها. ذميمة: مذمومة. تضر: تشتد. تضرم: تشتعل.

إذا أشعلتم نيران الحرب،فاعلموا أنّكم تأتون أمرا عظيما مذموما،فهي إذا اشتعلت؛ فإنّ لهيبها يقوى، وأُوارها يشتد، فيكتوي الناس بلهيبها،ويعانون من ويلاتها.

٥ - سئمت تكاليف الحياة ومن يعش ثمانين حولاً لاأبا لك يسأم

سئمت: مللت. تكاليف الحياة: شدائدها ومشقاتها. لأبا لك:اللام زائدة، والتقدير؛ لاأباك، ولولا أنها زائده لكان لاأباك لأنّ الألف إنما تثبت مع الإضافة،والخبر محذوف. والتقدير لا أباك موجود أو بالحضرة، وهي عبارة يراد بها المبالغة في المدح، وكأن الممدوح ليس له أب يرعاه سوى الـلـه سبحانه أو أنه عصامي اعتمد على ذاته في حياته، وليس له اعتماد على والده. وتكون عادة جملة معترضة تقع في حشو الكلام لا محل لها من الإعراب. يؤتى بها لمجرد التنبيه والإعلام.

مللت مشاق الحياه وشدائدها.وليس غريبا على من عاش هذاالعمربلطويل أن يملّ من مصا عب هذه الحياة ومشاقها.

٦- وأعـلـم مـا في اليـوم والأمس قبـلـه ولكنني عن علم مافي غد عم

قد أعلم ما مضى وأعلم الحاضر المعاش،لكنني عاجز عن معرفة المستقبل، إذ لايعلم المستقبل إلا الـلـه.

٧- رأيت المنايا خبط عشواء من تصب تمته ومن تخطئ يعمر فيهرم

الخبط:الضرب باليدين أو بالرجلين.

العشواء: الناقة التي لا تبصر ليلا،والعشواء تأنيث الأعشى.

يقال عشا يعشو إذا أتى على غير قصد كأنه يمشي مشية الأعشى.

رأيت المنايا تضرب الناس على غير بصيرة ولا ترتيب (كالناقة التي تدب وتطأ على غير بصيرة أو تبصر فهي لاتعرف مواضع أقدامها)ثم يقول من أصابته المنايا توفي ومن أخطأته امتد به العمر وبلغ الهرم.

٨- ومـن لـم يصانع في أمـور كثيرة يضرس بأنياب ويوطأ بمنسم

يصانع: يجامل الناس. يضرس: يعض بالأضراس. يوطأ: يداس. المنسم: خف البعير، جمعه مناسم.

من لم يدار الناس ويجاملهم في أمور كثيرة ؛ فإنهم يذلونه ويقهرونه.

٩- ومن يجعل المعروف من دون عرضه يفره ومن لا يتق الشتم يشتم

من دون عرضه: وقاية وحماية لشرفه وسمعته.

يفره: يصونه من الذم، من وفَرَ: أي صان.

مَنْ بذل المعروف والإحسان للناس، صان عرضه وشرفه، ومن بخل بالمعروف والإحسان فإنه يتعرض للشتم والإهانه: فوضعه للمعروف في غير أهله المستأهلين له يعقبه الندامة.

١٠- ومن يك ذا فضل ويبخل بفضله على قوم يستغن عنه ويذمم

من كان قادراًعلى تقديم الخير لقومه ولم يفعله ؛ فإن قومه سيذمونه وينبذونه.

١١- ومن هاب أسباب المنايا ينلنه وإنْ يرق أسباب السماء بسلم

أسباب السماء: أبوابها،نواحيها.

أسباب المنايا: طرقها،وكل ما يؤدي الى الموت من أسباب.

لا مفر أو مهرب للإنسان من الموت إذا دنت منيّته، فالموت يدركه ولو حاول أن يصعد إلى السماء بسلم. فلكل منيّة أجل لا تتقدم عنه ولا تتأخر؛ فالموت مقدر، وإنْ تعددت أسبابه ولا يمكن النجاة منه.

١٢- ومن يجعل العروف في غير أهله يكن حمده ذماً عليه ويندم

من بذل المعروف والإحسان لمن لا يستحقه يقابل بالذم والجحود بدلا من الشكر والعرفان والإحسان والجميل.

١٣- ومن يعصِ أطراف الزّجاج فإنه يطيع العوالي ركّبت كل لهذم

الزجاج / جمع زُج، وهو الحديد المركب في أسفل الرمح(لا يطعن به) ويسمونه كعب الرمح.

العوالي/جمع عالية،وهي مقدم الرمح أو رأسه الذي يطعن به،ضد سافلة الرمح وهي التي يركب فيها السنان.

اللهذم / السنان الماضي الحاد.

كان العرب إذا التقوا سدد كل طرف زجاج الرماح نحو الطرف الآخر،وسعى الداعون إلى الصلح..فإن رفض الطرفان أو أحدهما الصلح واختارا القتال قلب كل منهما الرماح والأسنة نحو الآخرتعبيراعن الاستعداد للحرب، ثم سارا إلى القتال.

يقول: من يرفض الاستجابة للصلح والانصياع للسلم، فإنّه مهدد بمخاطر الحرب ؛أي أنّ من أبى الصلح، ذللته الحرب وأخضعته.

١٤- ومن لم يذد عن حوضه بسلاحه يهدّ م ومن لايتّق الشتم يشتم

يذد: يدافع. الحوض: الحريم أو الوطن.

من لايدافع عن حرمه ووطنه بالسلاح والقوة ؛ فإنّ الأعداء يهدمونه،ومن لايظلم الناس فإنهم يستضعفونه ويظلمونه.

١٥ - ومن يغترب يحسب عدوا صديقه ومن لم يكرّم نفسه لايكرّم

من عاش في ديار الغربة قد يظنّ الأعداء أصدقاء ؛ لأنّه لم يجربهم تجربة حقيقية تمكّنه من معرفة مافي صدورهم. ومن لم يكرّم نفسه بالأخلاق الحسنة، والبعدعن الدنايا فلا ينتظرمن الناس أن يكرموه،فالاغتراب ذل، وعلى الاِنسان أن يكون عزيز النفس.

١٦ - ومهما تكن عند امرئ من خليقة وإ نْ خالها تخفى على الناس تعلم

مهما أصلها: ما ما، فما الأولى للشرط، وماالثانية للتوكيد.استقبحوا الجمع بينهما (ولفظهما) واحد، فأبدلوا من الألف هاء.

إذا حاول الاِنسان أن يخفي عيبا فيه او صفة سيئة من صفاته، فإنه لن يتمكن من ذلك، وسوف ينكشف عيبه، ويعرف الناس صفاته السيئة. فالحقيقة لاتخفى وإن سُترت بعض الوقت. ولا بد أن يغلب الطبع التطبع.

١٧ - وكائن ترى من صامتٍ لك معجبٍ زيادته أو نقصه في التكلّم

كثيرمن الناس تراه صامتا ؛ فتغتر وتعجب به، وإذا تكلّم عرفت حقيقته، فإمّا أن يزيد هذا الاِعجاب أو يتلاشى،لأنّ الكلام هو المعبِّر عن جوهر الاِنسان وحقيقته، واللسان هو ميزان الحكم على الشخص.

١٨ - لسان الفتى نصفٌ ونصف فؤاده فلم يبق إلا صورة اللحم والدم

قيمة الاِ نسان تكمن في ضميره وكلامه. أمّا ماتبقّى فهو مجرد هيكل من اللحم والدم. لهذا قالت العرب:»المرء بأصغريه: قلبه ولسان «.

قراءة المعلقه تكشف أنها جاءت على النحو التالي:

- المقدمة الطلليّة.اتباعا لما كان يعرف بعمود الشعر،تقليدا لشعراء.
- مدح هرم بن سنان والحارث بن عوف من خلال الدعوه الى الصلح السلام
- مجموعة من الحكم ختم بها القصيدة.

بدأ زهير المعلقة بالوقوف على الأطلال التزاماً بالقالب العام للقصيدة الجاهلية وكما هي عادة الشعراء الجاهليين، ولعله أراد كذلك أن يبرز مقدرة فنية في هذا الجانب. ثم انتقل إلى الغرض الرئيسي وهو المدح و الدعوة إلى الصلح و إحلال الوئام محل الخصام. وسجل مقدرة عظيمة على الربط بين القضايا التي تناولها، فتراه يمدح المصلحين مسجلاً إعجابه بدورهما، وينفّر من الحرب، فيصور سلبياتها وما تخلفه من مصائب وويلات،ويصورها صوراً مفزعة مخيفة لعل الناس يرتدعون وينتهون عنها. فصورها بالنيران الملتهبة التي تلتهم الأخضر و اليابس.. إضافة إلى صور أخرى (لم ترد في الأبيات المقررة)تنفيراً من العودة الى إشعالها مجّددا في دعوته إلى الصلح والسلام يذكر المعروف ويحذر الناس من إضمار الغدر ونقص الميثاق (ميثاق الصلح).

ثم يختم القصيدة بمجموعة من الحكم استقى مضمونها من الموضوع الذي يتحدث عنه.

المنايا: عمل الخير: المهادنة

- فالمنايا تقتل كما تقتل الناقة العشواء، فمن أصابته هلك، ومن لم تصبه عاش وهرم.

- من كان غنياً فبخل على قومه بماله نبذوه وكرهوه،إشارة إلى مايستحقه (الحارث وهرم من الإجلال والتعظيم لأنهما قدما المال لتحقيق المصالحة).

- من لا يجامل الناس يذموه ويؤذوه (يضرس بأنياب، يوطأ بمنسم)

حكم زهير وليدة تجربة إنسانية واقعية فقد عاش الحرب وشاهدها، وتعكس القيم الإصلاحية والاجتماعية التي كانت تتطلبها البيئة في ذلك الوقت.

الخصائص الفنية

١- الوضوح والخلو من الشوائب اللفظية فالالفاظ سهلة على الرغم من أنها أبيات جاهلية قد بعد العهد بيننا وبينها،ولا سيما في المدح والحكم. اما في وصف الأطلال ووصف الحرب فيأتي بألفاظ غريبة ومفاهيم جاهلية، كقوله « لاأبا لك » وهي لا تستعمل للدعاء وإنما للفت النظر.

٢ – كان في وصفه للحرب صادق العاطفة ؛ لأنه ميال للسلام مما دفعه لتحمل الديات مناصفة مع الحارث بن عوف إنقاذا للناس من ويلات الحرب الدامية. وهذا مالانعهده عند شاعر جاهلي آخر. فشعره ينفرد بصبغة إصلاحيّة عقلانية.

٣ – يخلو شعره من المبالغات.

٤ – العاطفة في الأبيات ضعيفة ؛ وذلك لطبيعة الغرض من القصيدة.فلا مجال للعاطفة في الحديث عن المقدمة الطللية. ولا في أبيات الحكمة. وهي كذلك صادقة إذ لم يكن ينتظرشكرا أوجزاء،ولم يكن متكسبا في شعره.

٥ – أثر البيئة ما ثل في الصور والخيال وهي مستمدة من الواق ومن تجربة الشاعر، مثل.

يضرّس بأنياب. يوطأ بمنسم.

وتشبيه الحرب بالرحى وبالناقة. تشبيه الحرب بالناق العشواء

٦ - القصيدة تقوم على وحدة البيت لاعلى وحدة القصيدة

٧ - تلتزم القصيدة بما يعرف بعمود الشعر الجاهلي. حيث افتتحت بالبكاء على الأطلال....ثم يخلص الشاعر إلى الغرض الرئيسي، من فخر أومدح أوهجاء....

٨ - تعكس الأبيات دلالة اجتماعية وعلى كثير من ا لحياة البدوية التي لاعمق فيها ولا تعقيد.

دور الديات في إطفاء نيران الحرب.

وظيفة الرحى والناقة في الحياة

٩ - اختار الشاعر البحر الطويل.وهذا قرب كلامه من النثر.

١٠- استخدام أسلوب الشرط في معظم أبيات الحكمة أبعدها عن العواطف، وجعلها أشبه بمعادلات جافة بعيدة عن الأساليب الشعرية خالية من الفعات العاطفية.

١١- عمق الحكمة واتساع التجربة الشخصية، والخبرة الطويلة مثل:

ضجر ابن الثمانين من طول الحياة.

خبط المنون كالناقة العشواء.

تهدم الحوض إذا لم يدافع عنه

وهي كذلك على صلة بغرض القصيدة وهو مدح السيدين: كتقدم المعروف، وفعل الخير، وعدم البخل

١٢ - في حكمه تبرز:

قيم جاهلية منها: الحث على البدء بالظلم للآخرين.

وقيم تقترب من تعاليم الاِسلام منها: الاِيمان باليوم الآخر. حقيقة الموت.

الحث على عمل المعروف وحماية العرض والشرف.

أسئلة:

١ - حدّد زهير عمره عندما نظم القصيدة، اقرأ البيت الذي يشير إلى ذلك؟

٢ - ما هي في ظنك تكاليف الحياة التي سئمها زهير؟

٣ - ما جزاء من لا يداري الناس في أمورهم، في رأي زهير؟ وهل توافق على هذا الرأي

٤ - كيف وصف زهير الحرب في قوله:

متى تبعثوها تبعثوها ذميمة وتضر إذا ضريتموها فتضرم

٥ - قال تعالى:" وما تدري نفسٌ بأيّ أرض تموت " أي حكم زهير تدور حول معنى هذه الآية

٦ - ما دلالة كلمة يضرّس (المشدد العين والراء) في التعبير عن مدى الأذى الذي يلحق بمن لا يجاري الناس في أمورهم؟

٧ - قال تعالى:" أينما تكونوا يدرككم الموت ولو كنتم في بروج مشيدة" أي حكم زهير تدور حول معنى هذه الآية؟

٨ - ومن يجعل المعروف في غير أهله يكن حمده ذمًّا عليه ويندم

هل توافق زهيراً على رأيه؟ أم تميل إلى قول المثل " اعمل المعروف وارم في البحر"

٩ - في المثل" إذا لم تكن ذئباً أكلتك الذئاب " أي حكمة عند زهير تقرب من هذا المثل؟

١٠- ما الدلالة على أنّ زهيراً قد استفاد من حياته الخاصة والعامة في شعره، وأنّ هذه الحياة قد أغنت تجربته وشعره

١١ - استعار زهير صوراً حسيّة جاهلية كثيرة للتعبير عما في نفسه ابحث عن هذه الصور.

١٢ - قالت العرب: إذا أردت السلامة فشنّ الغارة أي الأبيات يحمل هذا المعنى؟

١٣ - ضع دائرة حول ما ينطبق على عواطف الشاعر:

دينية / قومية/ سلبيّة / إنساينة / صاقة/ الخوف من الموت / الزهد بالمال / فيها دعوة إلى التفاؤل

١٤ - اختر ما يناسب حكم زهير.

١. أناة الشيوخ وهدؤوهم

٢. ثقافة واسعة

٣. إشاعة روح الحماسة والحرب

٤. الثورة على الأوضاع والشكوى من الزمان

٥. سعة الخيال

٦. الالتفات إلى صالح القبيلة والفرد

٧. الحرص على الفخر بالنفس

٨. حملت الأبيات نزعة إنسانية تدعو إلى نبذ الحرب والتمسك بالسلام

٩. قال أحدهم

وما المرء إلا الأصغران لسانه ومعقوله، والجسم خُلق مصور

أي أبيات زهير يحمل هذا المعنى.

١٠. أثر البيئة في كثير من الأبيات. اذكر ثلاثة صور.

فرسان التغيير

د. محمود الشلبي

١. تزينُ جهاتِ الأرض منهم محاسِنُ   فتخضرّ أبعادٌ وتزهو مواطن
٢. يصّاعد الحَلْمُ الشبابيُّ هادراً   كما الموج في بحر علته السفائن
٣. لهم في ضمَير العصر آيةُ مبصرٍ   تَبوحُ بها عينُ العُلا والقرائنُ
٤. شبابٌ كأنّ الوقت فيهم محارِبٌ   يصول بسيف عزمُه فيته كامنُ
٥. ويومض في غيم الرؤى برق عارض به   غيثهم يرويّ الورى وهو هاتن
٦. يمدّ سواقي الأرض بالماء والنّوى   فتعْمرُ أوطانٌ، ويَسْعدُ قاطنُ
٧. بهمّة هذا الجيلَ يسموَ طموحنا   ويهجس بالتغيير كونٌ وكائن
٨. هم القلبُ في صدر البلاد، وحبّها   هواهم وتندى بالشباب الأماكنُ
٩. تحد وإنجازٌ وعزمٌ وقوة   وتلك الأيادي للسهام كنائنُ
١٠. وفرسان تغيير عَلَوْا كل سابح   لمستقبلٍ، فيه الصحارى جنائن
١١. على شرفة العصر الجديد طلائعَ   بها يصدق المعنى وينطق ساكن
١٢. تتوق إلى الآتي بهمّة صاعد   فيبيضّ مسودٌّ، ويعذب آسنُ
١٣. خطاهم على درب العُلا وهْجُ همة   وهم في هوى الأوطان طبعاً رهائن
١٤. يطلون من باب الحياة كأنّهم   لموسمنا الآتي ربيعٌ وساكن
15 وهم أمل في الصدر يرنو طمو   حهم لفجر غداة، والجياد صوافن
١٦. وفي كل أرض هُمْ نداها وسيفها   ومن جود أيديهم تطيبُ الخزائنُ
١٧. يعزّ بهم عمْرٌ، ويبقى عطاؤهم   ويَصعد منهم كل شهم ويامن
١٨. وتصحو على هاماتهم شمسُ أمة   لها الشرق خدر والنجوم كنائن
١٩. شبابٌ همُ الوعدُ الجميل وما لنا   سوى وعدهم مُذ لذ بالأمن آمنُ
٢٠. وكل جمال في الشباب رأيته   جمالا به تزهو الدُّنا والمدائنُ
٢١. هداهم مليك قاد بالحقّ أمة   إلى المجد، والمجدُ الأثيل معادن
٢٢. وأهدى الشبابَ الغُرَّ حكمة فارسٍ   على دربهَ يمضي مقيمٌ وظاعن

الشاعر:

هو الدكتور محمود مصطفى الشلبي ولد في «دنّا » التابعة لبيسان في فلسطين ١٩٤٣ درس اللغة العربية في جامعة بيروت العربية التابعة لجامعة الإسكندرية وحصل على درجتي الماجستير والدكتوراه من جامعة الأزهر.

مارس مهنة التدريس في مدارس وزارة التربية والتعليم، وفي عدد من كليات المجتمع المتوسطة التي كانت تتبع وزارة التربية والتعليم ثم عمل في جامعة البلقاء التطبيقية صدر له عدة مؤلفات منها:

- عسقلان في الذاكرة - منازل لقمر الأس

- يبقى الدم ساخناً -أجيئك محترساً من نبضي

- أشجار لكل الفصول - أحلام نافرة

- سلالم الدهشة - سماء أخرى

- بعض هذه الآثار كتبها للأطفال.

- نظم في الشعر الحر (شعر التفعيلة)وفي الشعر التقليدي.

جو القصيدة:

الشباب في الأمة واسطة عقدها، وهم العمود الفقري في كيانها تقوى بقوتهم، وتنهض على أكتافهم، لأنهم الطليعة في مواجهات التحديات.عليهم تنعقد الآمال لبناء الصورة الأبهى والأزهى لهذا الوطن العزيز.

وإيمانا من جلالة الملك عبد الله الثاني بدور الشباب وقدرتهم... وجّه إليهم رسالة تحفيزية نابضة بالحب مفعمة بالاعتزاز بمناسبة اليوم العالمي للشباب في تموز ٢٠٠٧ وأطلق عليهم لقب «فرسان التغيير» استنهض فيها جلالته مكامن الطاقات لدى كل فارس منهم. ودعاهم إلى التسلح بالمعرفة وترسيخ قيم الحوار وتعزيز قيم الانتماء للوطن أرضاً وشعبا.

من هذه الأجواء جاءت فكرة هذه القصيدة داعية الشباب إلى استلهام أفكارها ؛ ليكونوا الفرسان المستنيرين برؤية جلالته الحريصين على التغيير نحو الأفضل ليكونوا الأقدر على مواجهات التحديات وتحمل أعبائها في عصرغدت سمته التحديات.

شرح الأبيات.

١. تزينُ جهاتِ الأرضِ منهم محاسنُ   فتخضرّ أبعادٌ وتزهو مواطن

تزين: تجمل وتحسِّن

محاسن: جمع حُسْن (على غير قياس) وهو الجمال، وكل مُبهج مرغوب فيه

تزهو: تتيه وتفتخر

أبعاد: جمع بُعْد، ضد القرب.

الشباب هم الذين يزينون أرض الوطن بمحاسنهم وبكل ما هو مرغوب فيه وبجهدهم تغدو أبعاد الوطن مخضرّة، وبهم تتباهى الأوطان وتُفاخر.

٢. يصّاعد الحِلْمُ الشبابيُّ هادراً   كما الموج في بحر علته السفائن

يصّاعد: يصعد ويرتفع، وأصلها يتصاعد.

هادر: قوي.

السفائن: جمع سفينة، وتجمع أيضاً على سُفن.

الحِلْم (بكسر الحاء):الأمل.

إنّ أحلام الشباب جامحة وطموحاتهم قويّة كقوة الظحر في حال هيجانه.

٣. لهم في ضمير العصر آيةُ مبصرٍ   تبوحُ بها عينُ العُلا والقرائنُ

تبوح: تُعلن، تُظهر.

القرائن: جمع قرينة وهي الدالّ على غيره.

للشباب أثر واضح في مسيرة العصر والحياة، فقد تركوا فيها بصمات تدل عليها الأمجاد التي حققوها مشفوعة بالأدلة والبراهين.

٤. شبابٌ كأنّ الوقت فيهم محـــارب   يصول بسيفٍ عزمُه فيته كامنُ

يصول: يسطو بقوّة.

كامن: مستتر.

إن الشباب يقدرون الوقت ويستغلونه بقوة، والوقت في نظرهم كأنّه محارب عنيد يجول ويصول بسيفه القوي، وعليهم أن يتغلبوا عليه.

٥. ويومض في غيم الرؤى برقُ عارضٍ به   غـــيثهم يروي الورى وهو هاتن

يومض: يلمع. العارض: السحاب.

الورى: الناس. هاتن: مطر ينصبّ بغزارة.

الرُّؤى: التطلعات.

يتمتع شبابنا برؤية ثاقبة تبدّد الظلام ؛ فتفتح أمامهم معالم الطريق، وينصرفون بجهودهم إلى نفع الناس وخيرهم ؛ فكأنهم المطر الغزير الذي يرويّ الأرض فيغيث الناس وينفعهم.

٦. يمدُّ سواقي الأرضِ بالماءِ والنّـوى   فَتعْمرُ أوطانٌ،ويَسْعدُ قاطنُ

السواقي:جمع ساقية، وهي القناة (النهر الصغير).

النّوى: جمع نواة، وهي البذرة التي داخل الثمرة، والمراد بها هنا الثمرة.

إنّ جهود الشباب (التي ذكرها في البيت السابق) يعم خيرها البلاد جميعها، تعمر بها الأوطان ويسعد بها السكّان، وكأنّ جهودهم هذه المطر الذي يسقي الأرض فيرويها لتعطي الثمر.

٧. بهمّة هذا الجيل يسمو طموحـــنا   ويهجس بالتغيير كونٌ وكائن

يهجس: يخطر بالبال. غنّاء.

بهمّة شباب الجيل تعظم الطموحات والأمال، ويفكّر الناس بالرغبة في التغيير الشامل نحو الأفضل.

٨. هم القلبُ في صدر البلاد، وحبّـها هواهم وتندى بالشباب الأماكنُ

تندى: يصيبها الندى،والمراد أنواع الخير.

شبابنا هم القلب الذي ينبض به صدر الوطن، إنّهم يحبون الأوطان وأوطانهم تحبهم، وبهم تخضلّ أماكن الوطن وتزدهر.

٩. تحدٍ وإنجازٌ وعزمٌ وقـــوةٌ وتلك الأيادي للسهام كنائنُ

كنائن: جمع كنانة، وهي جعبة للسهام تتخذ غالباً من الجلد.

يتصف شبابنا بالتحّدي والإنجاز وقوّة العزيمة والإرادة...

١٠. وفرسان تغيير عَلَوْا كل سابـحٍ لمستقبل، فيه الصحارى جنائن

سابح: السريع من الخيل.

يسارع شبابنا إلى التغيير نحو الأفضل بهمة عالية وإرادة جبّارة،هدفهم بناء المستقبل ليحوّلوا الصحراء في بلادهم إلى حدائق غنّاء وجنّات وارفة.

١١. على شرفة العصر الجديد طلائـع بها يصدقُ المعنى وينطق ساكن

طلائع: جمع طليعة وهي مقدمة الجيش الشرفة: النافذة.

إنّ الشباب هم طليعة الناس، يطلّون من بوابة العصر الجديد، إنّهم يحققون المجد الذي يقرّ لهم المواطنون به.

١٢. تتوق إلى الآتي بهمّة صاعـدٍ فيبيضّ مسودٌّ، ويعذُب آسنُ

تتوق: تتطلع بشوق. الآتي: المستقبل.

آسن: ماء فاسد، تغيّر لونه وطعمه ورائحته.

إنّ هذه الطلائع من الشباب، شباب التغيير يتطلعون إلى مستقبل زاهر... بهمّة وعزيمة وتصميم،يجعلون كل سلبيات المجتمع إيجابيات تخدم الاِنسان في كل مواقعه.

١٣. خُطاهم على درب العُلا وهْجُ هـمة وهم في هوى الأوطان طبعاً رهائن

العُلا: المجد رهائن: أسرى. جمع رهينة وهو الذي قيّدت حريته لهدفٍ ما

يسعى الشباب إلى تحقيق الأمجاد بخطوات واثقة وهمّة متوهّجة، أسرهم حب الوطن وكأنّهم رهائن له باختيارهم، وهم رهن إشارته لحمايته وخدمته.

١٤. يطلون من باب الحـياة كأنّـهـم لموسمنا الآتي ربيعٌ وساكن

يمثلون الجانب الحيّ الخيّر في مسيرة الحياة، يتقدمون صفوف الناس ساعين إلى خير البلاد ونفع الناس، فكأنهم الربيع الدائم العطاء الذي لا يغادر ديارنا. فكأنّ الربيع دائم الاِقامة فيها

١٥ وهم أملٌ في الصدر يرنو طـمـو حهم لفجر غداةٍ، والجياد صوافن

يرنو: يطيل النظر. صوافن: متأهبات (واقفات على ثلاثٍ قوائم)

إنّهم الأمل الذي في صدورنا، يتطلعون بطموحاتٍ عالية لتحقيق نهضة المستقبل، وهم دائماً مستعدون، كأنّهم الفرسان الذين أعدّوا خيولهم دائماً لتكون مستعدة على الدوام.

١٦. وفي كل أرضٍ هُمْ نداها وسيـفُها ومِن جود أيديهم تطيبُ الخزائنُ

خزائن: جمع خزانة وهي مكان الخزن.

الندى: المراد هنا الخير

إنّهم مصدر الخير والعطاء فبجهودهم تمتلئ خزائن الوطن بالخير، وهم كذلك مصدر قوة البلاد، بسيوفهم يدافعون عن الوطن ليتحقق الأمن والأمان.

١٧. يعزّ بهم عمرٌ، ويبقى عطـاؤهـم ويصعد منهم كلُّ شهمٍ ويامن

يامن: ذو يُمن وبركة

بهم يعتز الناس، وعطاؤهم دائم مستمر. يبرز من بينهم أفراد يتصفون بالشهامة ومتفائلون بتحقيق مستقبل واعد زاهر.

١٨. وتصحو على هاماتهم شمسُ أمةٍ لها الشرق خدر والنجوم كنائن

هاماتهم: جمع هامة، وهي الرووس. الخِدْر: الموضع الذي تستتر فيه المرأة في بيتها.

إنّ شمس الأمة تشرق وحضارتها تزدهر على أيديهم ؛ ليجعلوا الشرق موطناً لحضارة شهرتها تصل النجوم.

١٩. شبابٌ همُ الوعدُ الجميـل وما لنـا سوى وعدهم مُذ لذّ بالأمن آمنُ

مذ: منذ. لذّ: طاب.

إن شبابنا هم المستقبل الباسم، وعلى أيديهم يتمتع المواطن بالأمن والأمان.

٢٠. وكلُ جمالٍ في الشباب رأيتـه جمالاً به تزهو الدُّنا والمدائنُ

الدّنا: الدنيا. المدائن: جمع مدينة.

إنّ الجمال يتجلّى بأجمل معانيه في الشباب وهو جمال تتباهى به الدنيا وكل أطراف الوطن ومدنه.

٢١. هداهم مليك قاد بالحقّ أمـةً إلى المجدِ، والمجدُ الأثيلُ معادن

الأثيل: الأصيل.

احتذى الشباب حذو جلالة الملك عبد الـلـه، واقتدوا به وهو يقودهم إلى المجد العريق الأصيل.

٢٢. وأهدى الشبابَ الغُرَّ حكمة فارسٍ على دربه يمضي مقيمٌ وظاعن

الشباب الغر:الشباب في أول العمر. ظاعن: مرتحل.

الملك عبد الـلـه الثاني بحكمته هو الذي غرس في شبابنا... حب السير إلى الأمجاد والرفعة، فصفاتهم مستوحاة من صفاته.

الأفكار الرئيسة:

طموحات الشباب جامحة وقوية في تحقيق المكتسبات والخيرات للوطن والمواطن، فمحاسنهم تملأ الوطن على امتداده، وبجهودهم تعم الخيرات.

الشباب يقودون مسيرة العصر والحياة، والقرائن والأدلة على ذلك كثيرة.

الشباب يحسنون استغلال الوقت، مؤمنين أن الوقت كالسيف إن لم تقطعه قطعك

نظرة الشباب إلى المستقبل ثاقبة، وهم قادرون على استشفاف المستقبل.

إنهم ساعون إلى إسعاد مواطنيهم، وبجهودهم يعم الخير أطراف البلاد

الحب متبادل بين الشباب ووطنهم.

يتصف الشباب بقوة الإرادة، ويواجهون مصاعب الحياة بالتحدّي والإنجاز والسعي إلى التغيير نحو الأفضل.

الشباب يتطلعون إلى بناء حضارة عربية.

يعول الناس على الشباب لنشر الأمن والأمان.

الشباب يقتدون بجلالة الملك عبد الله الذي يقودهم إلى المجد، وأفعالهم مستوحاة من سيرته.

أسلوب الشاعر:

١ - استخدام الكلمات القديمة (من التراث) الموحية المنسجمة مع المعنى المراد. الموحيةبالقوة، وتتعلق بالفروسية: يصول، الهامة، الكنائن، الجياد، صوافن، أثيل، آسن. ومزجها باستخدام كلمات وتعابير معاصرة: ضمير العصر، يهجس بالتغيير، شرفة العصر، تتوق إلى الآتي، الوعد الجميل.

٢ - الإكثار من الصور الحسية، والمزج بين الصور القديمة والحديثة لتتوافق مع الفروسية وأخلاق الشباب وهي صور موحيّة.

يصّاعد الحلم الشبابي، تبوح بها عين العلا، يطلون من باب الحياة، تلك الأيادي للسهام كنائن، تصحو هاماتهم على شمس أمّة.

٣. الإكثار من صيغة اسم الفاعل من الفعل الثلاثي:

هادر،كامن، عارض، هاتن، قاطن، كائن، سابح.

إن استعمال هذا القالب الاشتقاقي بكثرة يوفر نغمة موسيقية ثابتة. كما إنه يخلق تناغما وانسجاماً مع ما أراد الشاعر أن يبرزه من صفات الحركة والنشاط. وينسجم مع ما يلقى على عاتق الشباب من أمل منشود في إحداث التغيير.

٤. الإكثار من استخدام الفعل المضارع الذي يشير إلى الحاضر والمستقبل.

تحفز، تبوح،تومض، تهمس، ترنو، لأن الشباب هم العدّة لحاضرنا ومستقبلنا.

٥. استخدام الرمز الموحي:

الفجر- يرمز إلى الحّرية والتغير.

الشمس- يرمز بها إلى علو الشأن

٦.إيراد بعض ألوان البديع:

كالجناس: يروى، الورى. كون وكائن. الأمن والأمان.

الطباق: يبيضّ ويسودّ. مقيم وظاعن.

القصّة

مقدمة في القصة

كان للعرب في العصر الجاهلي قصص تدور حول أيامهم وحروبهم، وتتناول سير الأبطال في الوقائع والحروب، وتروى أساطير الأقدمين.

وفي العصر الإسلامي جاء في القرآن قصص كثير يتعلق بالأمم الغابرة، كما وردت فيه قصّة النبي يوسف عليه السلام، وقصة أهل الكهف...

أمّا في العصر العباسي فقد دخل الفرس والروم والهنود في الإسلام وكانوا أصحاب ثقافات عريقة. وبإسلام هؤلاء امتزج العرب بهم وتأثروا بثقافاتهم ومنها القصص المترجمة فتطورت القصة في هذا العصر وتنّوعت في الأساليب والمضامين. وظهرت قصص بعضها مترجم مثل: كليلة ودمنة لابن المقفع، وألف ليلة وليلة... كما ظهرت قصص جديدة حظيت بشهرة واسعة مثل: المقامات لبديع الزمان الهمداني والحريري. والبخلاء للجاحظ ورسالة الغفران للمعّري..

والرحلات مثل رحلة ابن بطوطّة ورحلة ابن جبير

والقصص الشعبي وملاحم البطولة التي اتخذت شكل الروايات ومنها: قصص عنترة والزير سالم، وأبو زيد الهلالي، وسيف بن ذي يزن.

وبعض القصص الفلسفي مثل قصة « حي بن يقظان » لابن طفيل القيسي، والتوابع والزوابع، لابن شهيد الأندلسي. وقصص المغامرات والأساطير، مثل: خاتم سليمان وحكايات السندباد.

أما في العصر الحديث فقد حصل احتكاك بالغرب، وذهب عدد من الشباب العرب إلى أوروبا فأعجبوا بالآداب الغربية، ومنها القصص، وانطلقوا يترجمون ما يقع تحت أيديهم منها. من رواد هذه الترجمة رفاعة الطهطاوي ومصطفى لطفي

المنفلوطي، وجبران خليل. ومع أن ترجمات هؤلاء كانت تتخذ اللهجة الدارجة ولا تلتزم المعمار الفنيّ، إلاّ أنها كانت مقدمة لتأليف القصّة العربية التي بدأت تقليداً للقصص الأوروبي واستلهاماً له، ومن هذا القصص العربي المبكر « الأجنحة المتكسرة « لجبران خليل، «زينت» لمحمد حسين هيكل.

ومع مطلع القرن العشرين أخذ الفن القصص العربي يتطور من مرحلة الاتباع إلى مرحلة الإبداع: فتنوعت اتجاهاته وارتبط بالمجتمع العربي يصوّر مشكلاته وقضاياه وأصبحت القصة تحتل مكاناً مرموقاً بين فنون الأدب العربي الحديث حتى لم يعد لها منافس غير الشعر.

القصة (تعريفها)

فن أدبي نثري، يتناول حادثة أو مجموعة من الحوادث تتعلق بشخصيات إنسانية مختلفة متباينة في أنماط عيشها وتصرفاتها في الحياة على غرار ما تتباين حياة الناس في الحياة الواقعية. يرويها الكاتب بهدف معالجة قضيّة معيّنة. والقصةهي إعادة صياغة للحياة كما يراها الكاتب.

قد تكون القصة حقيقية تتناول أشخاصاً بأعيانهم، وحوادث وقعت، وقد تتناول شخصيات وحوادث خيالية ينسجها خيال الكاتب.

القصة في الأردن.

من كتاب القصة في الأردن:

*محمود سيف الدين الإيراني « ما أقّل الثمن «

* عيسى الناعوري: له عدة مجموعات منها: عائد من الميدان، طريق الشوك.

* سميرة عزّام: الساعة والإنسان، أشياء صغيرة.

* محمد أديب العامري: شعاع النور وقصص أخرى.

* أحمد العنابي: حبّة البرتقال.

* محمد محمود الغول: حوار الخرسان مع الطرشان.

ومن كتاب القصة العرب:

الطيب صالح « السودان»: موسم الهجرة إلى الشمال، دومة ود حامد.(اشتهرت في هذه المجموعة قصة «حفنة تمر»)

عبد اللـه عبد «سوريا»: مات البنفسج، النجوم.

غسان كنفاني " فلسطين ": موت سرير رقم ١٢

عمر بن قنية " الجزائر ": غيمة وإحدى عشر قصة أخرى.

عناصر القصة:

١- الزمان والمكان، وهما بيئة القصة.

إن القصة عبارة عن أحداث ولا يقع الحدث إلا في إطار الزمان والمكان فهما الوسط الذي تجري ضمنه أحداث القصة وتتحرك فيه شخصياتها. إنّ ما يصح في مكان ما قد لا يصح في مكان أخر، لأن بيئة البادية مثلاً تختلف عن بيئة المدينة أو القرية.

وكذلك ما يصح في عصر قد لا يصح في عصر آخر، إذ العصر القديم يختلف عن العصر الحديث.

مصادر الكاتب في تطوير البيئة هي:

ملاحظاته، قراءاته المختصّة فمن يكتب قصّة تقع أحداثها في لبنان يجب أن يكون لديه تصورعن طبيعة هذا البلد.

٢- الأحداث:

هي المحور الأساسي، أو العمود الفقري الذي ترتبط به بقيّة عناصر القصّة وتنبثق عن الفكرة التي يريد الكاتب معالجتها في قصته.

يستمد الكاتب أحداث القصّة مما وقع له في الحياة وكل ما سمعه أو شاهده، بعد أن ينتقي من الأحداث ما يصلح لبناء قصة مثيرة، وليس من الضروري أن تكون الأحداث حقيقية وقعت في الحياة، وإنما يمكن له أن يمزجها بخياله ثم يعيد صياغتها وترتيبها ويعرضها بطريقة منتظمة مرتبة بحيث تبدو منطقية ومقنعة وفي العادة فإن القصة تشمل على حدث رئيسي يرتبط بالشخصيّة أو الشخصيات الرئيسية،وأحداث

فرعيّة تساعد في إبراز الحدث الرئيسي وتقويته وعن طريق ترتيب هذه الأحداث وتسلسلها يكون التشويق في القصّة، فعندما نقرأ شيئا في القصّة نريد أن نعرف ماذا سيحدث بعده، ومن أجل ذلك تعبر الحادثة أو الحكاية هي الوجه الرئيسي للقصة وهي أبرز عناصرها.

٣- الشخصيات (الشخوص):

لا بد للحدث من شخصية أو أكثر تقوم به. لذلك فإن أحداث القصة ترتبط بشخصياتها ارتباطا وثيقاً يصعب معه الفصل بينهما.

يختار الكاتب شخصياته عادة من الحياة، شأنها في ذلك شأن الأحداث، وقد يعيد رسمها أو يضيف عليها صفات خياليّة تخدم غرضه وتعبرعما يهدف إليه.

تقسم الشخصيات في القصّة إلى:

شخصيات نامية (متطورة) رئيسية.

وهي الشخصيات المتفاعلة مع الأحداث ؛ تُغيّر وتتغير إيجاباً أوسلباً.

شخصيات ثابتة (مسطحة نمطية)

وهي التي لا تتأثر بالأحداث ولا يتطور سلوكها إذ تبنى على فكرة واحدة أو صفة واحدة لا تتغير طوال حركة القصة.

٤ -العقدة (الحبكة):

هي سلسلة الحوادث التي تجري في القصّة. يبدأ الكاتب بمقدمة لقصته ثم تتوالى الحوادث ويتصاعد الصراع حتى يصل إلى ذروته من التعقيد، ثم تسير العقدة نحو الحل الذي يبقى مرهوناً بالمنطق بحيث تكون بطريقة مقنعة، تتصرف شخصياتها في القصة كما تتصرف مثيلاتها في الحياة لو وقعت تحت ظروف مشابهة، وأن تكون خالية من الصدفة والافتعال

تنقسم القصة من حيث(حبكتها أو عقدتها) إلى:

*قصة ذات حبكة مفككة.

تكون سلسلة الحوادث فيها منفصلة لا يربط بينها رابطة حيث تكون الأحداث في كل موقف من المواقف تنفصل عن الأحداث في كل موقف من المواقف الأخرى.

قصة ذات حبكة متماسكة.

الأحداث فيها متلاحمة ومترابطة برباط منطقي هذا وتتصف الحبكة الجيدة بصفتين:

١. أن تكون خالية من التكلف والمصادفة.

٢. أن تكون مركبة تركيباً مقنعا.

أما من حيث الموضوع فإنّ الحبكة نوعين:

حبكة بسيطة، تبنى على حكاية واحدة أحداثها بسيطة.

حبكة مركبة، تبنى على حكايتين أو أكثر أحداثها متداخلة.

للحبكة عدة طرق:

السرد المباشر، أو الحوار، أو المونوج الداخلي، والمعول عليه في اختيار الطريقة هو القدرة على جعلها مقبولة لدى القارئ من غير تكلف أو افتعال.

الأسلوب:

هو الطريقة التي يتخذها الكاتب في تناول عناصر القصّة. كاختيار الكلمات ووضعها في جمل وتراكيب، مع الاهتمام بالصور البيانيّة لتحقيق المتعة حيث يختار الكاتب واحداً أو أكثر مما يلي:

السّرد المباشر: وهذا يتيح للكاتب أن يحّرك الشخصيات والمواقف كما يشاء

الترجمة الذاتية: يتقمّص الكاتب دور البطل أو دور شخصية ثانوية، يتحدث بلسانها مستخدماً ضمير المتكلم.

المونوج الداخلي: هو(حديث الشخص مع نفسه) ويسميه بعضهم تيار الوعي.

ويتصل بالأسلوب اختيار الحبكة: (متماسكة أو مفككة) أو (مركبة أو بسيطة) أو يجمع بين النوعين.

كما يتصل بالأسلوب كيفية معالجة الأحداث حتى تصل إلى الذروة (العقدة) ليأتي بعدها الحل. وبعضهم يترك الحل

والحوار جزء هام من الأسلوب التعبيري وهو مصدر للمتعة ؛ لأنه يحدث تشويقاً نتيجة تغير نمط السرد، ويسهم في رسم الشخصيّات ويساعد على كشف نفسيّاتهم على أن يكون الحوار طبيعياً مناسباً للشخصيات والمواقف بعيداً عن التكلف.

قد اختلف النقاد في لغةالحوار: بعضهم يرى ضرورة المواءمة بين الشخصية في القصة ولغتها، فإن كان غير مثقف كانت لغته عامّية، إذ القصة تصوير للواقع ومحاكاة له، وليس معقولاً أن يتكلم الفلاح بالفصحى

ويرى الآخرون أن ترتفع القصّة بمستوى أشخاصها، وأن تكون اللغة فصيحة غير مصطنعة ولا يجوز أن يكتب القاص بالعامية، فهي ليست تصويراً للواقع ؛ لأن الواقع عند الكاتب الفنّي ليس مجرد نقل أصم لما هو في الخارج كما تراه العين وتسمعه الأذن، بل هو في الحقيقة الشعور بالواقع وتمثله والتعبير عنه بمخيلّة الكاتب.

من أشكال القصة:

أولاً:القصة المكانية، ومن خصائصها:

١- التركيز على وصف المكان، كما يظهر في القصّة التي سندرسها (سر في صورة) حيث تحّدث الإيراني كثيراً عن حي الأشرفية واصفا معالمه.حيث الشوارع الترابية الضيقة قديما ثم ينتقل إلى وصف هذا بعد أن أصبح فخم البنايات معبّد الشوارع.

٢- العقدة غير بارزة، ولذا لا بد من إعمال الذهن من أجل الكشف عن دلالات الأحداث

٣ – تكون الأحداث فيها قليلة. وفي حال وجودها تجدها ليست عنيفة وغير واضحة.

قيمة هذا الشكل من القصص (المكانيّة) أنه يعمق فهمنا للأرض (المكان) والارتباط بها.

كما يكشف عن خبايا طبيعة النفس البشرية.

ثانياً: القصة الزمانية، ومن خصائصها.

الاعتماد على الحدث، فهو الذي يحرّك الأشخاص، ويخلق العُقد ة.

وضوح العقدة ؛لأن العقدة مشكلة كبرى...؟؟؟

وضوح عنصر التشويق ؛ ذلك لأن الحدث يثير كثيراً من التساؤلات في النفس، ولذا ترى القارئ يشتاق لمعرفة رد فعل الحدث.

شخصيات القصّة (الرئيسية والثانوية) واضحة كل الوضوح ؛ لأن الحدث ذو أهميّة بغض النظر عن الشخصية التي يصدر عنها. تحت هذا النوع تقع قصص المغامرات وقصص الرحلات الغريبة.

أنواع القصّة من حيث الطول:

الأقصوصة: تقع في حجم يمكّن من قرائتها جلسة واحدة وهي قصة قصيرة جداً. تتناول موقفاً واحداً من الحياة او شريحة اجتماعية واحدة، لذلك لا يخوض كاتبها في التفاصيل.

القصّة القصيرة: تصور فترة كاملة من الحياة، تمكّن الكاتب أن يخوض في التفاصيل، إذ أنّ طولها النسبي يتيح لها أن تصور حدثاً تاماً، ويتيح لشخصياتها أن تنمو وتتكامل، وللكاتب أن يصور الزمان والمكان وتبرز فيها مهارة الكاتب الأسلوبية في رسم الشخصيات وتحريكها وتحليلها.

الرواية: أكثر طولاً من القصّة القصيرة، قد تستغرق حياة الشخص كاملة. عدد شخصيتها أكثر من عدد شخصيات القصة القصيرة. ونظراً لطول الزمن فإن المجال فيها يتسع أمام الكاتب ليتحرك بالأحداث منتقلاً من موقف إلى أخر لكشف جوانب الحياة المختلفة لأشخاص الرواية في نترات مختلفة من الأعمار، وقد تستغرق حياة الشخصية كاملة.

أنواعها من حيث الموضوع:

قصص المغامرات.

تدور حول الأعمال التي تحتوي على مفاجآت وبطولات خارقة كالقصص البوليسية. هذا النوع ليس قيمة أدبية.

قصص اجتماعية:

تصور عادات المجتمع وتقاليده، وتدور حول أخلاق الناس وظروفهم الاجتماعية.

قصص تاريخية:

تتحدث عن جوانب تاريخية، وتحاول إحياء بعض الشخصيات التاريخية، وتصور الحضارات السابقة من خلال تناولها بأسلوب قصصي: قصة مدينتين

قصــة ســر في صـــورة

محمود سيف الدين الإيراني

الكاتب: محمود سيف الدين الإيراني، من أصل إيراني، ولد في مدينة يافا في فلسطين قبل احتلالها من قبل الصهيونية عام ١٩٤٨ انتقل إلى عمان، عمل في ميدان التربية والتعليم: مدرساً، فمديراً للتعليم الخاص، فملحقاً ثقافيا كما عمل مستشارا في وزارة الإعلام. ترأس هيئة التحرير في مجلة رسالة الأردن ومجلة أفكار.

له أعمال قصصية منها: مع الناس، ما أقل الثمن، متى ينتهي الليل، أصابع في الظلام.

المفردات.

صكت اذنيك: ضربتها بشدة.

غرارات الأرز: الغِرار بالكسر: وعاء من الخيش ونحوه يوضع فيه القمح ونحوه.

الفارهة: الجميلة الحسنة / من فرُه فراهة.

المرعز: شعر بعض أنواع الماعز.

راق لك: أعجبك.

القنابيز: جمع قنباز وهو نوع من الثياب يلبسه الرجال مفتوح من الأمام

رحل الجمل: ما يوضع على ظهر البعير للركوب، ويطلق على المسكن.

سروج الخيل: جمع سرج، وهو ما يوضع على ظهر الفرس للركوب.

المناكب: جمع منكب، وهو مجتمع رأس العضُد والكتف، ولها معانٍ أخرى.

أرسان الخيل: مفردها رسن، وهو زمام يوضع على الأنف تقاد به الدابة.

المواعين: اسم جامع لمنافع البيت، كالقدر والفأس والقصعة، مفردها ماعون.

السَّوقة: الرعيّة وأواسط الناس.

سفلة الناس: أسافلهم ونمو نماؤهم

العمارة السامقة: البناية العالية.

خرائب: أمكنة أصابها الخراب.

أطلال: جمع طلل هو ما بقي شاخصاً من آثار الديار.

الحُلّة: الثوب الجديد، أو هو ثوب له بطانة.

المهفهف: الرقيق الشفاف من الثياب.

سنوات خلت: مضت.

زعيق: صياح مفزع.

مربدّ: محمر من شدة الغضب.

شعر منفوش: غير مرتب، تفرق بعد تلبُّد.

حنق: غيظ (غضب) شديد.

الوطيس: حفرة توضع فيها النار للخير أو الشر، استعير لاشتداد الحرب.

طراز: نمط أو شكل.

المتهدّل: المتدلّي، المسترخي.

المكدود: المغلوب، المتعب.

الوجه الهضيم: المهضوم.

المرأة الدميمة: القبيحة المنظر.

الاتّساق: الانتظام.

يضنيه: يتعبه من الضنى وهو المرض والهزل الشديد.

أقضّ مضجعه: أزعجه من منامه.

المخمليّة: الناعمة كالمخمل.

هنيهة: قليل من الزمان.

عناصر القصّة:

١ - الزمان:

النصف الأول من أربعينات القرن العشرين، وهي الفترة التي شهدت الحرب العالمية الثانية التي انتهت ١٩٤٥.

٢ - المكان:

وقعت مجريات القصّة في حي الأشرفية، وهو من أحياء عمان القديمة وما يتفرّع عنه من شوارع وأسواق تكثر في طرقاتها الحفر والأخاديد. حيّ يملأ جنباته الصخب والضجيج وأبواق السيارات. الحركة فيه ناشطة والزحام شديد وكأنّ الناس فيه يتدافعون بالمناكب، وقد تعددت ملابسهم: العقال والطربوش والقلبق الجركسي والقبعات. وتعرض في دكاكين هذا الحي خليط من البضائع بينها: القنابيز الحريرية المقلمة والعباءات المقصّبة والبيضاء وذوات الألوان الزاهية، والثياب الجميلة. ورحال الجمال، وسروج الخيل وأورسانها، والأواني النحاسية والأحذية الخفيفة. كانت هذه الدكاكين ذات طابع قديم معتمة مبنيّة باللبن الترابي، بينها دكان صغيرة لصاحبه «سيد حمدان « يبيع فيه مكانس اسطمبولية والأباريق والجرار الفخارية، وبعض أنواع الحبوب ومنها القمح والشعير.

ثم تنهض في الحي حركة بناء وتعمير نشطة يتميز منها مستودع كبير يقع ضمن عبارة ضخمة سامقة لبيع الغلال « مال قبّان» يمتلكه سيد حمدان

٣- الحدث:

.. تتابعت الأحداث، وأبرزت التطور الذي حصل للمكان (حي الأشرفية) حيث حصل فيه تبدّل وتطّور سريعا.

كما أبرزت التبدلات التي جرت على حياة «سيد حمدان « الذي تحوَّل من بائع بسيط في دكان صغير متواضع... إلى تاجر كبير، بل أكبر تجار السوق... لكنه تحّول ظاهري لم يواكبه تطور فكري، ثقافي، روحي.

أدّى التباين في مظاهر الحياة الخارجية والحياة الثقافية (وما يترتب عليها من تطور فكري أو روحي)... أدّى ذلك إلى وجود فجوة اتسعت وتأزّم الموقف.. انتهى بسقوط مريع للبطل.

في سياق الأحداث وقعت لحظة التنوير، أدرك سيد حمدان (بعد مراجعة نفسية) أنه وصل مرحلة التأزم. فلم يستطع أن يفهم سر الصورة التي أهديت له، ولم يستطع أن يفهم زوجته الثانية (هناء) ولا أن يرقى إلى مستواها الفكري والروحي. « جلس حمدان إلى مكتبه يراجع حساباته،ثمّ شرد ذهنه، وخطرت له امرأته عيشة.....

٤ - الشخوص:

١. سيد حمدان، بطل القصة، وهو شخصيّة نامية (رئيسية) على الصعيد المادّي متحوّلة بتحول واقع المكان من حولها.

كان رجلاً بسيطاً يمتلك دكاناً صغيراً في حيّ الأشرفية، يتعاطى فيه بيع مواد بسيطة (ذكرت في عنصر المكان). وكان قانعاً برقة حاله وبساطتها، يشعر بالسعادة عندما يستطيع أن يشتري في العيد قمبازاً من الكتان، وحذاءً غليظا، وسترة قديمة. لكنه رجل انتهازي فرح بوقوع الحرب مع ما فيها من مصائب وويلات، لأنها تدر عليه ربحاً وفيراً.حيث نشطت تجارته، فأثري وتغيرّت أحواله المادّية، وتصدق عليه مقولة» أثرياء الحرب « أصبح يرتدي حلّة إفرنجية ثمينة، وقميصا من الحرير، وحذاء فاخراً، وربطة عنق نفيسه، وطربوشا أنيقا وخواتم ذهبيّة وساعة فاخرة. ولكنه كان(رغم الغنى المادي) ذا ثقافة بسيطة وذوق سقيم، ولم يكن وفيّاً إذ غدر بزوجته الأولى (عيشه) التي قاسمته البؤس والفقر. أصاب الرجل مالاً وفيراً وصار تاجراً كبيراً يمثّل الازدهار والنمو في حي الأشرفية وانعكس هذا التغيرّ(الشكلي) على جسدهِ، فغدا مكتنز الجسم، يمتلئ نضارة وبشرا، متألّق العينين... وعلى ملابسه حيث أصبح يرتدي الملابس الراقية... لكن هذا الغنى المادي... لم يصل به إلى البعد النفسي أو الروحي فلم يصل إلى فهم الصورة الزيتية التي جاءته سداداً عن دين قديم من الرسام التركي (ضياء الدين) ولم يمكّنه من امتلاك روح زوجته الثانية (هناء) بل ظل يحس بالدونيّة أمامها،وأنها أقوى منه، وأرفع مستوىمنه، وأنه أمامها ضئيل صغير تافه. إذ فشل في

الرقي إلى مستواها. وفشل في الانسجام مع الصورة المهداة فعلقها في غير مكانها، رغم كل ما قام به الرسام من شرح لأبعادها الفنية. إنه رجل يفهم الأمور الظاهرية فقط، أمّا جوهرالأشيا ء فلا يدركه.

اللوحة في نظره مجرد قطعة من الخيش، وهي مجرّد ألوان تراكمت بعضها فوق بعض، إنها تافهة، ولذا لم يفلح في اختيار مكان مناسب لها، بل علقها وراء ظهره وأما هناء الشقراء ذات العينين الزرقاوين فهي في نظره دمية بألون مختلفة، ابتسامتها الساحرة وراءها» سر» يعذبه ويكاد يسحقه. ولذا لم يفلح في الانسجام معها

حين ينظر إلى اللوحة ينظر إلى خارجها ولا يتجاوز نظره مسقط بصره، فلا يفهم حقيقتها ورموزها وحقيقتها الداخلية..

إنّ شخصية «سيد حمدان « بارزة في المكان (الأشرفية) والإيراني يسلط الضوء علي هذا الحي، حيث الشوارع الترابية الضيقة والدكاكين المعتمة. ثمّ تحدث نهضة عمرانية فإذا الشوارع تُعبّد والمستودعات الفخمة ترتفع وأبرزها مستودع حمدان...كما يسلط الضوء على سيد حمدان من خلال متجره القديم البسيط ومتجره الحديث الفخم. ومن خلال المقارنة بين حالة حمدان في متجريه. حتى تكاد لاترى غير سيد حمدان في حي الأشرفية، وترى الأحداث قليلة وانّ العقدة غير بارزة تماماً.

٢. عيشة: الزوجة الأولى لسيد حمدان، امرأة شكة، نكدة، كثيرة الصياح والزعيق مع أولادها مهملة لهم، لا تعتني بنظافتهم. تسئ معاملة زوجها، تلقاه عند عودته من العمل بوجه مربدّ، وأسارير متجهمة، وعينين مدورتين باحثتين عن الشر، وهي أيضاً مهملة بنفسها، شعرها منفوش، ولسانها سليط تسلق به زوجها بأقذع الكلام، لكنها مع ذلك مدبرة، تعرف كيف تجمع قرشاً إلى قرش.

٣. هناء: زوجته الثانية. امرأة جميلة، بيضاء البشرة شقراء، زرقاء العينين، تذوب رقة وحلاوة ودلالاً. تزوجها سيد حمدان بعد أن أصبح ثرياً معتبراً أن زوجته الأولى (عيشة) الدميمة الخنفساء لم تعد تصلح لمكانته المادية والاجتماعية. ولا بد أن ينتقم منها بعد طول حرمان وظمأ القلب وجوع البدن... أحس سيّد حمدان عندما

تزوجها أنّه دخل الجنة، لكن اكتشف فيما بعد أن هذه المرأة ليست من مستواه، فهي متعالية عليه، تسخر منه، حتى إنه يشعر أمامها أنه ضئيل صغير.

٤. الرسام التركي – ضياء الدين بك – : رجل فقير مدين لسيد حمدان عجز عن سداد الدين، فأعطاه لوحة من رسمه. وحاول أن يقنعه بجمال الصورة، لكن حمدان لم يفهم ما فيها من روعة ودقة وجمال، ولم يدرك ملامح الجمال... لأن مستواه الثقافي والفكري لم يمكّنه أن ينظر إلى الصورة من داخلها... إنه ينظر إلى الأمور من خارجها فقط... فكان يراها مجرد قطعة من الخيش لونت بألوان... وكأنّ الشاعر يعنيه حيث قال:

والذي نفسه بغير جمالٍ لا يرى في الوجود شيئاً جميلا

إنّ الحوار الذي دار بين سيد حمدان والفنان التركي يفضح حقيقة» حمدان» فهو لا يتذوق جمال الفن، فيدور صراع في نفسه، لا سيما بعد أن أشارعليه أن يتخلص من اللوحة (ساخرا منه) وهو في هذه الحالة كأنما يوحي إليه أن يتخلى عن زوجته هناء التي لم يستطع أن يحس بجمالها كذلك.

ملاحظات:

١ - العنوان الغامض.

جعله الكاتب نكرة:»سر في صورة « قصد الكاتب إلى ذلك، ليدفع القارئ إلى التفكير والتأويل الذي سيحّدد فهمه (للسرّ).

٢- نهاية القصة.

تركها الكاتب مفتوحة،ولم يكشفها ليدع القارئ يتوقع ويخمّن ما يمكن أن يفعله حمدان جرّاء الصراع الداخلي في نفسه إزاء زوجته هناء، وإزاء اللوحة.

٣- استخدمت القصة الحوار في موضعين:

- بين حمدان وزوجته عيشة.

- بين حمدان والفنان التركي (الرسام) الذي قدّم لحمدان لوحة فنيّة.

بدا حمدان في كلا الحوارين متوافقا مع ثقافته حيث: كشف الحوار الأول عن شخصية حمدان المحبّة للمال حتى لو جاءه عن نتيجة الحرب وكشف الحوار الثاني الفقر الروحي الذي ولّده المال في نفسه.

وجاء الحوار لطيفاً منسجماً مع المتكلم، قد دنا أحياناً من مستوى العاملين، فعكس واقعية وحيوية ظاهرين.. لكن غلب على اللجوء مجالاً للفصيحة العفوية.

٤- لغة الكاتب واضحة فصبحة. مع استخدام بعض التراكيب العامية أحيانا،لاسيما في الجزء الأول من القصة. امّا في الجزء الثاني فقد استخدم تعابير بليغة.

٥- هناك معان ذات دلالات قصدها الكاتب.

* التحول الذي ألم بعمان، فتحولت من البداوة والفلاحة إلى مدينة تتعاطى بالتجارة وألمّ في الوقت نفسه ببطل القصة « سيد حمدان « فحوله من بائع صغير في دكان متواضع صغير إلى تاجر كبير وغدا من أعظم تجار عمان فهو بذلك صورة صادقة لهذه المدنية.

إذن هناك تحول مظهري مادي للمدينة وللاِنسان. وهو تحول لايعني بالضرورة تطورا روحيا وثقافيا يترافق مع هذا التحول. إذ أنّ التحول الذي برقى إلى تطور هو التحول الذي ينمّي مختلف الجوانب. وخاصة الروحية.

الخصائص الفنية.

- المفردات سهلة دالة على المعاني بوضوح، خالية من الألفاظ الغريبة
- الجمل قصيرة وغير معقدة
- استخدام بعض العبارات والتراكيب التي تشيع في الحياة اليومية نحو: صلي على النبي، طول عمرك خايب، راجل سخيف.

إنّ استعمال الكاتب لهذه الألفاظ والعبارات يدل على اقتراب الكاتب من واقع الحياة التي كان يحياها الناس. والقارئ يشعر أنها قريبة من نفسه فيتابع القراءة بشوق.

- استخدم الحوار:

١ - بين حمدان وزوجته عيشة

عندما كان يقول لها مسروراً بارتفاع دخله

- هذه ليست حربا ياامرأة...

- صلي على النبي

- صلى الـلـه عليه وسلم

- صدق الـلـه العظيم

- راجل سخيف

٢. في حديثه مع الفنان التركي الذي قدّم لحمدان لوحة فنية.

- هذه الصورة أيها الصديق ليست في مكانها....

- دعنا من هذا... أريد سرها.

- يجب أن نعرف كيف تنظر إليها أولا.

- لم أفهم.

- من الخير إذن أن تلقي هذه الصورة.

كما استخدم أسلوب **السرد**. وهو واضح في القصة من البداية حتى النهاية

والوصف الخارجي. وهو واضح في القصة، مثل:

وصفه لكل من حمدان، وعيشه وهناء من حيث الصفات الجسدية

ترابط أحداث القصة وتسلسلها.

- وظّف عناصر القصة توظيفاً جيداً، يدل على براعة الكاتب مما أكسب القصة عنصر التشويق.

- أبرز عنصر العقدة: في الموقف الذي وصل إليه البطل حينما أدرك أنّه غير قادر على الانسجام مع زوجته الثانية هناء، ومع اللوحة الفنية التي أهديت له.

- استخدم التصوير، نحو:

الكناية:

" لسانها سليط يدور في حلقها "

وهي كناية عن كثرة الكلام كناية عن صفة

"هوى قلب حمدان إلى حذائه " كناية عن الخوف، كناية عن صفة.

الاستعارة: "البيوت القديمة تنهض مكانها مخازن ".

"سحبت الأيام عليه ذيل نيسان ".

المصادر والمراجع

١. القرآن الكريم

٢- أبو الطيب المتنبي- عكاشة عبد المنان، الزرقاء. ط١،٢٠٠١

٣- أبو الطيب المتنبي، دراسة نحوية ولغوية – فخر عزت عبد الموجود. مصر،٢٠٠٦

٤ - الأعمال الأدبية الكاملة،محمود سيف الدين الإيراني، مؤسسة عبد الحميد شومان، عمان ١٩٨٨.

٥ - أساسيات في اللغة العربية، د. محمد ربيع وزميلاه،المركز القومي للنشر، اربد ط١، ٢٠٠٠

٦ - الإملاء والترقيم في الكتابة العربية –عبد العليم إبراهيم،القاهرة ١٩٧٥

٧ - البلاغة الواضحة،علي الجارم ومصطفى أمين، القاهرة ١٩٥٣

٨ - تفسير النسفي،المسمى مدارك التنزيل وحقائق التأويل،لعبدالله النسفي، بيروت، ٢٠٠٠

٩ - تأملات في سورة الحجرات – صفوت عبد الفتاح – بيروت.١٩٦٦

١٠ -التطبيق الصرفي - عبده الراجحي،

١١ - التطبيق النحوي -عبه الراجحي - بيروت.دار النهضة.ط١، ١٩٦٦.

١٢ - تسهيل نهاية الإيجاز في دراية الإعجاز – الرازي. دارالأوزاعي.١٩٨٩

١٣ - الجامع الجديد في اللغة العربية – نايف سليمان وزملاؤه.عمان. ط١،١٩٩٩

١٤ - الخصائص،أبو الفتح عثمان بن جني،تحقيق محمد علي النجار،بيروت،دار الكتاب العربي.

١٥ - دراسا في اللغة العربية – د عبد القادر أبو شريفة وزملاؤه.عمان ط٢،١٩٩٠

١٦ - دراسات في اللغة والأدب - إحسان خضر الديك – عمان١٩٩٥

١٧- دراسة الصوت اللغوي – د. أحمد مختار – القاهرة ط٤ ٢٠٠٦

١٨- دروس في النحو العربي وتطبيقاته – د.زين كامل الخويسكي الاسكندرية،١٩٨٦

١٩- ديوان أبي الطيب المتنبي بشرح عبد الرحمن البرقوقي تحقيق د.عمر فاروق الطباع – بيروت ،بلا تاريخ.
٢٠- شرح ديوان زهير بن أبي سلمى لثعلب – القاهرة ١٩٤٤
٢١- شرح مشكل شعر المتنبي لابن سبدة، تحقيق. د. محمد رضوان الداية- دمشق بلا تاريخ.
٢٢- شرح القصائد العشر،الخطيب التبريزي،ضبط وتصحيح عبد السلام الحوفي، ط،١٩٨٥،١.
٢٣صفوة التفاسير- محمد علي الصابوني، دار القرآن الكريم. السعودية- ط١٩٨١،١
٢٤- علم الصرف الميسر- د.محمود عكاشة،الكاديمية للكتاب الجامعي.ط١-٢٠٠٦
٢٥- العربية الواضحة – داوود غطاشة ونضال داود الشمالي،عمان، ط١
٢٦- في البلاغة العربية - د عبد العزيزعتيق،دار النهضة العربية، بيروت،١٩٨٥.
٢٧- في علم الصرف، د.أمين علي السيد،دار المعارف،مصر،ط١٩٨٥،٣.
٢٨- قواعد الاِملاء،هارون عبد السلام،الخانجي،القاهرة،١٩٧٦
٢٩- لسان العرب،أبو الفضل جمال الدين محمد بن منظور،دار صادر بيروت
٣٠- المتنبي،دراسة نصوص من شعره، أحمد الطبال،طرابس ط١٩٨٥،١.
٣١- مستويات اللغة،نايف سليمان وزملاؤه،
٣٢- المعاجم اللغوية العربية،بداءتها وتطورها،د. إميل يعقوب،دار العلم للملايين، بيروت،١٩٨١.
٣٣- المعجم العربي: نشأتهوتطوره، حسين نصار،دار مصر للطباعة،١٩٦٨
٣٤- المعجم الوسيط،المجمع اللغوي بالقاهرة ط٢، ١٩٧٢.
٣٥ - ملامح اجتماعية في الشعر الجاهلي والاِسلامي، د. علي الشعيبي،الرياض ط١، ١٩٨٦.
٣٦- المهارات الأساسية في الترقيم والاِملاء، يوسف سحيمات وزملاؤه،عمان ط٢٠٠٣،٢

فهرس المحتويات

التمهيد في تعريف اللغة ونشأتها ونظامها اللغوي ٩

الوحدة الأولى: المستوى الصوتي ١٣

الحرف والصوت ٢٣

الوحدة الثانية: المستوى الصرفي ٢٥

الصرف ٢٨

المشتقات ٢٨

الوحدة الثالثة: المستوى النحوي ٥٣

المبتدأ والخبر ٥٥

النواسخ ٧١

الحروف الناسخة ٩٢

المثنى ١٠٨

جمع المذكر السالم ١١٤

جمع المؤنث السالم ١٢٢

جمع التكسير ١٢٧

المنقوص والممدود والمقصور ١٣٠

العدد وأحكامه ١٤٢

الممنوع من الصرف ١٥٢

الأسماء الخمسة ١٦٤

الأفعال الخمسة ١٧٠

الـوحـدة الـرابعة: المستوى الـدلالي 181

المعاجـم 183

الـوحـدة الخامسة: قضايا الإملاء والترقيم 197

الـهـمـزة 199

التاء المربوطة والتاء المبسوطة 207

علامات الترقيم 210

الـوحـدة السادسة: المستوى البـلاغـي 221

البلاغة 223

البيـان 223

التشبيه 224

الاستعارة 239

البديع 242

الطباق 246

الكنـايـة 251

الـوحـدة السابعة: النصوص والتذوق الأدبي 255

سورة الحجرات 257

المتـنبي يمدح سيف الدولة 273

أبيات في الحكمة من معلقة زهير بن أبي سلمى 290

فرسـان التغـيـير 302

القصّـة 311

قصـة سـر في صورة 319

المصادر والمراجع 329

Printed in the United States
By Bookmasters